HISTORIQUE

DE

L'INCENDIE

DU

MINISTÈRE DES FINANCES

HISTORIQUE
DE
L'INCENDIE
DU
MINISTÈRE DES FINANCES

(24-30 MAI 1871)

PAR

M. Achille de COLMONT

Ancien Chef de bureau au Ministère des Finances.

TÉMOIN OCULAIRE DE L'INCENDIE

PARIS

LAPIROT ET BOULLAY, IMPRIMEURS

9, COUR DES MIRACLES

—

1882

Droits de reproduction et de traduction réservés.

*A Messieurs les Souscripteurs à l'*Historique de l'incendie du Ministère des Finances.

Messieurs,

Permettez-moi de vous offrir l'expression de ma vive et profonde gratitude.

Vous avez secondé mes efforts; un grand nombre d'entre vous, sans même me connaître, ont bien voulu souscrire à mon travail. C'est un devoir pour moi de leur être doublement reconnaissant de ce haut témoignage de bienveillante sympathie.

Ceux de vous avec lesquels j'avais eu de fréquentes relations de service m'ont adressé de bonnes et affectueuses lettres d'adhésion ; j'en conserve un précieux souvenir. Leurs encourageantes paroles m'ont été d'autant plus sensibles, que nous vivons à une époque où le distique d'Ovide :

Donec eris felix multos numerabis amicos :
Tempora si fuerint nubila, solus eris.

est de plus en plus vrai.

Merci donc, Messieurs, merci à vous tous; merci du fond du cœur.

Vous m'avez encouragé à écrire l'Historique de l'incendie des Finances. — A vous, Messieurs, à vous l'honneur de cette publication, et laissez-moi espérer que vous n'aurez aucun regret d'avoir contribué à la mettre au grand jour.

Croyez, Messieurs, à l'expression de mes sentiments les plus affectueusement dévoués et reconnaissants.

A. DE COLMONT.

AVANT-PROPOS

Je suis entré dans l'administration des Finances en 1846. Fils d'un secrétaire général mis en 1848, en retrait d'emploi, par le Gouvernement de la République, après 24 années d'honorables et marquants services, j'ai fourni dans l'Administration une très humble carrière. Je n'ai pas eu l'insolente fortune, comme certain PUR de notre époque, d'être nommé, en deux années, chef, sous-directeur, directeur, chevalier de la Légion d'honneur, etc., etc., etc., dans un de nos plus importants ministères. En passant par toutes les classes de tous les grades, tranquillement, honnêtement, honorablement, sans rien sacrifier à mes principes, je suis arrivé, après 25 ans de services, aux fonctions de chef de bureau au traitement de 8,000 fr.

J'occupais cette position, déjà très enviée et très enviable, lorsque la guerre de 1870 fut déclarée. A partir de ce moment, les circonstances qui se produisirent me firent jouer un rôle que je ne me croyais pas appelé à remplir, je l'avoue en toute humilité. Je vis bien des évènements, je fus à même de les apprécier, de les juger et j'eus, depuis, la pensée d'écrire L'HISTORIQUE DE L'INCENDIE DU MINISTÈRE DES FINANCES.

Je ne me suis pas dissimulé combien cette tâche était difficile et au-dessus de mes forces; mais j'ai compté sur l'intérêt que peuvent offrir les faits que je relate, pour faire oublier la forme inexpérimentée, imparfaite, sous laquelle ils sont présentés. Je n'ai pas eu la prétention de faire une œuvre littéraire, je n'en suis pas capable.

Modeste historien, je raconte, comme à une veillée, au coin du feu, avec la plus entière sincérité et dans toute leur naïve simplicité, les nombreux épisodes qui se sont déroulés sous mes yeux et auxquels souvent, bon gré, mal gré, j'ai été forcé d'assister.

Depuis longtemps déjà, je voulais écrire L'Historique de l'incendie des Finances.

L'histoire, en effet, est d'autant plus intéressante qu'elle se rattache à des évènements qui viennent de s'accomplir; mais j'appartenais à l'administration des Finances, il y a un an à peine, et je ne pouvais alors écrire dans toute la plénitude de ma liberté.

Le Gouvernement en me mettant en retrait d'emploi le 1ᵉʳ janvier 1881, bien que je fusse dans la force de l'âge, m'a donné la parole. J'aurais mauvaise grâce à ne pas la prendre et à laisser dans l'oubli ce que bien des personnes ne seront pas fâchées de connaître.

Je me suis efforcé d'écrire sans rancune, sans passion, et, surtout, sans parti pris. J'ai coordonné avec soin tous les documents propres à bien rappeler mes souvenirs, et j'ai écrit ensuite comme un père de famille raconterait des historiettes à ses petits enfants. Si, parfois, ma plume a été trop mordante, si elle a tracé un mot plus vif qu'il n'aurait fallu, que l'on veuille bien me le pardonner.

Que de fois me suis-je heurté, dans ma carrière administrative, à des ennuis dont on se ferait difficilement une idée! Aussi, dans le jugement que le lecteur portera de mon travail, je lui demande de vouloir bien m'accorder le bénéfice des circonstances atténuantes.

Enfin, si contre mon désir j'ai trop souvent introduit ma personnalité, j'en fais amende honorable, et je demande qu'on veuille bien ne pas y voir un sentiment de vanité que je serais le premier à blâmer.

Mêlé de très près, et comme chef de service surtout, à de graves évènements, il m'était bien difficile, si ce n'est impossible, de ne pas parler de temps à autre à la première personne, mais je me suis appliqué à ne le faire qu'avec la plus grande discrétion.

Bien qu'il m'eut été très agréable de faire ressortir de nombreux dévouements qui ont certainement rendu dans l'incendie du ministère des Finances des services signalés, tout en ayant entendu dire ce qu'ils avaient de désintéressé et d'honorable, je me suis abstenu de les relater, m'étant imposé le devoir de parler uniquement des faits qui se sont passés sous mes yeux.

M. de Marcillac, payeur actuel de la Dette publique, a certainement pris une part active au sauvetage de documents importants relevant du service des Caisses Centrales du Trésor, mais ce sauvetage s'est produit en dehors de ma direction et sur sa seule initiative.

J'ai aperçu aussi, le 24 mai 1871, vers trois heures, dans les appartements de réception du ministre, M. Dutilleul, alors directeur du mouvement général des fonds, devenu depuis ministre des Finances. Il n'était pas venu, sur le lieu du sinistre, simplement pour avoir le plaisir de s'y trouver; il a dû prendre des dispositions et donner des ordres dans l'intérêt du service qu'il dirigeait sans que j'aie eu à en connaître.

Il n'est pas douteux que dans plusieurs directions du ministère un certain nombre d'employés se sont rendus très utiles sans que je pusse même m'en douter. Plus particulièrement occupé à diriger l'action des agents agissant sous mon impulsion, je ne pouvais savoir ce qui se passait sur tous les points du ministère dont l'étendue était, on le sait, considérable.

Je n'ai pas commis d'oubli volontaire, je tiens à bien l'établir ; j'ai exposé les faits auxquels j'ai assisté sans en emprunter aucun aux trop nombreuses versions, souvent inexactes, que j'ai entendu narrer de très bonne foi, et, ceux qui les racontaient, ont fini par se les assimiler en les considérant ensuite comme l'expression de la plus entière vérité.

Jusqu'à présent aucun récit de l'incendie du ministère des Finances n'a été publié : je serais heureux si celui que je livre aujourd'hui à la publicité pouvait permettre un jour à une plume, plus autorisée que la mienne, de trouver les éléments d'un ouvrage complet et présentant un sérieux intérêt.

M. Maxime du Camp, dans les *Convulsions de Paris*, a écrit l'historique de faits intéressants et instructifs, mais il n'a rien relaté sur l'incendie des Finances et, cependant, parmi les cendres amoncelées par la Commune, celles du ministère méritaient bien d'être passées au crible.

CHAPITRE PREMIER

LE MINISTÈRE DES FINANCES

24 février 1848.

La révolution de février 1848 est encore présente à nos souvenirs, et les hommes sans parti pris ne contestent assurément pas que les résultats furent bien différents de ceux que l'on pouvait prévoir. La France a été comme ébahie, pour ne pas dire consternée, en se réveillant le 25 février, coiffée du bonnet républicain.

Comment a-t-elle subi un Gouvernement qui lui était imposé par une poignée de révolutionnaires, alors surtout qu'elle ne le désirait nullement? Il lui était si facile de ne tenir aucun compte du coup de main qui venait de se produire.

J'étais le 25 février à cinq heures et demie du matin au ministère des Finances, dans le cabinet de mon père pendant que lui-même était à l'Etat-Major de la place de Paris.

Il y prenait avec l'autorité militaire les dispositions nécessaires pour protéger le ministère des Finances, s'il venait à être envahi par les émeutiers, jusqu'alors bien inconscients de leur valeur, mais qui, quelques heures après, allaient devenir de véritables héros.

Je regardais à une des fenêtres qui donnaient sur la place de la Concorde, lorsque je vis l'émeute prendre d'assaut un petit poste situé avenue Gabriel, au coin de la rue de la Madeleine, et massacrer sans merci les quelques gardes municipaux qui l'occupaient. Mon émotion fut d'autant plus vive que j'avais causé avec l'un d'eux, il y avait tout au plus une heure. A peine âgé de 27 ans, qu'avait fait cette malheureuse victime, que je connaissais personnellement, pour être moissonnée à la fleur de l'âge, et à la veille d'être libéré du service militaire? La justice du peuple est prompte et le mobile en est difficile à pronostiquer.

J'étais encore sous l'impression de l'affreux spectacle auquel je venais d'assister, lorsque mon père ouvrit la porte de son cabinet. Il prit à la hâte quelques papiers et s'en fut chez le ministre qui, peu après, me faisait aussi demander.

Le ministre, M. Dumon, me paraissait avoir environ 55 ans; à une taille élevée, à un physique agréable, se joignaient une bienveillance extrême et une affabilité très grande.

« Mon enfant, me dit-il, voici des papiers qui n'ont pu être mis en ordre; faites-moi le plaisir de les examiner vivement et de retirer ceux qui vous paraîtront d'une nature confidentielle; vous les brûlerez ensuite. Laissez, au contraire, ceux qui présentent un intérêt administratif ».
— C'est ainsi qu'après un classement rapide, je mis au feu un grand nombre de lettres dont des recommandations formaient la presque totalité. Tout ministre, même sous la République, avant de quitter son portefeuille, procède sans doute à un semblable inventaire.

J'allais terminer la petite mission de confiance que le ministre avait bien voulu me donner, lorsqu'un huissier vint me dire que Son Excellence me priait de venir déjeuner.

Dix heures sonnaient. Les convives étaient peu nombreux. Je n'ai point oublié les deux filles de M. Dumon, mariées depuis peu de temps l'une et l'autre, et qui fondirent en larmes lorsque l'on entendit les cris de la deuxième légion de la garde nationale qui venait d'entrer dans la cour de l'Horloge du ministère. Le maire du deuxième arrondissement était à la tête et donnait le signal des cris de : « Vive la Réforme. » Je dois même ajouter que les gardes nationaux, toujours facétieux alors même que leurs intérêts sont gravement engagés, criaient plus volontiers, et de toute la force de leurs poumons : « Vivent les formes. »

Silencieux à table, attérés des cris qui montaient jusqu'à nous, seul le ministre exhortait ses filles à montrer du courage au milieu des évènements qui se déroulaient avec une effrayante rapidité. Tout à coup un huissier entre dans la salle à manger et presse le ministre de prendre les mesures qu'il jugera nécessaires pour ne pas tomber au pouvoir de l'émeute, de plus en plus entreprenante. Le ministre sortit, suivi de sa famille. Je retournai dans le cabinet de mon père et je ne sus jamais comment M. Dumon et les siens quittèrent le ministère. — Ce que je sais, c'est qu'il se rendit rue Saint-Florentin, chez un des hauts fonctionnaires du ministère. — J'y fus envoyé le 25 et le 26 février, pour donner quelques indications utiles à M. Dumon afin qu'il pût quitter Paris sans risquer d'être arrêté.

Le lendemain, un digne et excellent homme, M. Goudchaux, venait prendre possession du portefeuille des Finances. Tout étonné de la mission délicate qui lui était confiée par le Gouvernement provisoire, et n'ayant jamais eu l'ambition de devenir ministre, il demanda à son arrivée le secrétaire général et lui fit connaître son intention de ne chagriner aucun des agents financiers et, encore moins, de les déposséder des fonctions dont ils étaient investis. « Préparez, dit-il à mon père, une circulaire que je signerai, et qu'elle leur apprenne qu'ils ne seront aucunement inquiétés. Ils peuvent être assurés de ma plus entière bienveillance et de toute mon équité comme, de mon côté, je suis en droit de compter sur leur loyal concours. »

Cette circulaire a été autographiée de ma main. Mon père me l'avait dictée, et j'en fis l'envoi à tous les agents des finances.

Je la transcris ici parce qu'elle est à l'honneur de M. Goudchaux. Il a montré qu'il ne se faisait pas un jeu, comme nos gouvernants actuels, de briser, sans aucun égard, les positions honorablement acquises.

« Paris, 25 février 1848.

» *Aux agents et comptables de tout grade de*
» *l'Administration des Finances.*

» Monsieur, le Gouvernement provisoire vient
» de me confier la direction de l'Administration
» des Finances. En acceptant cette position, je
» crois faire acte de dévouement et de bon

» citoyen ; c'est aussi, je n'en doute pas, ce que
» la France doit attendre des agents et des
» comptables du ministère des Finances. — En
» dehors des luttes et des passions, vous y avez été
» mêlés moins que tous autres ; que cette position
» reste la vôtre. — Faites preuve de la même
» droiture et de la même exactitude à remplir
» vos devoirs, et tous vous pouvez compter sur
» mon concours et mon appui.

» Je compte aussi sur vous et sur votre dé-
» vouement à la France.

» Recevez, Monsieur, l'assurance de mon atta-
» chement et de ma considération distinguée.

» *Le Ministre des Finances,*
» Signé : Goudchaux. »

Malgré ses bienveillantes dispositions, M. Goudchaux ne tarda pas à voir qu'il aurait bientôt la main forcée. Les appétits commençaient à se produire ; chacun voulait avoir sa part à la curée. Le citoyen Guillemot, qui collaborait au journal la *Démocratie pacifique*, et ancien fonctionnaire au ministère des Finances, demandait à être nommé secrétaire général pour devenir ensuite directeur général de la Caisse des Dépôts et Consignations, situation qu'il ne se fit aucun scrupule, malgré ses opinions républicaines, d'occuper pendant plus de quinze ans sous le règne de l'empereur Napoléon III.

Préoccupé de cette course aux fonctions publiques et dégoûté des délations qui lui parvenaient plus nombreuses chaque jour, le ministre prit la résolution, dès le 4 mars, de quitter le portefeuille des Finances.

Avant son départ, M. Goudchaux écrivit aux membres du Gouvernement provisoire une lettre très digne qui mérite d'être relatée :

« Paris, 4 mars 1848.

» *A Messieurs les membres du Gouvernement*
» *provisoire.*

» Messieurs,

» Je viens réclamer de vous l'exécution de la
» promesse que vous m'avez faite, et qui a seule
» déterminé l'acceptation très temporaire des
» fonctions que j'ai remplies jusqu'à ce jour. Le
» vœu public appelait à ces fonctions importantes un des membres du Gouvernement provisoire que ses études spéciales désignent à la
» confiance de tout le monde. Vous savez que ma
» résistance n'a été vaincue qu'à cause des circonstances difficiles qui exigeaient la présence

» de tous les membres du Gouvernement provi-
» soire à l'Hôtel-de-Ville.

» Aujourd'hui, grâce à votre énergique acti-
» vité, l'ordre est rétabli et les hommes doivent
» reprendre leur position naturelle. Mes senti-
» ments républicains vous sont connus ; vous ne
» pouvez douter de mon dévouement très sin-
» cère à ma patrie. S'il m'était prouvé que mes
» services vous fussent indispensables, je conser-
» verais, malgré mon insuffisance, le poste dans
» lequel vous m'avez placé pour quelques jours.
» Cette nécessité n'étant sous aucun rapport, JE
» VOUS SUPPLIE de me rendre ma liberté. Je n'en
» demeure pas moins à la disposition du Gou-
» vernement provisoire pour tout ce qu'il pourra
» exiger de moi dans la faible mesure de mes
» facultés.

» Recevez, etc.

» Signé : GOUDCHAUX. »

M. Goudchaux eut pour successeur M. Garnier-Pagès, l'homme aux quarante-cinq centimes et d'une valeur financière au moins contestable.

CHAPITRE DEUXIÈME

UN FRÈRE ET AMI AU MINISTÈRE DES FINANCES
1848 — 1875

Vers 1840, florissait à D..., dans le Nord de la France, un grand bel homme doté d'un nom originaire de la blonde Alsace, et titulaire d'une étude d'avoué. Par suite de je ne sais quelle nécessité, bien que tout jeune encore, cet avoué vendit sa charge, quitta le département, vint se fixer à Paris, où il se mit à hanter les cabinets de lecture (les journaux ne se donnaient pas alors pour rien) et essaya le journalisme.

L'ex-avoué ne tarda pas à faire la connaissance d'une notabilité légitimiste qui fréquentait aussi les salons littéraires. Il sut si bien la cultiver qu'il ne tarda pas à abandonner *les premiers Paris* pour entrer, avec l'appui de son nouveau protecteur, dans l'administration des Finances.

Il y fit peu ou point de surnumérariat et fut promptement mis aux appointements de 1,200 fr.; mais, ayant échappé à l'application des règlements, il n'avait qu'une seule préoccupation, celle de les voir exécuter dans toute leur rigueur à l'égard de ses collègues; si la moindre faveur venait à se produire, il enfourchait ses grands chevaux. Du reste, l'ex-avoué avait conservé l'habitude du grimoire. Il écrivait sans cesse et toujours. — Pas un travail d'avancements, pas une répartition d'indemnités ne pouvaient éclore sans que l'ex-avoué taillât sa plume, qu'il eût été ou non compris dans ces travaux, pour signaler à son directeur l'oubli, au besoin l'injustice, dont il était victime. Ses services étaient méconnus, sa valeur insuffisamment appréciée. Il excellait surtout dans l'art de dénigrer un de ses collègues, jeune encore, homme de mérite et fils d'un directeur général.

En 1848, l'ex-avoué, qui était un des très rares frères et amis s'épanouissant alors au ministère des Finances, après avoir bien péroré dans les clubs en demandant la destitution de celui-ci ou la révocation de celui-là, eut la drôlatique idée de se porter candidat à la députation le 30 mai.

Sa profession de foi est trop instructive pour que je puisse résister au désir de la publier. C'est un document très rare que personne ne me saura mauvais gré de rééditer.

« *Aux Electeurs du département*
» *de la Seine.*

» Citoyens,

» Devant l'unanimité du mécontentement, cha-
» cun de vous se demande, non sans effroi, où
» nous sommes et où nous allons. Chaque jour,
» en effet, voit grossir à l'horizon l'orage révo-
» lutionnaire de la *faim*.

» Le numéraire, véhicule nécessaire des pro-
» duits échangeables, a déjà déserté en grande
» partie les canaux de la circulation : bientôt
» il aura disparu complètement. Le crédit est
» anéanti ; l'agriculture souffre ; l'industrie
» chôme ; le commerce s'éteint ; le corps social
» tout entier se trouve paralysé ; les meilleures
» valeurs subissent une dépréciation croissante ;
» toutes les sources du revenu de l'Etat et des
» particuliers ont tari à la fois ; la propriété est
» aux abois ; les caisses particulières se ferment ;
» LE TRÉSOR PUBLIC EST VIDE, ET L'ON EST A BOUT
» D'EXPÉDIENTS POUR L'ALIMENTER QUELQUE TEMPS
» ENCORE.

» Partant, il faut un terme à un pareil état de
» choses, sinon la force irrésistible des circon-
» stances nous plongera DANS LES HORREURS
» D'UNE BANQUEROUTE GÉNÉRALE, ET UN AFFREUX
» CATACLYSME NOUS ENGLOUTIRA TOUS.

» Pour sortir de cette crise monétaire, écono-
» mique et financière, que la tourmente gouver-
» nementale a fait éclater, mais qu'elle n'a point
» créée, il y aurait évidemment des mesures d'ur-
» gence à adopter. Pourquoi donc l'Assemblée
» nationale n'en aborde-t-elle pas de suite la dis-
» cussion politique? D'où vient qu'elle étudie
» tranquillement dans ses bureaux les questions
» théoriques à l'ordre du jour, alors qu'elle de-
» vrait entrer, sans retard, dans la voie pra-
» tique et s'efforcer de conjurer, par d'énergiques
» décrets, les embarras présents de la France?
» Pourquoi? La réponse est facile. Parce que,
» sur les bancs de l'auguste Assemblée, IL Y A
» TROP D'HOMMES D'ÉGOÏSME, DE PEUR, D'IGNORANCE
» ET D'AVEUGLE ROUTINE, TANDIS QU'IL N'Y EN A PAS
» ASSEZ DE DÉSINTÉRESSEMENT, DE DÉVOUEMENT, DE
» SCIENCE ET DE PROGRÈS. Or, il en est ainsi, parce
» qu'aux premières élections générales, je ne sais
» quel mauvais génie a poussé la nation à exclure
» les socialistes en masse, bien qu'en dehors de
» ces intelligents pionniers de l'avenir, il n'y ait,

» certes, pas de patriotes plus dignes et plus ca-
» pables de servir efficacement la République
» naissante.

» Électeurs, comme vous avez aujourd'hui
» l'expérience des déboires auxquels s'expose un
» peuple qui confie à des mains inhabiles le dépôt
» de sa souveraineté, ne laissez pas échapper
» l'occasion qui se présente de députer à la Cons-
» tituante un petit nombre de citoyens profon-
» dément sympathiques à vos misères, et dont
» l'éducation sociale, déjà faite, ne soit plus à
» recommencer. RENFORCEZ LE PARTI DES PHILAN-
» THROPES INTÈGRES, QUI ONT BEAUCOUP APPRIS,
» CEUX-LA, PARCE QU'ILS N'ONT PAS DES CŒURS SECS
» NI DES ESPRITS ÉTROITS, ET QUI SERAIENT, N'EN
» DOUTEZ PAS, D'EXCELLENTS PILOTES AU MILIEU DE
» LA TEMPÊTE. Oh! oui, croyez-le bien, s'il y a
» quelque chose qui puisse nous arrêter sur la
» pente fatale où nous glissons si rapidement,
» c'est la sagesse des choix que vous allez faire.

» Dans l'espérance, dès lors, que vos libres suf-
» fages ne se détourneront plus, cette fois, des
» HOMMES GÉNÉREUX qui, par les tendances démo-
» cratiques de toute leur vie, ont donné des gages
» et des garanties à la sainte cause de l'huma-
» nité, je viens appeler particulièrement votre
» attention sur ma propre candidature, car je suis

» de ces républicains de la veille qui n'ont pas
» attendu la Révolution de février POUR CHERCHER
» UN REMÈDE AU MAL INTÉRIEUR QUI, JUSQUE-
» LA, NOUS RONGEAIT, ET QUI MAINTENANT NOUS
» TUE.

» Homme obscur, employé subalterne d'un
» ministère, j'entre en lutte, je le sais, avec des
» concurrents qui me dépassent de beaucoup,
» sans doute, par le talent, ou qui ont pour eux
» une ancienne renommée ; mais je ne crains pas
» d'affirmer QUE JE NE LE CÈDE A AUCUN D'EUX
» POUR CE QUI EST DU SENTIMENT DE CE QUI NOUS
» PEUT PERDRE ET DE CE QUI POURRAIT NOUS
» SAUVER.

» Au surplus, remarquez bien comment je juge
» la situation, et vous me jugerez ensuite.

» A mes yeux, et je ne suis pas seul à juger
» ainsi le véritable caractère social de la crise
» actuelle, C'EST LA DÉFIANCE POUSSÉE JUSQU'A
» L'HOSTILITÉ QUI EXISTE ENTRE LE BOURGEOIS ET LE
» PROLÉTAIRE, C'EST LA LUTTE INCESSANTE DE LEURS
» INTÉRÊTS NON SATISFAITS. MAIS CETTE ANIMOSITÉ
» RÉCIPROQUE N'A SA RAISON D'ÊTRE QUE DANS LES
» DÉSASTREUSES CONDITIONS FAITES AU TRAVAIL PAR
» L'INDUSTRIE PARASITE DES BANQUIERS, ET CONSÉ-
» QUEMMENT ELLE A MOINS DE CONSISTANCE AU FOND
» QUE D'APPARENCE A LA SURFACE.

» Loin de s'exaspérer mutuellement par des
» récriminations qui portent à faux, loin de se di-
» viser, de s'armer les uns contre les autres, tous
» les travailleurs, ouvriers et patrons, devraient
» donc s'unir, associer leurs efforts, pour com-
» battre cet ennemi commun et le réduire à l'im-
» puissance de nuire.

» A présent surtout que nous avons le bonheur
» de vivre sous une forme de Gouvernement
» qui a pour principe fondamental que tous les
» citoyens sont libres, égaux et frères, les serfs
» du capital, salariés et salariants, ne sauraient
» différer plus longtemps de conquérir, outre le
» droit écrit, le fait même de la liberté, de l'éga-
» lité et de la fraternité. La République ne serait
» qu'une fiction nouvelle, un vain mot de plus,
» s'il ne LEUR était pas donné de s'affranchir enfin
» de la tyrannie des banques, instruments de
» féodalité, où commence et où finit vraiment,
» dans les sociétés modernes, l'exploitation de
» l'homme par l'homme. N'est-ce pas, en effet,
» en monopolisant dans leurs caisses le transit
» et jusqu'à un certain point la fabrication de la
» marchandise dont tout le monde a besoin, LA
» MONNAIE, que les banquiers de profession ont la
» faculté d'augmenter ou de diminuer, du jour au
» lendemain, la quantité de numéraire en circu-

» lation ; qu'ils font hausser ou baisser à volonté,
» sur chaque marché, le cours de toutes les denrées;
» qu'ils sont maîtres absolus du crédit; qu'ils tien-
» nent dans leur dépendance la petite et la grande
» industrie; que, du fond de leurs comptoirs, ils
» dominent et dirigent, au gré de leurs immo-
» rales spéculations, les différentes crises commer-
» ciales qui désolent tour à tour toutes les nations
» du globe, ET QU'ILS PEUVENT MÊME, AUX APPLAU-
» DISSEMENTS DE LA RÉACTION, COUPER LES VIVRES A
» NOTRE RÉPUBLIQUE ?

» Cependant, quand je viens vous dénoncer
» hautement la lourde pression des marchands
» d'écus comme l'unique cause des souffrances
» des travailleurs, ce n'est pas à dire que je
» veuille brutalement leur ravir, à ces négociants
» cosmopolites, les trésors que l'imprévoyance
» naturelle d'une législation primitive leur a
» permis d'amasser A LA SUEUR D'AUTRUI. Non,
» telle n'est pas mon intention, PAR LA RAISON
» BIEN SIMPLE que ce serait une spoliation non
» seulement INIQUE, mais IMPOSSIBLE, qui ne me
» semble INDISPENSABLE, EN AUCUNE FAÇON, au
» salut de la société.

» Ce que j'ai à proposer, mes chers conci-
» toyens, ce que j'irais immédiatement défendre
» à l'Assemblée, si j'avais l'honneur de vous y

» représenter, C'EST UNE VOIE PACIFIQUE ET LÉGALE
» D'ÉMANCIPATION ; c'est un moyen SCIENTIFIQUE
» de nous passer des services onéreux des hauts
» barons de la finance; un moyen de traiter, de
» transiger, de COMMERCER ensemble, sans recou-
» rir à leur désastreux intermédiaire ; c'est, en
» d'autres termes, l'établissement sur des bases
» démocratiques, d'un système unitaire de circu-
» lation, de crédit, de transport, d'assurance,
» d'éducation attrayante, de solidarité secou-
» rable, de travaux publics et d'impôt, système
» combiné avec une large réforme administra-
» tive, et complété non par une organisation li-
» berticide de l'industrie privée, mais par une
» sage réglementation de ses actes, destinée à in-
» troduire l'ordre et la mesure dans la libre
» concurrence, en même temps qu'à garantir
» aux entrepreneurs et à leurs auxiliaires de
» tous grades la juste rémunération de leurs
» œuvres respectives, à savoir : un salaire fixe
» amiablement débattu, et un salaire propor-
» tionnel.

» Il serait trop long de vous développer ICI CE
» VASTE ENSEMBLE D'AMÉLIORATIONS, et ce n'est,
» d'ailleurs, qu'à la tribune parlementaire que je
» pourrais LE FAIRE UTILEMENT. Toutefois je ne dois
» pas négliger, pour votre édification actuelle,

» de porter de suite à votre connaissance L'UN DES
» PLUS IMPORTANTS RÉSULTATS DE MA CONCEPTION,
» à ne la considérer qu'au point de vue financier.

» IL CONSISTERAIT EN CE QUE, six semaines au
» plus après la promulgation du décret qui serait
» rendu à cet effet, UNE CAISSE MONÉTAIRE, qui ne
» serait pas dans les attributions du Pouvoir
» Exécutif, mais qui serait administrée par une
» haute Commission législative, et soumise à un
» contrôle tout exceptionnel, procéderait à l'é-
» mission régulière d'une monnaie EXCLUSIVE NE
» COUTANT RIEN OU PRESQUE RIEN A FABRIQUER,
» ayant une utilité généralement reconnue, inva-
» riablement proportionnée aux besoins du com-
» merce tant extérieur qu'intérieur et à l'abri
» dès-lors, de toute dépréciation ultérieure. De
» cette manière la France se trouverait TOUT A
» COUP PLUS RICHE D'UNE VALEUR CIRCULANTE DE
» PLUSIEURS MILLIARDS, valeur réelle qui n'aurait
» rien de commun avec la valeur factice, artifi-
» cielle, que prête au papier la mobilisation du sol
» ou sa représentation soit par des assignats, soit
» par des obligations hypothécaires quelconques.

» La moitié de cette valeur PROVIDENTIELLE
» serait DISTRIBUÉE PAR PORTIONS ÉGALES ENTRE
» TOUS LES FRANÇAIS INDISTINCTEMENT.

» La deuxième moitié serait affectée savoir :

» Un quart au paiement, jusqu'à due concur-
» rence de toutes les dépenses extraordinaires de
» l'Etat.

» Et le dernier quart à l'amortissement de la
» Dette publique, ainsi qu'aux besoins du Crédit
» privé.

» Vous comprenez, sans que j'aie besoin d'in-
» sister davantage la-dessus, que la dissémina-
» tion universelle de ces immenses capitaux
» imprimerait à la consommation générale une
» activité inouïe, qui déterminerait la reprise
» immédiate de toutes les affaires productives des
» richesses et du bien-être.

» Citoyens, à vous maintenant de prononcer.
» Si vous avez confiance en quelqu'un, que ce soit
» en moi, qui vous ai découvert franchement et
» le fond de mon cœur et le fond de ma pensée :
» Envoyez-moi à l'œuvre. Je m'y mettrai avec
» toute l'ardeur d'un homme de bien, dévoué
» sans réserve à la consolidation de la Répu-
» blique ; et de même que ma seule ambition, ô
» ma patrie, c'est ta grandeur, c'est ta gloire,
» c'est ta prospérité, le seul bien à la jouissance
» duquel j'aspire en recherchant les labeurs de la
» vie publique, c'est la bonne fortune de l'homme
» qui se réveille chaque matin en présence
» d'une tache sublime :

» La régénération morale, physique et intel-
» lectuelle d'un grand peuple.

» Signé : X..,
» Employé des Finances, 42, rue de la Ville-l'Évêque.

» 30 mai 1848. »

(Imprimerie de Guiraudet et Jouaust, 315. rue St-Honoré.)

Il est regrettable POUR LA RÉGÉNÉRATION MO-
RALE, PHYSIQUE ET INTELLECTUELLE de la France, que l'ex-avoué n'ait pas pu développer utilement à la tribune parlementaire le vaste ensemble d'améliorations qu'il avait conçu.

Nous ne serions pas aujourd'hui où nous en sommes.

Il est vrai que tout, ici-bas, a ses compensations. S'il n'a pu travailler dans l'intérêt de son pays, l'ex-avoué a joliment bûché pour le bien-être de sa famille ; toutes ses utopies ne l'ont pas empêché *(sub dominatione tyrannicâ)* de devenir sous-chef et chef de bureau. La République l'a décoré et mis à la retraite. Ce n'est pas un de ses actes les plus répréhensibles; mais des gens, difficiles à vivre sans doute, prétendent qu'elle a par trop favorisé les trois rejetons de ce grand homme.

Le premier est chef d'un bureau où se traitent les affaires du personnel, et les deux autres sont chargés de veiller à la bonne conservation du ministère.

L'aîné est âgé d'environ quarante ans et le plus jeune de vingt-huit.

Ils émargent ensemble au budget pour une somme de 24,000 francs environ soit, en moyenne, 8,000 francs par tête. Aussi, le citoyen ex-avoué ne crie plus au népotisme ; il trouve, paraît-il, que tout est pour le mieux, sous la meilleure des Républiques.

J'allais omettre de dire, et ce n'eût pas été gentil de ma part, que le fils aîné est marié et que son beau-père a été doté d'un entrepôt de tabacs à Paris, tout exprès taillé à sa mesure, et du modeste produit de 6 à 7,000 francs.

Et nunc erudimini!

Sous la République 1877-1882, un fonctionnaire pourrait-il impunément se présenter à la députation s'il ne défendait pas les idées républicaines ? J'ai de très sérieuses raisons de penser le contraire.

CHAPITRE TROISIÈME

LE MINISTÈRE DES FINANCES PENDANT LE SIÈGE
DE PARIS

Le 171ᵉ bataillon de la garde nationale
1870-1871

Chef de bureau depuis six années, chevalier de la Légion d'honneur depuis trois ans, j'étais, en 1870, chargé du service du matériel et de l'ordonnancement, sous les ordres d'un sous-directeur, l'un des types les mieux réussis que j'aie jamais connus. Arrogant avec ses inférieurs, obséquieux avec ses supérieurs, ce fonctionnaire surfait, bien plus âgé que moi, n'avait pu se faire à l'idée qu'un jour je pourrais être appelé à lui succéder.

La guerre de 1870, si malheureusement déclarée, avait déjà trahi le courage de nos braves et infortunés soldats, lorsque vers le 15 sep-

tembre, on s'occupa de former une Commission financière chargée de représenter à Tours, et ensuite à Bordeaux, le ministère des Finances auprès de la délégation du Gouvernement de la Défense nationale. Mon sous-directeur fut nommé membre de cette Commission, et un matin, le 18 septembre, entrant au ministère, je me rencontrai avec lui dans la grande galerie des Rentes. Il vint à moi et me dit : « Vous allez être
» content, Monsieur; tout à l'heure je pars
» pour Tours, et pendant mon absence vous
» serez maître de faire dans le service tout ce
» que vous voudrez. » Nous nous serrâmes la main, je ne puis dire affectueusement. Je lui souhaitai un bon voyage et nous ne nous revîmes que le 20 mars 1871, à Versailles.

Ignorant la gravité des évènements qui se passaient et dont mon sous-directeur s'était bien gardé de me donner la clé, je ne compris pas de suite la triste réalité qui motivait le départ d'une Commission financière à Tours, où le Gouvernement de la Défense nationale envoyait une délégation. Je n'éprouvai sur le moment d'autre impression qu'un très vif sentiment de satisfaction d'être débarrassé d'un homme sous les ordres duquel je regrettais tous les jours d'avoir été mis en tutelle. Quelques instants après j'apprenais hélas ! l'infortune qui s'attachait à nos armes et je pressentis de suite les pénibles épreuves qui nous étaient réservées.

Les fonctions de sous-directeur au ministère dont je me trouvai investi pendant le siège de Paris, ne furent pas toujours des plus agréables.

Dès que le dernier soldat de notre armée active eût quitté Paris pour entraver la marche si rapide de l'invasion, les portes de la capitale se fermèrent le 19 septembre. Le lendemain l'autorité militaire s'occupait d'organiser la défense à outrance, si regrettable à tous égards. La garde nationale sédentaire était appelée aux armes afin d'appuyer les mobiles des départements, les bataillons de marche, les francs-tireurs et autres corps volontaires qui étaient venus se former dans Paris ou chercher à se rallier sous ses murs.

Toutes les grandes administrations publiques, la Banque de France, le service des Postes, le ministère de la Marine, etc., se constituèrent en bataillons. Le ministère des Finances, qui compte un très nombreux personnel, ne pouvait rester indifférent à l'élan national. Par un arrêté spécial, le ministre décida la formation du 171e bataillon, exclusivement composé des agents de tous grades du ministère. L'effectif fut de 900 hommes environ. En ma qualité de chef du matériel, je dus prendre une part active à l'organisation de ce bataillon. J'acceptai à regret, je dois le dire, les épaulettes de capitaine de la première compagnie, bien que j'eusse été quinze ans officier supérieur à l'Etat-Major des gardes nationales. D'un autre coté, la compagnie était composée pour la majeure partie des agents du service intérieur, tous anciens militaires, et qui se trouvaient ainsi doublement sous mes ordres.

Les difficultés rencontrées pour la création du 171e bataillon furent nombreuses. Les menées d'un capitaine adjudant-major, étranger au ministère des Finances mais soldé sur les fonds du matériel, et nommé sur l'intervention du commandant Douradou chef de bureau à l'Administration des Manufactures de l'État, n'y furent pas étrangères.

Rien ne fut cependant ménagé pour rendre aux gardes du bataillon des Finances la vie très facile, tout en ménageant leur juste patriotisme. Grâce aux démarches qui, sur l'ordre du ministre, avaient heureusement été tentées au ministère de la Guerre auprès du général Suzanne, on obtint, pour armer le 171e bataillon, 850 fusils Snider, de fabrication anglaise, à longue portée et de beaucoup supérieurs aux fusils à piston dont étaient armés presque tous les bataillons de la garde nationale de Paris. On avait également pu obtenir une partie de leur équipement, des gilets de laine pour les agents du service intérieur, et, pour tous, des couvertures de campement.

Le bataillon faisait principalement un service de rempart. Deux fois par semaine, il se rendait à la porte Maillot et passait vingt-quatre heures aux fortifications. La tenue des gardes était excellente : tous se prêtaient aux exigences de la situation avec empressement, et, sauf une anecdote assez amusante, on n'a jamais eu à constater, dans l'effectif de la première compagnie du moins, aucun manquement à la discipline. Cette historiette montre à quel degré peut atteindre le thermomètre de la niaise susceptibilité humaine, même en présence de l'ennemi.

Par une froide nuit neigeuse du mois de décembre, je voulus vers une heure du matin faire une ronde d'officier. Je demandai à mon sergent-major de désigner trois hommes pour m'accompagner. Personne ne répondant à l'appel de son nom, je dus moi-même intervenir; je commandai un jeune sous-chef attaché au cabinet du ministre, et qui se croyait autorisé à refuser le service pour lequel je le désignais. Il me fallut insister vivement et le menacer d'une peine disciplinaire pour l'amener à obéissance. Il se décida enfin à m'accompagner dans ma ronde d'officier, mais ce ne fut qu'en rechignant et de très mauvais gré. Le lendemain, ce sous-chef quittait ma compagnie et entrait comme capitaine à l'État-Major général des gardes nationales de la Seine. Je ne crois pas que ses services y aient été signalés. Par contre, il m'avait conservé une telle animosité de ce que, bien que doublement son supérieur, j'avais voulu le faire obéir, qu'à partir de ce moment il ne se découvrait jamais lorsqu'il me rencontrait dans les corridors du ministère, et il évitait avec moi les relations de service.

Ce n'est pas sans de réelles difficultés que le 171e bataillon avait pu être armé de fusils Snider. Ces armes imparfaitement terminées demandaient à être repassées. Le commandant du bataillon, M. Douradou, après s'en être entendu avec le chef du cabinet du ministre et avoir acquis la certitude que toutes les dépenses faites à ce sujet ne seraient pas désapprouvées par le ministre M. Ernest Picard, chargeait un honorable armurier, M. Schneider, de la mise en parfait état de toutes les armes du bataillon. Pour éviter même le transport des fusils, il avait été décidé que deux petites pièces situées au rez-de-chaussée, dans la cour du N.-O., seraient mises à la disposition de l'armurier, afin qu'il pût y procéder à l'inspection et au besoin à la réparation des armes.

M. Schneider fit des travaux pour lesquels il présenta un mémoire de 1,099 francs, dépense minime, puisqu'il s'agissait de la mise en état de 850 fusils. Lorsqu'en 1871 il demanda à être payé de ce qui lui était dû, le sous-directeur, qui pendant le siège de Paris se chauffait tranquillement les mollets à Tours et à Bordeaux, et qui ne connaissait pas le premier mot de l'affaire, s'opposa de toutes ses forces au paiement. Il s'y opposa si bien, et avec cet entêtement qui caractérise toujours les hommes de sa valeur, que M. Schneider ne fut pas payé. Cet honorable industriel fit faillite : il ne pouvait en être autrement si tous ses créanciers le payaient de la même monnaie. Le syndic de la faillite intenta une action judiciaire pour obtenir le paiement, mais elle fut mal engagée; on actionna l'Administration des Domaines au lieu d'assigner le ministre des Finances, et le tribunal de première instance, en se déclarant incompétent, mit les dépens à la charge de la faillite Schneider.

L'Administration des Finances prise, depuis, d'un légitime remords de conscience aurait, dit-on, alloué à titre gracieux, une modeste indemnité à M. Schneider. Si elle l'a fait, elle a bien fait ; elle a simplement rendu à M. Schneider ce qui lui était légitimement dû.

Jamais créancier ne fut plus en droit de réclamer le montant de sa créance.

Cela résulte du reste d'une lettre adressée le 24 février 1873, par le commandant Douradou à M. Schneider, de laquelle je détache ce qui suit:

« Ainsi que je vous l'ai dit, et vous ne l'ignorez
» pas, des armes ont été livrées par M. de Col-
» mont, représentant le service du matériel des
» finances. Ces armes ont dû être mises en état
» de faire feu, et c'est à l'administration qu'in-
» combe le paiement des réparations qu'ont dû
» subir à cet effet les armes livrées par elle pour
» l'armement de son bataillon spécial, réparations
» qui ont été exécutées dans un local fourni par
» ladite administration. »

Si l'action judiciaire engagée par le syndic de la faillite avait été bien intentée, le tribunal ne se serait pas déclaré incompétent et l'Administration n'eût pas profité des fautes commises.

Cette affaire, comme tant d'autres de même nature, n'aurait pas eu une suite aussi fâcheuse si le secrétaire général n'eût pas été, dans maintes circonstances, d'une faiblesse bien regrettable. Incorporé lui-même, sur ses propres et vives instances, dans le 171e bataillon, se complaisant à y faire du service et connaissant à fond tous les faits en litige, son devoir étroit était de ne pas se laisser influencer par la volonté d'un fonctionnaire retour de Tours et Bordeaux. Il était si naturel, d'ailleurs, de récuser les observations que ce brave homme s'efforçait de présenter : d'une part il n'avait pas été témoin des situations ; de l'autre, ce n'était que par un sentiment exagéré d'amour-propre et pour faire de l'autorité qu'il voulait quand même prononcer sur des faits dont il ne connaissait pas le premier incident.

Quoi qu'il en soit, les fusils Snider avaient été mis en état pendant que, de leur côté, les évènements se précipitaient. Les bataillons sédentaires venaient de recevoir l'ordre de détacher de leurs rangs tous les hommes en âge de faire partie des compagnies de marche destinées à aller aux avant-postes. L'empressement à se faire inscrire était très modéré ; on invoquait volontiers des motifs d'exemption.

Je me souviens notamment d'un jeune homme, aujourd'hui sous-directeur dans un ministère, qui fit tant de démarches auprès de moi à l'effet de ne pas être versé dans les compagnies de marche, que je me laissai ébranler et lui trouvai un motif de réforme. J'eus l'occasion de le rencontrer, quelque temps après, au moment où il était question de rendre le service militaire obligatoire. La conversation se porta sur cette grave réforme, et comme je la trouvais aussi mauvaise alors et aussi funeste à la Patrie que je la trouve encore aujourd'hui, je fus tout étonné de voir mon interlocuteur défenseur ardent du service militaire obligatoire.

Quantum mutatus ab illo!

Sept ou huit mois s'étaient à peine écoulés depuis que mon ex-garde n'avait eu d'autre préoccupation que de se faire réformer d'un service bien anodin, et tout à coup il était devenu chaud partisan du service militaire obligatoire. La raison, la voici : il n'avait plus à payer l'impôt du sang, ni à en supporter les charges. Les contribuables sont et seront toujours les mêmes : les Chambres peuvent voter tous les impôts imaginables, les plus justes comme les plus iniques, soit en argent, soit en nature, ils n'en auront cure, si ces impôts atteignent leurs voisins sans les frapper eux-mêmes.

La commune où j'écris ces lignes est administrée par un maire, républicain cela va de soi, bon cultivateur et déplorable magistrat, mais prosélyte très convaincu du service militaire obligatoire, bien qu'ayant un fils en âge d'être soldat; et cependant, ce maire n'a ni la grandeur d'âme, ni la courageuse énergie du vieil Horace, loin de là. Le fils, à l'âge de trois ans, a eu le malheur ou la bonne fortune, comme on voudra, d'avoir deux doigts brûlés à la main gauche. C'est un grand et fort gaillard plus républicain encore que le père. Si, politiquement parlant, il ne comprend rien à ce qu'il dit, il est, en revanche, un vigoureux cultivateur et se livre aux plus durs travaux que la culture impose.

Eu égard à son infirmité qui ne l'empêche et ne l'empêchera jamais de vaquer à un rude labeur, il vient d'être réformé du service militaire, et voilà pourquoi M. le maire de ma commune, de simple prosélyte, est devenu un des grands prêtres du service militaire obligatoire.

Ce jeune conscrit réformé non seulement n'acquittera pas l'impôt du sang mais, par contre, il prendra part aux élections ; il continuera résolûment, dans la commune, l'œuvre de désorganisation sociale commencée par son père.

Le fils du voisin au contraire, d'une faible constitution, fera un soldat : Non seulement il sera privé du droit de voter pendant son séjour sous les drapeaux, mais il ira peut-être mourir en Tunisie, loin de ses parents et des secours religieux qu'il réclamerait inutilement.

Tels sont les résultats du service militaire obligatoire. Ainsi les ont compris ceux de nos législlateurs triés, sur les volets du barreau et de la médecine, par les soins intelligents du suffrage universel.

Dès que les compagnies de marche furent formées et envoyées aux avant-postes, on décida que les bataillons sédentaires sortiraient de Paris et qu'ils seraient armés de fusils Snider, pris, au besoin, aux quelques bataillons qui en étaient munis et qui n'accepteraient pas le service des forts.

Le chef d'état-major des gardes nationales de la Seine fit demander aux gardes du 171e bataillon si, pour conserver leurs armes à longue portée, ils consentiraient à aller occuper les forts. Le bataillon fut réuni dans la grande cour de l'Horloge de l'ancien ministère, où cette proposition lui fut faite, mais elle ne fut pas très chaleureusement accueillie.

Dans cette situation l'autorité militaire décida que le 171e bataillon (malgré les réparations faites à ses armes) serait réarmé avec des fusils à piston, et que les fusils Snider qui lui avaient été donnés seraient versés au bataillon des Postes, composé des facteurs de Paris, presque tous anciens militaires ayant fait les campagnes de Crimée et d'Italie.

Ce n'était pas la seule déception qui était

réservée au 171ᵉ bataillon. A tort ou à raison, on disait dans Paris, et bien des personnes le croyaient très sérieusement, que, faute d'armes ou de fonds nécessaires pour en faire fabriquer, les forces dont disposait la capitale ne pouvaient utilement se produire.

Afin de parer à une situation aussi regrettable, les bataillons ouvrirent des souscriptions pour acheter et faire fondre au besoin des canons et des mitrailleuses. Le 171ᵉ bataillon ne fut pas un des derniers à réunir de 7,000 à 8,000 francs. Mais à qui s'adresser pour obtenir promptement ces armes ?

Comme chef du matériel, j'avais été mis en relations avant la guerre, à l'occasion d'un projet d'ascenseur dans l'ancien ministère, avec M. Ledoux, ingénieur. C'est à lui que l'on doit les ascenseurs du Trocadéro. Sans travaux pendant le siège, M. Ledoux cherchait à utiliser ses ateliers à la construction de pièces d'artillerie. J'avais conservé de cet honorable industriel, homme intelligent, un excellent souvenir : je me rendis auprès de lui. Je lui fis connaître les intentions du 171ᵉ bataillon et je lui demandai si, pour 7 ou 8,000 francs, il nous livrerait très promptement mitrailleuse et canon à longue portée, se chargeant par la culasse. M. Ledoux, qui faisait ses premiers essais, m'objecta qu'ayant déjà plus de commandes qu'il ne pourrait en exécuter, il lui était impossible de prendre aucun engagement.

J'insistai cependant si vivement, qu'il finit par se laisser gagner et promit de livrer ces armes dans un délai de vingt jours.

De retour au ministère j'eus hâte de faire connaître aux officiers, comme une excellente nouvelle, l'empressement de M. Ledoux à nous être agréable. Quelques heures après, tout le ministère sut que le bataillon allait prochainement être appuyé d'un canon et d'une mitrailleuse ; mais, hélas ! nous avions compté sans l'influence administrative. En effet, dès le lendemain, le chef de cabinet du ministre, aujourd'hui directeur général d'une administration dont le siège est sur les bords de la Seine, me faisait demander et me disait :

« Le ministre a appris, Monsieur, que vous aviez commandé pour le 171e bataillon un canon et une mitrailleuse. Qui vous a autorisé à faire ces commandes ? »

J'objectai au chef du cabinet qu'obéissant aux ordres de l'autorité militaire, qui avait exprimé le désir de voir les bataillons sérieusement équipés et armés, le 171e bataillon avait ouvert une souscription dont le montant était de 7 à 8,000 fr., et qu'il avait été décidé que cette somme, propriété incontestable du bataillon, serait consacrée à l'acquisition d'engins de guerre.

« Le ministre, reprit le chef du cabinet, vous défend de donner suite à ce projet. Vous allez décommander les armes que vous avez donné l'ordre de vous livrer. En ce qui concerne le montant de la souscription, il sera versé à la Caisse des offrandes nationales, et le Gouvernement en disposera comme il le jugera convenable, et au mieux des intérêts de la défense. »

En vain j'insistai auprès du chef du cabinet pour lui représenter que, bien que placé civilement sous les ordres du ministre, le bataillon relevait aussi de l'autorité militaire. Dans cette situation, disais-je, le ministre n'a pas à intervenir sur l'emploi de la souscription recueillie dans les rangs du 171e bataillon, et l'État-Major seul est juge pour décider.

Mes instances furent inutiles ; le chef du cabinet se retrancha derrière les ordres formels du ministre. Je dus aller revoir M. Ledoux et le prier de considérer comme nulle la commande que je lui avais faite la veille. Quant au montant de la souscription, il fut versé, paraît-il, à la Caisse des offrandes nationales.

Le ministre et son chef de cabinet étaient-ils d'avis de faciliter à la population parisienne les moyens de se défendre ? Il serait permis d'en douter. Cependant M. Ernest Picard, bloqué à l'Hôtel-de-Ville le 31 octobre et ne pouvant en sortir, avait été bien heureux de voir accourir à son secours les bataillons des gardes nationaux défenseurs de l'ordre. Le 171e bataillon était du nombre. Les journaux de l'époque ont relaté, ce qui est vrai, que dans la soirée, trois personnes venant prendre possession du portefeuille des Finances, y avaient été arrêtées (1). Mais l'entente entre les hommes du 4 septembre et ceux du 31 octobre était ou paraissait du moins être telle, que le premier novembre, à onze heures du matin, le ministre donnait l'ordre de faire relaxer les hommes arrêtés la veille. Je dus moi-même aller

---

(1) L'une d'elles était un capitaine de garde nationale. Je l'avais fait fouiller mais avec ménagements. — Lorsqu'il fut enfermé dans un des bureaux du ministère où se trouvait un poêle destiné à être monté, mais qui n'était pas encore muni de ses tuyaux, il s'imagina de placer dans le poêle les papiers compromettants dont il était porteur et d'y mettre le feu. — Il se dégagea aussitôt dans la pièce une fumée telle qu'il faillit être asphyxié. Il appela vigoureusement au secours et fort heureusement put être entendu.

Notre prisonnier en fut quitte pour une peur bleue. Quant à nous, bien que contrariés d'avoir été refaits, sinon complètement au moins en partie, nous nous consolâmes, en riant de bon cœur, de cette drôlatique aventure.

notifier les ordres du ministre au commissaire de police du quartier Saint-Honoré à côté de l'ancienne salle Valentino; les inculpés se trouvaient alors dans son cabinet; en présence des ordres que je lui transmettais, cet honorable magistrat dont l'enquête était commencée, fut très embarrassé de savoir la ligne de conduite à laquelle il devait s'arrêter.

Sur l'intervention du chef du cabinet, le 171e bataillon n'avait pu arriver à s'offrir, MÊME DE SES DENIERS, mitrailleuse et canon; il s'était vu enlever les fusils dont il avait été armé; il ne lui restait plus qu'à passer par la néfaste journée du 19 mars, pendant laquelle les gardes se séparèrent pour ne plus se réunir. Des officiers essayèrent bien, et non sans courage, les journées suivantes de rallier les hommes de leur compagnie, soit devant Saint-Germain-l'Auxerrois, soit devant la Bourse, mais ce fut inutilement : le bataillon avait vécu.

Formé dans un excellent esprit, on n'a pas su tirer du 171e bataillon ce qu'il était en état de produire. Un des plus intelligents bataillons de Paris, on pouvait surement compter sur le dévouement de la majeure partie des hommes pour intervenir utilement dans un moment difficile.

Il est regrettable que l'autorité administrative se soit trop souvent substituée, à la sourdine, à l'autorité militaire à laquelle semblait appartenir la direction du bataillon.

CHAPITRE QUATRIEME

LE 19 MARS 1871 AU MINISTÈRE DES FINANCES

Le 18 mars on avait donné à la première compagnie du 171ᵉ bataillon de la garde nationale que j'avais l'honneur de commander, la surveillance de la porte principale du ministère des Finances, rue de Rivoli. Sur deux cents hommes dont elle se composait habituellement, soixante-dix seulement avaient répondu à l'appel. Parmi les absents se trouvait un futur chef dans les attributions duquel sont aujourd'hui placées les questions de personnel, et dont les opinions politiques s'opposaient sans doute alors à ce que, dans un moment grave, il se tint parmi nous.

Les gardes bivouaquèrent la nuit entière sur les marches du grand escalier d'honneur du ministre. Malgré l'agitation qui régnait sur tous les points de la capitale, aucun incident ne se produisit, bien que l'avis eût été officiellement donné que certains bataillons fédérés se proposaient d'occuper le ministère pour s'y installer à demeure.

Dès le jour, le 19 mars, nous recevions l'ordre de nous retirer ; chaque garde dut laisser à son bureau ses armes et son uniforme. Je me rendis à mon cabinet ; j'y mis en ordre quelques papiers ; vers huit heures, j'allai passer deux heures chez moi, et je revins ensuite au ministère. Lorsque j'y rentrai, la cour de l'Horloge était occupée par un bataillon fédéré. Les figures n'étaient pas des plus avenantes ; toutefois, les hommes se bornaient à faire leur cuisine le long des pilastres des arcades de la cour. Pas un cri, pas de désordre, une tranquillité relative. Je circulais au milieu d'eux, sans être inquiété, lorsque deux commandants dans une tenue négligée, et sur les indications qui, sans doute, leur avaient été données par un sous-agent du ministère, vinrent directement à moi, escortés de quatre gardes.

— Citoyen, me dit l'un des deux (j'ai su après qu'il se nommait Jourde), où est le cabinet du ministre ? A ce moment chacun était parti et les mesures nécessaires pour emporter l'encaisse restée au Trésor n'avaient sans doute pas été étudiées.

L'encaisse s'élevait à 4,731,315 fr. 32 c.

ÉTAT DES SOMMES LAISSÉES

Le 19 Mars 1871

DANS LES CAISSES CENTRALES DU TRÉSOR

ÉTAT

DES SOMMES TROUVÉES AVEC CELLES DEVANT EXISTER

	RESSERRE			
	BILLETS DE BANQUE	OR	ARGENT	ARGENT divisionnaire
Situation laissée par l'ex-caisse...............	2.097.585	883.006.70	450.045	450.045
(Pièce laissée par M. de Marcillac ex-sous-caissier central)......	....	....	....	....
	2.097.585	883.006.70	450.045	450.045
Chiffres reconnus le 4 avril				
Armoires nos 1 et 2............	....	....	....	....
Cave............................	....	....	....	....
Le 7 avril, d'après inventaire... Reçu par Dellier, le 7, du Payeur central (Billet reversé sans écriture par la Recette principale).	2.097.585	880.000 »	450.000	450.000
Reçu en thalers..............	....	....	....	....
Trouvé le 8 dans la resserre....	....	1.000 »	....	....
— 18 — — ...	....	2.000 »	....	....
Reçu par Dellier, bons du Trésor	....	....	....	....
Or, argent, billets, timbres-poste	....	....	....	....
Caisse des bombardés..........	....	....	....	....
Passe de sacs	....	6.70	45	45
	2.057.585	883.006.70	450.045	450.045
Plus une caisse en fer, n° 128, remise à Gallet, et qui devait probablement être comprise dans les soldes indiqués : *divers*.	....	....	....	....
	2.097.585	883.006.70	450.045	450.045

CERTIFIÉ CONFORME :
Le Caissier principal,
Signé : G. DURAND (1).

COMPARATIF
D'APRÈS LA SITUATION LAISSÉE PAR L'EX-CAISSE CENTRALE

| CAVE | | ARMOIRE | ARMOIRE | APPOINT | TOTAUX |
BRONZE	ARGENT	N° 1	N° 2	COMPTOIR DIVERS	
285.500	100.010	218.020.80	80.008	21.215.04	4.585.436.54
				2.000 »	2.000 »
....	....	....	....	143 878.78	143.878.78
285.500	100.010	218.020.80	80.008	167.093.82	4.731.315.32
		218.000 »	80.000	....	
285.000	100.080	....	....	38.342	721.342 »
....	....	....	....	....	3.877.585 »
				2.000	2.000 »
....	....	....	....	37.833.75	37.833.75
500	....	....	....	....	1.500 »
....	....	....	....	10.000	12.000 »
....	....	....	....	4.100	4.100 »
....	....	....	....	1.336.46	1.336.46
....	....	....	....	4 515	4.515 »
....	10	21.80	8	....	136.50
285.500	100.010	218.021.80	80.008	98.127.21	4.662.348.71
....	....	....	....	60.911	60.911
285.500	100.010	218.021.80	80.008	159.038.21	4.723.259.71
Il y aurait écart de.........				8.055.61	8.055.61

(1) M. DURAND (Gustave-Paul-Emile) ouvrier horloger, était un ancien sergent de zouaves commandant le 65ᵐᵉ bataillon de la garde nationale pendant le siège de Paris.

Je ne dus assurément mon entrevue avec les citoyens Jourde et Varlin qu'à l'absence des autorités supérieures. Il est probable que si le secrétaire général ou le sous-directeur, retour de Bordeaux, avaient été là, c'est de préférence à eux que les citoyens délégués se seraient adressés.

— Le cabinet du ministre, repris-je, est au premier étage ; mais..., que voulez-vous y faire ?

— Nous sommes, continua le citoyen Jourde, délégués au Département des Finances par le Comité central de la garde nationale et nous venons prendre possession du cabinet du ministre.

— Rien de mieux, Messieurs, mais comme nous changeons bien souvent de Gouvernement et qu'il est difficile de savoir auquel entendre, vous seriez très aimables de me montrer les pouvoirs qui vous ont été donnés.

—Qu'à cela ne tienne, répliqua le citoyen Jourde. Il tira de sa poche une feuille de papier carrée estampillée du cachet du Comité central de la garde nationale, et portant nomination des citoyens Jourde et Varlin en qualité de délégués au ministère des Finances.

— Parfait, dis-je, et si vous voulez bien me suivre, je vais vous montrer le chemin.

Les citoyens Jourde et Varlin escortés de quatre gardes nationaux fédérés, m'accompagnèrent et nous montâmes ensemble, sans échanger un seul mot, jusqu'au cabinet du ministre. Me remémorant alors ce qui s'était passé lorsque M. Étienne Arago vint, en 1848, déposséder M. le comte Dejean de son fauteuil de directeur général des Postes, je dis aux citoyens Jourde et Varlin :

— Vous ne trouverez certainement pas mauvais si je vous demande un certificat constatant que, sur vos injonctions pressantes, je vous ai fait entrer dans le cabinet du ministre.

— Volontiers, dit le citoyen Jourde, et s'asseyant dans le fauteuil du chef du cabinet (nous venions en effet d'entrer chez M. Ruau qui également s'était retiré), il prit une plume, une feuille de papier, et écrivit vivement.

« Nous, soussignés, Jourde et Varlin, délégués
» par le Comité central de la garde nationale au
» ministère des Finances, déclarons que cédant à
» nos ordres...

— Votre nom, citoyen ?

— Mon nom ne fait rien à l'affaire,.... mettez le chef du bureau de l'ordonnancement et du matériel.

« Le chef du bureau de l'ordonnancement et du
» matériel nous a introduits dans le cabinet du
» ministre. »

« 19 mars 1871. »

Le citoyen Jourde se leva, offrit la plume au citoyen Varlin, qui signa, et le citoyen Jourde signa à son tour.

— Etes-vous satisfait? dit le citoyen Jourde en me remettant le certificat.

— Parfaitement, je vous remercie.

— Où sont les papiers laissés par le ministre? me dit le citoyen Jourde.

— Je ne puis vous renseigner à cet égard.

— Mais ces papiers brûlés dans la cheminée, quels étaient-ils?

Encore une fois, repris-je, je ne puis vous donner aucun renseignement: je ne connais nullement les affaires du cabinet du ministre.

Le citoyen Jourde parut réfléchir quelques instants, puis, s'adressant au citoyen Varlin qui ne répondit pas et à moi ensuite:

— Hé bien, alors, que devons-nous faire?

— Ce que vous voudrez.

— Allons, Varlin, dit le citoyen Jourde, notre place n'est pas ici pour le moment : partons.

Je les accompagnai jusqu'à la porte, que je fermai à clé derrière eux, et je m'en allai par les appartements du ministre. Je descendis par un escalier qui donnait accès rue Castiglione, n° 1, et je me trouvai dans la petite cour des écuries pendant que les deux délégués descendaient par un escalier donnant accès cour de l'Horloge.

J'allais quitter le ministère comme bien d'autres avant moi avaient déjà fait, lorsque j'aperçus un jeune sous-lieutenant du 135ᵉ de marche autant qu'il m'en souvient, et qui était de garde au poste du ministère rue du Mont-Thabor.

Cet officier dont, depuis trois jours, j'avais fait ravitailler les hommes, attendu qu'ils ne recevaient pas leurs rations journalières, vint à moi les larmes aux yeux. Si le hasard place ce livre entre ses mains, il sera le premier à confirmer mon récit.

Je n'ai pas reçu l'ordre, mon capitaine, me dit-il car il ne m'avait vu qu'en uniforme, de quitter le poste qui m'a été confié. Mais que faire ici, avec une poignée d'hommes encore armés, au milieu des fédérés qui arrivent de tous côtés? Je vous en prie, donnez-moi un certificat établissant les conditions dans lesquelles je suis forcé de me retirer. Il est pourtant bien dur pour un soldat de déserter son poste et de briser son épée! Le digne jeune homme pleurait en prononçant ces mots.

J'entrai au poste ; j'écrivis à la hâte un certificat relatant les faits : il aura certainement auprès de ses supérieurs justifié la conduite de ce brave lieutenant. Puis, faisant fermer la porte du corps de garde sur la rue du Mont-Thabor, je fis sortir les hommes par une issue donnant sur la cour des écuries. Ils placèrent leurs chassepots dans une des remises dont je fermai la porte, et je mis la clé dans la poche de mon pantalon.

L'officier dissimula son sabre sous son caban. Les soldats n'avaient plus que leur sabre-baïonnette. L'officier me serra la main. Les hommes, sur deux rangs, défilèrent devant moi au milieu des fédérés, et sortirent par la grande porte du ministère rue de Rivoli. Mais maladroitement, exprès peut-être, deux soldats en défilant me dirent de façon à être entendus par les fédérés qui m'entouraient :

— Et nos cartouches, que faut-il en faire?

— Vous les jetterez à l'eau en passant la Seine, dis-je, en poussant les malencontreux troupiers.

Le détachement sortit sans autre incident.

Quelques minutes après, deux fédérés de service au ministère m'apportaient trois chassepots enlevés à des soldats isolés.

— Voici, me dirent-ils, pour joindre aux autres.

— Donnez...

— Mais non, citoyen,... nous vous les porterons bien.

— C'est inutile..., je puis les porter.

A ces mots, un grand fédéré que je vois encore, un colosse, vint à moi :

— Ah ça, N. de D.., il y a assez longtemps que cela dure ; il nous faut les armes que tu as enfermées. Entends-tu, citoyen, il nous les faut.

— Et de quelles armes voulez-vous parler ?

— Ne fais donc pas ton malin; nous voulons les chassepots que tu as fait mettre dans la remise. C'est t'y clair ?

— Que voulez-vous en faire ? des chassepots... vous en avez tous plutôt deux qu'un, et, d'ailleurs, votre commandant a donné l'ordre de ne vous donner aucune arme.

— Notre commandant,... notre commandant... As-tu fini ?... nous commandons tous, ici.

— C'est pour cela que je ne sais auquel entendre.

— Allons, pas tant de manières, t'es pas z'une princesse...

Le grand fédéré, me prenant par derrière, saisit mon paletot au collet mit son genou sous mes reins, et me tenant dans cette position qui m'empêchait de bouger:

— Allons, la coterie, cria-t-il, prends-y la clé dans la poche de son pantalon.

La clé prise, les chassepots que j'aurais voulu ne

pas voir tomber aux mains des fédérés, devinrent aussitôt leur partage. La prudence devenait pour moi un devoir. Je me retirai sans bruit; bien d'autres que moi en eussent fait autant.

Toutefois, avant d'abandonner le ministère, qu'il m'était réservé de revoir en feu deux mois après, je me rendis à l'ambulance (1) (ancienne caserne de l'Assomption), et qui relevait de mon service. Je m'empresse d'ajouter que je n'avais pas eu grande

---

(1) Lorsque pendant la Commune, les fédérés vinrent pour arrêter l'abbé Deguerry, dont la maison était contigüe à la caserne de l'Assomption, le vénérable prêtre escalada le mur mitoyen et gagna l'ambulance, où il venait souvent voir les malades. Il était dix heures et demie du soir. L'abbé Deguerry sonna sans pouvoir se faire entendre, et, pour ne pas donner l'éveil, il passa la nuit, à moitié vêtu, sur une des marches de l'escalier qui conduisait à l'ambulance. Le lendemain, vers cinq heures du matin, un des ambulanciers, gardien de bureau au ministère, le nommé Dupré, en descendant, vit l'abbé Deguerry : il le couvrit d'une vieille vareuse et d'un chapeau mou.

Tous les deux sortirent ensuite, bras dessus bras dessous, de la caserne, et allèrent sonner en face, au numéro 10 de la rue. La porte ne s'ouvrit pas. Mais l'attention du factionnaire avait été éveillée; il appela aux armes. L'abbé Deguerry et Dupré furent arrêtés et transférés à la Roquette, où le prêtre mourut en martyr.

Quant à Dupré, il était encore à la Roquette, lorsque les troupes y entrèrent. Il fut emmené à Versailles et quelques jours plus tard, remis en liberté.

Peu de temps après, un soir, une aurore boréale éclaira tout Paris. Dupré la vit de chez lui ; il crut que les horreurs de la Commune recommençaient. Il sortit précipitamment, la tête brûlante, et alla se jeter dans la Seine.

surveillance à y exercer, grâce à l'admirable dévouement et au sublime concours de trois sœurs de charité, attachées antérieurement à la maison Eugène-Napoléon, aujourd'hui Orphelinat Saint-Antoine. Je tenais absolument, avant mon départ, à les remercier en mon nom personnel, de tous les soins dévoués que les sœurs de Saint-Vincent-de-Paul savent seules si bien prodiguer aux malades.

Le nombre des blessés admis à l'ambulance n'a pas été de plus de quarante. Quelques-uns, des gardes forestiers notamment, succombèrent aux suites de leurs blessures. Un brave canonnier au corps d'artillerie, service des mitrailleuses, gravement blessé au plateau d'Avron, le 28 décembre 1870, et dont le célèbre chirurgien Labbé désarticula l'épaule gauche, subit avec courage cette douloureuse amputation, parfaitement réussie. Elle est peut-être une des plus heureuses opérations chirurgicales du siège de Paris.

Ce jeune militaire, élevé à la dignité de chevalier de la Légion d'honneur, est aujourd'hui percepteur à .... Il n'a pas oublié les bons soins dont il a été entouré pendant son séjour à l'ambulance ; aussi m'a-t-il écrit des lettres que je relis souvent avec plaisir et je ne puis résister au désir de les publier :

« A...., le   Juillet 1871.

» Monsieur,

» Nous avons eu, il y a quelque temps, la visite
» de la sœur S.... Décrire le bonheur de ma famille
» est bien difficile, mais après les terribles épreuves
» que cette bonne sœur vient de subir, vous com-
» prendrez notre joie de la garder quelques jours
» auprès de nous. Jugez si nous avons causé de
» Paris, de l'ambulance, de tous ceux qui m'ont
» témoigné tant d'intérêt et qui veulent bien encore
» me continuer leur amitié. Vous savez que mon
» père est tout cœur ; en écoutant sœur S... ra-
» conter ce que vous avez fait pour moi, les soins
» de tous les instants que vous m'avez donnés, les
» consolations que vous m'avez prodiguées, alors
» que le malheur vous frappait vous-même dans
» vos affections les plus chères, les larmes lui ve-
» naient aux yeux, et il se demandait, j'en suis sûr,
» si nous pourrions jamais être assez reconnais-
» sants.

» . . . .

» Tout à vous,

» Signé : J. P. »

Et, plus tard, le jour anniversaire de sa glo-
rieuse blessure, il écrivait :

« L...., le 28 décembre 1871.

« Monsieur,

» L'année dernière, à pareil jour, je fus porté à
» l'ambulance du ministère des Finances, où vous
» me reçûtes.

» Seul à Paris, loin de ma famille et de tous
» ceux qui auraient pu s'intéresser à moi, ma
» position était bien désespérée. Vous dirigiez,
» Monsieur, l'ambulance où j'ai été si bien soigné.
» Vous m'avez soutenu dans mes souffrances, bien
» que frappé vous-même dans vos affections les
» plus chères; vous avez trouvé assez de forces
» pour m'encourager sans cesse dans mes mauvais
» jours.

» Les soins que vous m'avez prodigués m'ont
» donné un bien-être moral et matériel que je ne
» pouvais espérer; en un mot, vous avez puis-
» samment aidé ma guérison; soyez assuré, Mon-
» sieur, que je ne l'oublierai pas.

» Tout à vous,

» Signé : J. P. »

Pendant que je rendais ma dernière visite à
l'ambulance, le secrétaire général me faisait chercher. On me donna, de sa part, dès que l'on put

me joindre, l'ordre d'aller à Versailles dans le plus bref délai. Je partis le jour même, et, dès mon arrivée, je fus auprès du secrétaire général. Je lui fis connaître dans quelles conditions j'avais quitté le ministère et je lui remis le certificat que j'avais retiré des citoyens Jourde et Varlin. Je lui ai, inutilement depuis, réclamé cette pièce historique. Ce haut fonctionnaire a toujours cru que je ne la lui avais pas remise. Je suis désolé d'être obligé de le contredire, et j'ajoute que si l'existence de ce curieux document venait à être mise en doute, le citoyen Jourde vit encore, et il se souvient probablement comment les choses se sont passées.

CHAPITRE CINQUIÈME

UNE MISSION DONNÉE PAR LE MINISTRE DES FINANCES

(22 mai 1871.)

RAPPORT SUR L'INCENDIE DU MINISTÈRE

(2 juin 1871.)

Le 22 mai 1871 vers deux heures de l'après-midi le secrétaire général me faisait demander.

Après m'avoir annoncé que l'armée de Versailles était entrée dans Paris, il me fit connaître que le ministre me chargeait d'une mission de confiance et qu'il espérait que je saurais la remplir.

Il me remit en même temps une lettre ainsi conçue :

« Versailles, 22 mai 1871.

« *A Monsieur le Maréchal de Mac-Mahon.*

» Monsieur le Maréchal,

» Je viens de charger M. de Colmont, chef du
» bureau de l'ordonnancement et du matériel au

» ministère des Finances, de se rendre à Paris, le
» plus promptement possible, pour sauvegarder
» autant qu'il le pourra, les papiers et archives du
» ministère qui n'auront pas été spoliés par l'insur-
» rection.

» Il est indispensable, pour accomplir utilement
» sa mission, que M. de Colmont puisse, à son
» arrivée au ministère, obtenir le concours d'un
» détachement de cent hommes qui occuperont le
» poste du ministère et veilleront au maintien de
» l'ordre et à la sécurité des agents qui pourront y
» être appelés par leurs occupations.

» Agréez, monsieur le Maréchal, l'assurance de
» mes sentiments de haute considération.

» Pour le ministre des Finances,
» et par autorisation :

» Le secrétaire général des Finances,

» *Signé* : A. DUFRAYER. »

Je fus également muni d'un laissez-passer ainsi formulé :

PRÉFECTURE
de
POLICE

Cabinet.

« Versailles, 22 mai 1871.

» Laissez passer et circuler le porteur du pré-
» sent, M. de Colmont, chef de bureau au ministère
» des Finances.

» Le général délégué aux fonctions de préfet
» de police,

» *Signé :* Valentin. »

Porteur de ces deux saufs-conduits, je quittai Versailles le 23 mai à quatre heures du matin, dans une voiture qui était à ma disposition. Je m'étais fait accompagner de M. Doulmet, capitaine commandant militaire du ministère des Finances; de M. Bouché, chef de l'atelier de reliure, ex-sergent-major de la compagnie que je commandais pendant le siège et dont j'avais eu occasion d'apprécier le sang-froid; enfin d'un brave serviteur, le nommé Houllier, qui était conducteur des équipages du Trésor et qui se chargea de la conduite, souvent plus que périlleuse. En entrant dans Paris le 23 mai, à cinq heures du matin par la barrière des Bonshommes, ou en ressortant le soir à six heures par l'avenue de l'Impératrice, pour retourner à Versailles, notre voiture servit plus d'une fois de cible aux artilleurs fédérés, sans compter que, pour traverser le bois de Boulogne, il nous fallait à chaque instant combler, à l'aide de fascines, afin de pouvoir les franchir, les tranchées que nous avions à passer. Ah! dame, la route offrait des charmes qu'assurément mon sous-directeur ne trouvait pas à Versailles, où il était prudemment resté. Mais, plus tard, oubliant son absence au péril, il n'en a pas moins dénigré tous les actes courageusement accomplis, comme il s'était opposé au paiement de ce qui était si légitimement dû à M. Schneider.

J'ai, entre les mains, l'original du rapport que j'ai adressé le 2 juin 1871, relativement à la mission qui m'avait été confiée huit jours auparavant.

J'ai l'intime conviction que ce rapport, remis par moi le 2 juin au secrétaire général, n'a jamais été placé sous les yeux du ministre. Il m'a été rendu le 13 novembre 1871, ainsi que l'atteste une annotation mise par M. Audibert, aujourd'hui procureur général près la Cour des Comptes, et qui remplissait alors les fonctions de sous-directeur.

Je me suis toujours demandé pourquoi ce rapport n'a été suivi d'aucune suite. En suspectait-on la véracité? Il était si facile de me convaincre de mensonge! Je l'adressais au ministre au moment où les ruines du ministère étaient encore fumantes.

Mais non, il n'y avait pas lieu d'en suspecter l'entière véracité ; s'il a été mis en oubli, s'il n'a pas eu les honneurs qui paraissaient lui être dus, c'est tout simplement, et pourquoi ne pas le dire, parce que j'avais fait loyalement et courageusement mon devoir sans y être incité par mes chefs. Dans cette situation signaler l'attitude énergique que j'avais prise dans l'incendie des Finances sans faire ressortir la leur, c'était donner à entendre qu'ils n'étaient pas sans doute où le devoir les appelait.

On a préféré mettre mon rapport à l'ombre dans les profondeurs d'un tiroir de bureau ; c'était plus simple, mais la lumière ne vient-elle pas toujours à son temps, à son heure ?

Au surplus, voici ce document :

« Versailles, le 2 juin 1871.

» *Rapport adressé à Monsieur Pouyer-Quertier,*
  » *ministre des Finances.*

  » Monsieur le Ministre,

  » J'ai l'honneur de vous soumettre l'exposé des
  » faits dont j'ai été témoin pendant l'affreux in-
  » cendie qui a réduit le ministère des Finances en
  » cendres.

» En conformité des instructions qui m'avaient
» été données par M le secrétaire général, je me
» suis rendu à Paris le mardi 23 mai. Il m'a
» été impossible de pénétrer ce jour-là au minis-
» tère des Finances, dont j'ignorais complètement
» d'ailleurs l'incendie. Retenu toute la journée
» place François Ier, à quelques mètres du fort de
» l'action, je n'en suis parti le soir, à sept heures,
» qu'après m'être assuré auprès de M. le général
» de division Vergé que la place de la Concorde
» ne serait occupée par nos troupes que dans la
» matinée du mercredi 24. Je quittai alors Paris
» pour revenir à Versailles, et je fis connaître
» à M. Dufrayer dans la soirée le résultat de ma
» mission.

» Le lendemain mercredi je repartais pour
» Paris vers six heures du matin, accompagné de
» M. Bouché, chef de l'atelier de reliure, de M. Doul-
» met capitaine commandant le ministère et de
» Houllier qui, déjà la veille, ne m'avaient pas
» quitté un seul instant. Nous entrâmes à Paris
» vers sept heures et demie. Sur notre passage
» l'aspect de la ville était navrant, mais nous
» avons pu arriver sans difficultés jusqu'au mi-
» nistère des Finances dont le troisième et le
» quatrième étages sur la rue de Rivoli étaient
» en feu.

» Après m'être assuré que le sauvetage du
» Grand-Livre avait déjà été commencé par des
» employés de la Dette inscrite et notamment par le
» gardien de bureau Fagot qui, dans cette circons-
» tance, fit preuve d'intelligence et de dévouement ;
» voyant d'un autre côté que les bras manquaient,
» je me rendis en toute hâte à l'état-major du gé-
» néral Douai, place Vendôme, et je lui demandai
» cent hommes pour opérer le sauvetage de tous
» les papiers qu'il serait possible de ravir à l'incen-
» die.

» Le général s'empressa d'obtempérer à ma de-
» mande. Il me fît conduire à cet effet, par un de
» ses aides-de-camp, auprès du colonel du 91ᵉ dont
» les hommes se reposaient rue Saint-Honoré au
» coin de l'Assomption, et, immédiatement, j'eus à
» ma disposition cent hommes de ce régiment.

» Dès que je pus disposer des cent hommes que
» j'avais demandés, j'en pris cinquante pour orga-
» niser le sauvetage des effets mobiliers qu'il serait
» possible de préserver dans les parties plus me-
» nacées par le feu, et je laissai les cinquante autres
» à la disposition des agents qui avaient pris l'ini-
» tiative du sauvetage du Grand-Livre, et auxquels
» les bras faisaient défaut. C'est ainsi que les vo-
» lumes du Grand-Livre, jetés par les fenêtres
» dans la cour de l'Horloge, ont pu être sauvés.

» Les volumes étaient immédiatement ramassés
» et emmenés, avec un dévouement que je dois
» signaler, par le nommé Prosper, attaché à l'en-
» trepôt des Tabacs de l'Assomption, qui s'est
» servi de sa voiture pour transporter à la caserne
» la majeure partie des volumes de la Dette pu-
» blique. Les volumes qui n'ont pas été jetés par
» les fenêtres ont été descendus par des soldats
» du 91ᵉ, qui faisaient la chaîne. Je dois ajouter,
» toutefois, qu'une soixantaine de volumes qui,
» par suite d'une fausse direction, avaient été
» oubliés au premier étage du corridor du Midi,
» vis-à-vis le cabinet du ministre, ont encore pu
» être sauvés, au moment où l'incendie faisait de
» rapides progrès de ce côté, et jetés des fenêtres
» du péristyle du grand escalier du ministre, par
» M. Marie, sous-chef au contrôle central.

» Le sauvetage du Grand-Livre opéré, tant de
» choses restaient à sauver qu'il était difficile, au
» milieu d'un pareil sinistre, de savoir de quel
» côté diriger ses efforts. Les cinquante hommes,
» que j'avais pris avec moi opéraient le sauvetage,
» en faisant la chaîne, d'une partie des meubles du
» premier étage du corridor du Midi, et éloignaient
» du feu, en les emportant dans les pièces du même
» étage, situées au coin de la rue Castiglione, tous
» les meubles, bronzes, pendules, etc., des appar-

» tements particuliers du ministre. Plusieurs
» agents ont fait preuve dans ce sauvetage que
» le soir il a fallu rendre définitif, en emportant
» tous les meubles dans la rue Castiglione même,
» d'un très grand dévouement ; je dois signaler
» ici :

» Le frotteur Rez-Gaurez ;

» L'argentier Herault ;

» Le concierge Ventin ;

» L'huissier Bonnet (Florent) ;

» M. Felin, employé à l'Administration des
» Tabacs, lieutenant aux compagnies de marche ;

» Un concierge d'une maison voisine, nommé
» Henry Basyn (262, rue Saint-Honoré) ;

» Un jeune apprenti du tapissier du ministère,
» enfant d'une quinzaine d'années, qui s'est cou-
» rageusement dévoué ;

» Enfin, le frotteur Vaucenat.

» Pendant que ce sauvetage s'opérait, M. Marie,
» dont je viens de parler, vint me dire qu'il y avait
» grand intérêt à sauver les titres de rente dé-
» posés pour le payement des rentes au 1er avril,
» et qui devaient être enfermés dans cinq armoires
» de la galerie des rentes. Je cherchai aussitôt des
» hommes pour opérer ce sauvetage. Je trouvai
» les deux ouvriers gaziers Dumry et Bringuié
» (les soldats du 91e venaient de recevoir l'ordre

» de rejoindre leur régiment qui avançait dans
» Paris). Ces deux hommes furent d'un grand
» secours. Aidés par eux et par un jeune sergent
» du 91ᵉ qui, je ne sais pourquoi, n'avait pas
» rejoint le régiment, nous pûmes briser les ar-
» moires qui m'avaient été signalées, et sauver,
» en les emportant, soit dans des sacs, soit sur
» notre dos en les mettant sur des crochets, tous
» les titres de rente et documents relatifs aux
» pensions militaires, etc., papiers qui n'avaient
» pas été touchés par les agents de la Commune.

» A ce moment, le frotteur Rez-Gaurez, me fit
» connaître qu'il savait que des papiers importants
» étaient enfermés dans les armoires des apparte-
» ments particuliers du ministre. Je m'y ren-
» dis aussitôt. Je fis forcer les armoires, et, aidé
» de M. Bouché qui a vaillamment fait son devoir,
» de Rez-Gaurez et d'un commissionnaire des
» environs (le nommé Dumoulin), qui s'était
» joint à nous, il nous fut possible de sauver tous
» ces papiers appartenant, pour la plupart, à
» M. D....., chez lequel ils avaient été enlevés.

» Les titres de rente déposés au Trésor et les
» papiers de M. D..... sont aujourd'hui entre les
» mains du caissier-payeur central.

» Ces différents sauvetages opérés, il était quatre
» heures. Je songeai alors à retourner à Versailles

« » pour vous rendre compte de ce que j'avais vu.
« » J'étais, je dois le dire, convaincu qu'une partie
« » du ministère serait épargnée et j'étais loin de
« » penser que quelques heures après, j'assisterais à
« » l'affreux spectacle d'un immense incendie qui ne
« » devait rien laisser du ministère des Finances.

« » Avant de partir j'entrai dans divers bureaux,
« » notamment à la Bibliothèque, et j'avais l'es-
« » poir qu'elle ne deviendrait pas la proie des
« » flammes.

« » C'est dans cette situation, relativement rassu-
« » rante, que je me rendis à Versailles et que j'eus
« » l'honneur, Monsieur le Ministre, de vous assu-
« » rer que le Grand-Livre avait été sauvé, ainsi
« » que les titres de rente déposés et les valeurs et
« » papiers appartenant à M. D.....

« » Deux heures après je repartais pour Paris ;
« » j'étais accompagné de M. Gouttes, alors direc-
« » teur de la Dette inscrite. Il me quitta au coin de
« » l'avenue Marigny et du faubourg Saint-Honoré,
« » dont plusieurs maisons étaient en feu. Je ne
« » saurais décrire la poignante douleur que je res-
« » sentis en arrivant au ministère, à la vue des
« » progrès du feu. Les flammes sortaient de tous
« » les côtés ; pas de bras pour les combattre, les
« » pompiers ne donnant plus leur concours et
« » disant carrément que tout était fini. Je me ren-

» dis aux appartements particuliers du ministre,
» et ainsi que j'en avais donné l'ordre, dans le cas
» où le feu viendrait à gagner, on transportait
» dans les maisons de la rue de Castiglione, sous
» les arcades et même en pleine rue, tous les
» meubles que dans la matinée j'avais fait entasser
» de ce côté pour les soustraire à l'action du feu.
» Ce sauvetage s'opérait vite, les pièces où les
» meubles étaient réunis ayant un accès facile
» sur l'escalier de la rue Castiglione, n° 1. Il se
» terminait vers une heure du matin. Les tapis,
» billard, etc., purent encore être sauvés dans la
» matinée.

» Tels furent les derniers efforts fait pour arra-
» cher quelque chose à l'incendie. Le jour même,
» le ministère était perdu et on ne pouvait plus
» que songer à mettre en sûreté les papiers et les
» meubles qu'il avait été possible de soustraire
» à l'action du feu.

» Le Grand-Livre fut transporté à Versailles.
» Les meubles, bronzes, tableaux, cristaux, lustres,
» porcelaines, furent mis en ordre avec le plus
» grand soin dans deux boutiques et un apparte-
» ment situés rue Castiglione n° 4. Je dois signa-
» ler le zèle et le dévouement des deux gardiens de
» bureau Reuche et Vaconsin qui, sous ma direc-
» tion et la surveillance de M. Bouché, surent se

» rendre très utiles. Ils emmagasinèrent, dans
» un espace relativement restreint, une quantité
» considérable d'objets qu'il était si indispensable
» de soustraire promptement aux effets de la
» pluie torrentielle qui ne cessait de tomber.

» En même temps j'assurais la rentrée, en lieu
» sûr, de tous les papiers jetés par les fenêtres et
» dont les administrations reprennent chaque
» jour possession.

» Là semblait devoir s'arrêter le sauvetage de
» ce qui avait pu échapper aux flammes lorsque le
» lundi 29 mai, en parcourant les ruines du minis-
» tère, le hasard me fit entrer dans les locaux
» qu'occupait la Caisse centrale. Je vis que la porte
» de la resserre était consumée par le feu. Je la
» poussai, elle tomba et j'aperçus une quantité
» considérable d'objets précieux. Il faisait dans
» cette pièce toute garnie de forte tôle, une chaleur
» excessive, et les papiers déposés à la partie supé-
» rieure commençaient à prendre feu. J'organisai
» immédiatement avec M. Hubert, employé au
» secrétariat général, dont je ne saurais assez
» louer la conduite courageuse, avec l'adjudant-
» surveillant Mattéi et le maçon Sergent le sau-
» vetage de ces précieux effets. Ils consistaient
» en billets de banque, valeurs en portefeuille,
» bijoux, etc. Le nommé Prosper qui avait

» déjà su se rendre utile mit sa voiture à notre
» disposition, et il nous fut possible de venir vous
» remettre à Versailles le soir même, à onze heures,
» ce qui avait encore pu être soustrait à l'action
» du feu qui couvait en cet endroit.

» Ce sauvetage, commencé à cinq heures, était
» terminé à six heures et demie. J'avais fait pré-
» venir M. le baron Clerc, sous-directeur des cais-
» ses, que l'on m'avait dit être aux abords du minis-
» tère de la découverte qui venait d'être faite. Il
» vint, en effet, vers six heures un quart, et je pus
» lui remettre les clefs de la grande resserre en
» sous-sol que j'avais également trouvées, et qui
» contenait, elle-même, pour 60,000 francs en-
» viron de pièces de 1 et 2 centimes. Il y avait
» aussi une trentaine de caisses renfermant du
» linge appartenant à des communautés reli-
» gieuses, et plusieurs objets nécessaires au
» culte : un ostensoir, des Christs, une grande
» croix de procession, des chandeliers d'autel, un
» calice, etc., etc., et quatre caisses d'armes.

» J'ai eu l'honneur de vous remettre, Monsieur
» le Ministre, UN INVENTAIRE SOMMAIRE des caisses,
» cartons et corbeilles, dans lesquels se trou-
» vaient les objets précieux qui ont été déposés
» chez vous, et CET INVENTAIRE ME SERVIRA DE
» POINT DE REPÈRE lorsque l'on procèdera à

» l'inventaire définitif que vous jugerez sans
» doute nécessaire d'ordonner.

» Tels sont, Monsieur le Ministre, les faits que
» je dois porter à votre connaissance, et je suis
» heureux de pouvoir vous donner ici l'assurance
» que tout le monde a noblement fait son devoir.
» Si les bras avaient été plus nombreux, il eût été
» possible de faire davantage, mais la difficulté de
» circuler dans Paris a empêché beaucoup d'agents
» de se rendre sur le lieu du sinistre. Tous ceux
» qui ont pu y parvenir ont fait preuve d'un zèle
» et d'un dévouement dignes du plus grand éloge,
» et qu'il est de mon devoir de signaler à votre
» bienveillante attention.

» Je ne terminerai pas sans rappeler aussi les
» services rendus par les pompiers des départe-
» ments, car c'est à leur courageux concours que
» l'on doit la conservation des vieux bâtiments du
» ministère. Les pompiers de Poissy, d'Anet, de
» Pacy-sur-Eure, de Rouen, de Vernon, de Cha-
» tou, d'Elbeuf, de Carrières-Saint-Denis, se sont
» courageusement conduits.

» Je suis, avec un profond respect,
» Monsieur le Ministre,
» Votre très humble et très obéissant serviteur,

» Signé : A. DE COLMONT. »

Il n'a été tenu aucun compte de ce rapport, malgré les félicitations les plus vives qui m'avaient été adressées le 24 mai 1871, à mon retour à Versailles, par le ministre, en présence du directeur général des Forêts et du secrétaire général des Finances. Toutefois, après bien des hésitations, et seulement quatre mois après l'incendie, le ministre, M. Pouyer-Quertier, se décida à nommer une commission (1) chargée d'enquérir sur les actes de dévouement qui s'étaient courageusement produits. Il eût été bien plus digne, si l'on avait réellement à cœur de connaître la vérité, de ne pas ajourner ainsi l'enquête sur les sauvetages opérés : Elle devenait d'autant plus difficile à suivre équitablement, que le moment où les faits s'étaient

---

(1) M. Marie, aujourd'hui chef de bureau, et dont il est question dans mon rapport, pensant, mais à tort, que j'avais contribué à la nomination de cette commission, m'écrivit :

« Paris, 6 septembre 1871.

» Monsieur,

» J'apprends seulement à l'instant que vous avez enfin
» obtenu une commission d'enquête sur les faits de l'incen-
» die.

» C'est bien là la conduite d'un homme qui veut la lumière,
» et je vous en fais mon compliment,

» Vous pouvez être assuré que, si j'en ai l'occasion, je vous
» suivrai dans la voie de la vérité.

» Croyez-moi votre bien dévoué.

» Signé : Marie. »

accomplis s'éloignait chaque jour davantage. D'un autre côté, n'eût-il pas été rationnel de m'appeler à faire partie de la commission ? J'aurais, je crois, pu y signaler, non sans autorité, les personnes qui revendiquaient, avec raison, l'honneur du service rendu, et faire oublier celles dont on n'aurait pas dû s'occuper ; mais comme je pouvais avoir la langue trop longue et dire ce que l'on ne voulait pas entendre, le mieux était de me tenir à l'écart. C'est ce qui fut fait. On pensa cependant qu'il y aurait avantage à me faire paraître devant la commission. On voulait être fixé sur la valeur des affirmations de M. Marie devant le troisième conseil de guerre, et savoir par quelle initiative les militaires avaient été amenés au ministère. On m'invita donc à m'y présenter. Je refusai, jugeant, et à bon escient, qu'une déposition verbale, faite six ou huit mois après les événements, n'aurait pas l'autorité du rapport que j'avais adressé quatre jours après l'incendie, au moment où tous les faits se présentaient naturellement à ma mémoire. Il m'était alors absolument impossible de les dénaturer sans me mettre en situation d'être forcément obligé de le reconnaître. Quant aux soldats requis pour combattre l'incendie, le certificat (1) du

(1) Voir ce certificat page 92.

général Douai me paraissait bien suffisant pour fixer, à cet égard, la religion même des plus incrédules.

La commission, bien que je ne me fusse pas présenté devant elle, me fit néanmoins l'honneur de me proposer pour une médaille d'argent, valeur DIX francs, et le ministre des Finances, M. Magne, voulut bien me la transmettre LE 16 AOUT 1873, C'EST-A-DIRE VINGT-SEPT MOIS APRÈS L'INCENDIE, avec cette lettre :

« Paris, 16 août 1873.

» Monsieur,

» Votre conduite courageuse et dévouée, lors
» de l'incendie du ministère des Finances, m'a été
» particulièrement signalée.

» Je me fais un plaisir de vous remercier, au
» nom de l'État, des services que vous avez rendus,
» et de vous transmettre une médaille destinée à
» en perpétuer le souvenir.

» Recevez, Monsieur, l'assurance de mes sen-
» timents distingués.

» *Le Ministre des Finances,*
» Signé : P. Magne. »

Cette lettre n'est pas la seule qui m'ait été adressée. Les autres méritent bien une citation :

« Paris le 13 février, 1873

» Mon cher Monsieur de Colmont,

» je me suis trouvé à portée, lors de l'incendie
» du ministère des Finances, de remarquer votre
» attitude courageuse et dévouée dans cette triste
» circonstance. Au milieu des flammes et, tout en
» contribuant à l'organisation des secours, vous
» avez pu sauver des valeurs importantes, des
» meubles et divers autres objets, payant intré-
» pidement de votre personne et dirigeant avec
» énergie les individus qui travaillaient sous vos
» ordres.

» Je suis heureux, mon cher Monsieur de Col-
» mont, de rendre ici un témoignage à votre
» belle conduite. Vous avez rendu, à mon avis,
» des services importants, et d'autant plus méri-
» toires, que la situation n'était pas sans danger.
» Je n'ai pas, depuis lors, manqué une occasion
» de vous en féliciter et je vous renouvelle ici l'ex-
» pression des sentiments que vous m'avez ins-
» pirés.

» Votre bien dévoué,

» Signé : Garnier,
» Administrateur des Contributions directes. »

» Mon cher Monsieur de Colmont, non seule-
» ment vous avez montré du courage dans l'in-
» cendie des Finances, mais même de la témérité
» pour disputer aux flammes les objets qui au-
» raient été inévitablement brûlés sans vous.

» Croyez, etc.

» Signé : TAGNARD,
» Receveur principal des Contributions indirectes
» 9, rue Duphot, Paris. »

Le secrétaire général, de son côté, avait jugé convenable de demander, le 10 juin 1871, un rapport à M. Bouché (1), avec l'intention sans doute de contrôler celui que j'avais rédigé moi-même. On comprend combien, comme chef de service, j'ai dû être touché d'une attention aussi délicate ! être soumis au contrôle de l'un de ses subordonnés,

(1) J'ai été assez heureux pour pouvoir faire accorder la médaille militaire à M. Bouché, en récompense de ses bons services pendant le siège, et surtout PENDANT L'INCENDIE DES FINANCES. Cette haute distinction lui a été décernée sur la proposition du commandant Douradou, auquel je l'avais demandée. L'autorité administrative n'a rien à revendiquer de cette récompense, à mon avis bien méritée. Aussi M. Bouché m'écrivait-il, le 13 septembre 1871.

MONSIEUR,

. . . .
« Sans Monsieur le capitaine de Colmont, Bouché n'aurait
» pas été porté pour la médaille. Merci, M. de Colmont, merci,
» à vous ma reconnaissance bien sincère.

» Signé : BOUCHÉ. »

n'est-ce pas le *nec plus ultra* de la hiérarchie ? Tout cependant paraît avoir un bon côté, puisque je puis, en ce moment, extraire du rapport de M. Bouché les lignes suivantes :

. . . .

. . . . . . Je profite de cette circonstance pour
» dire que nous étions tous encouragés par
» l'exemple que nous donnait M. de Colmont, qui
» savait se multiplier et prêtait personnellement
» son concours aux ordres qu'il donnait. »

CHAPITRE SIXIÈME

MINISTÈRE DES FINANCES
LE SAUVETAGE DU GRAND-LIVRE
24 mai 1871.

Si l'on parcourt le *Journal Officiel* de la République française, du 21 mai 1871, on y lit :

« Les habitants de Paris sont invités à se rendre
» à leur domicile sous quarante-huit heures; passé
» ce délai, leurs titres de rente et le Grand-Livre
» seront brûlés.

» Pour le Comité central :
» Signé : GRELIER. »

Le *Journal Officiel* du 22 contient d'un autre, côté, le compte rendu suivant de la Commune de Paris, du 1er prairial an 79 :

» Le citoyen Jourde. — Je demande la parole
» pour une observation importante.

» Plusieurs voix. — Parlez ! parlez !

» Le citoyen Jourde. — Je demande que l'As-
» semblée prenne une décision qui touche vos
» finances. Hier, il y a eu une dépense de un mil-
» lion 800,000 francs. Depuis dix jours, il
» y a une augmentation de quatre millions
» 500,000 francs, et je lis ce matin, dans l'*Offi-*
» *ciel*, quatre lignes du citoyen Grelier déclarant
» que des titres de rente et le Grand-Livre seront
» brûlés dans quarante-huit heures ; c'est là une
» note des plus dangereuses et dont l'opinion
» publique s'émeut. Je vous demande, avant de
» passer à l'ordre du jour, de faire le nécessaire
» pour donner un démenti à cette note dans l'*Of-*
» *ficiel*, en disant que son insertion n'a eu lieu que
» par erreur ou par surprise.

» Le citoyen Lefrançais. — Je demande l'ar-
» restation du signataire de cette note.

» Le citoyen Régère. — Dès huit heures du
» matin, avant que les membres du Comité de
» salut public eussent pu voir cette note dans
» l'*Officiel*, ceux de nous qui l'avaient lue ont
» télégraphié au Comité pour l'engager à prendre
» des mesures urgentes, et, à l'heure qu'il est,
» elles doivent être prises.

» Le citoyen Langevin. — Quelles sont ces
» mesures ?

» Le citoyen Jourde. — Il ne s'agit pas de
» dire que des mesures sont prises, il faut les
» indiquer. Je prie l'Assemblée de vouloir bien
» décider de suite que le citoyen Grelier mérite
» plus qu'un blâme. Je lui demande, en outre,
» d'exprimer le regret que ces quatre lignes aient
» paru dans l'*Officiel*, et de déclarer que la popu-
» lation de Paris n'a pas à s'en préoccuper.
» (Approbation générale.)

» Le citoyen Longuet. — J'ai vu des membres
» du Comité de salut public, à qui j'ai donné com-
» munication de la note de l'*Officiel*. Ils ont été
» aussi émus que moi, et ils sont d'avis que l'au-
» teur ne mérite pas seulement un blâme. Je
» prierai les membres du Comité de salut public
» de constater l'opinion de l'Assemblée pour agir
» énergiquement et promptement contre l'auteur
» de la note.

» Le citoyen Cournet. — Je sais que les mem-
» bres du Comité de salut public ont été aussi
» émus que nous à la lecture des quelques lignes
» dont il s'agit. Il faut qu'il soit pris immédia-
» tement des mesures extrêmement graves; je
» demande qu'un membre du Comité de salut
» public soit.....

» Le citoyen Paschal Grousset. — Il y a, si
» vous voulez lire l'*Officiel*, une note qui enlève

» toute valeur aux quelques lignes dont on se
» plaint : je veux parler d'une note du citoyen De-
» lescluze, portant que toute disposition émanant
» du ministère de la Guerre, qui ne portera pas
» sa signature, devra être considérée comme non
» avenue. Je ne crois pas que la note dont nous
» parlons puisse être prise au sérieux dans le
» public. (Réclamations.) Tout en blâmant l'in-
» sertion de cette note, je demande qu'on prenne
» des mesures pour l'anéantissement de tous les
» titres appartenant aux Versaillais, le jour où ils
» entreraient à Paris. (Bruit.)

» Le citoyen Rastoul. — L'article du citoyen
» Delescluze n'a aucun rapport avec la note que
» l'on vient de signaler à la Commune. Il s'agit,
» en réalité, d'une usurpation de pouvoir ; agir
» comme on vient de le faire, c'est nous mettre
» sous les pieds. Il est urgent, très urgent, de
» prendre des mesures.

» Le citoyen Lefrançais. — En ce qui concerne
» l'article signé Grelier, je proposerai seulement
» l'ordre du jour dont je vais vous donner lecture :

» La Commune, s'en rapportant au Comité de
» salut public pour prendre toutes mesures de
» répression contre le citoyen Grelier et ses com-
» plices, passe à l'ordre du jour.

» Signé : Lefrançais.

» Un membre. — Et les complices ?

» Oui ! Il doit en avoir.

» Le citoyen Billioray, membre du Comité de
» salut public. — La note a été aussi inexplicable
» pour nous que pour vous ; je regrette qu'on l'ait
» insérée dans l'*Officiel*. Le citoyen Grelier nous
» a dit qu'il ne comprend point qu'elle y figure,
» que c'est le résultat d'une convention.

» Quoi qu'il en soit, le fait de l'insertion est
» extrêmement regrettable, extrêmement blâ-
» mable.

» Un membre. — Criminelle !

» Une voix. — Le citoyen Vésinier (1) n'aura
» pas vu la mise en pages. (Bruit.)

» Le citoyen Régère. — Il ne faut demander à
» un homme que ce que ses forces lui permet-
» tent de donner. Vous savez l'importance et
» l'abondance du travail dont notre collègue est
» chargé ; il peut se faire que des épreuves échap-
» pent à son examen. Le mot complices que porte
» l'ordre du jour me paraît bien dur ; j'en de-
» mande la suppression. (Oui ! Non !)

» Le citoyen Ostyn. — Comme je connais le
» citoyen Grelier, il n'est pas admissible pour
» moi qu'il n'ait point de complices.

---

(1) Le citoyen Vésinier était délégué au *Journal Officiel*.

» Le citoyen Longuet. — Je sais que c'est une
» besogne très dure que celle de délégué à l'*Offi-*
» *ciel* ; je l'ai faite longtemps, et je reconnais
» qu'une note semblable à celle qui nous occupe
» aurait très bien pu passer sans que je m'en
» aperçusse ; mais si cela m'était arrivé, j'aurais
» immédiatement donné ma démission et de-
» mandé une enquête. — Je n'accuse pas le
» citoyen Vésinier d'être complice, je viens de
» vous en dire la raison, mais je le trouve res-
» ponsable.

» Le citoyen Lefrançais. — Je ne sais pourquoi
» on met le citoyen Vésinier en cause dans cette
» affaire. La complicité implique une participa-
» tion volontaire dont je ne l'accuse nullement,
» mon ordre du jour ne tenant aucun compte des
» personnes.

» Le citoyen Billioray membre du Comité de
» salut public. — Je crois qu'il y a ici une véritable
» conspiration dans le but de nuire à nos intérêts
» financiers. C'est ainsi qu'il y a quelques jours,
» on a essayé de fermer la Bourse, sans ordre ni
» de la Commune, ni du Comité de salut public.
» Il faut que nous sachions d'où partent ces
» coups à la sourdine. Si le citoyen Vésinier n'est
» pas complice, ce dont je suis persuadé, il n'en
» est pas moins vrai qu'il est coupable de négli-

» gence, pour avoir laissé insérer d'autres actes
» que les actes officiels, c'est-à-dire émanés du
» Comité de salut public et d'une délégation quel-
» conque de la Commune.

» Le citoyen Jules Vallès, président. — Je mets
» l'ordre du jour du citoyen Lefrançais aux voix
» (l'épreuve est commencée.)

» Le citoyen Oudet. — Il y a un mot qui me
» paraît malheureux dans l'ordre du jour que
» l'on nous propose, c'est celui de complice. Il me
» semble qu'il y a imprudence à attaquer les
» citoyens qui sont en cause, et je voudrais
» que ce mot disparût.

» Le citoyen Jules Vallès. — Je m'associe com-
» plètement à l'observation du citoyen Oudet.

» Le citoyen Billioray. — Selon nous, il y a
» danger à se prononcer en ce sens. Je serais
» d'avis que l'on renvoyât à la prochaine séance
» la discussion sur cet ordre du jour. (Non, aux
» voix, aux voix.)

» Le citoyen président. — Sur la demande de
» l'Assemblée, je mets de nouveau aux voix
» l'ordre du jour du citoyen Lefrançais.

» (L'ordre du jour est mis aux voix et adopté.)

» Le citoyen Varlin. — On nous a convoqués
» pour l'affaire Cluseret, et je suis venu à la
» séance pour cette affaire ; je demande qu'on s'en

» occupe de suite. (Interruptions diverses.)

» Le citoyen Léo Melliet. — Il ne faudrait pas
» que ceux de nos collègues qui avaient déclaré
» ne plus vouloir siéger, vinssent ainsi imposer
» leur volonté.

» Si la Commune juge à propos de discuter
» d'autres propositions que celle relative au
» citoyen Cluseret, elle en a parfaitement le
» droit. Il ne faut pas que la majorité soit à la
» merci de la minorité

» Le citoyen Varlin. — Nous ne voulons pas
» non plus que la minorité soit à la merci de la
» majorité. (Bruit.)

» Le citoyen président. — Je consulte l'assem-
» blée pour savoir si elle entend passer de suite
» à l'examen de l'affaire Cluseret.

» L'assemblée, consultée, décide qu'elle va
» discuter de suite cette affaire. »

. . . .
. . . .
. . . .

Il ressort de ce compte rendu que, quarante huit heures avant les incendies qui, lors de l'entrée dans Paris de l'armée de Versailles, ont détruit un si grand nombre de nos monuments publics et réduit à néant tant de richesses, la majorité des membres de la Commune protestait contre l'éventualité de pareils actes de vandalisme.

Le feu était au ministère des Finances dès le 23 mai et se développait rapidement aux quatrième et cinquième étages, lorsque l'on entreprit, le 24, vers sept heures et demie du matin, le sauvetage du Grand-Livre, installé au second, au centre du ministère (1). Que de personnes ont

(1) Voici dans quels termes M. Maxime du Camp, dans *les Convulsions de Paris* (troisième volume, page 385, édition in-8°), parle du sauvetage du Grand-Livre. — Le lecteur APPRÉCIERA et JUGERA :

Le jeudi 25 mai, les rues étaient à peu près libres, et déjà cependant le Conseil général de la Banque était en séance. Dès que les régents MM. Durand, Denière, Davillier, Fère avaient pu passer, ils étaient accourus, et sous la présidence du marquis de Plœuc, ils délibéraient ou plutôt ils causaient, car la Banque étant sauvée, il n'y avait pas de mesure immédiate à prendre et chacun était préoccupé de cette résistance désespérée, que l'on avait eu le tort de ne pas prévoir. Dans cette séance on lut un récit des évènements qui avaient assailli la Banque dans les journées du 22, du 23 et du 24 mai, récit écrit par M. Marsaud et que les régents écoutaient avec avidité. Cette lecture venait de prendre fin, lorsque M. Rouland entra dans la salle du conseil. On ne le revit pas sans quelque émotion. La séparation avait été courte, mais les circonstances l'avaient rendue cruellement longue et avaient, plus d'une fois, failli la rendre éternelle.

Le gouverneur remercia avec effusion les régents et le marquis de Plœuc. Il parlait en son nom, mais il était l'organe du Gouvernement qui, de son refuge de Versailles, avait suivi de loin, il est vrai, mais avec anxiété, les péripéties que la Banque avait eu à traverser.

Le devoir seul a retenu les membres, qui ont formé le con-

revendiqué l'honneur de ce sauvetage? Je dirai, à cet égard, ce que je sais et comment les faits se sont accomplis. Le Grand-Livre de la Dette pu-

seil depuis deux mois, au poste le plus périlleux; ils en sont récompensés aujourd'hui que, par le salut de la Banque se trouve assuré le crédit de la France et de la fortune publique.

Puis la conversation se généralisa et M. Denière dit :

« Le ministère des Finances est détruit, le Grand-Livre de la » Dette inscrite est brûlé. »

— Mais il y en a un double, dit M. Rouland, où est-il?

— « A la Caisse des dépôts et consignations. »

M. Rouland fit appeler M. Chazal, le contrôleur, et lui dit « Allez vite, je vous prie, à la Caisse des dépôts et consi- » gnations ; voyez si le double du Grand-Livre peut être sauvé » et prenez toute mesure, pour le soustraire à l'incendie s'il » est temps encore. »

M. Chazal ne se le fit pas répéter, une compagnie de soldats du génie appartenant au bataillon du commandant Peaucellier, était dans la cour de la Banque. Il l'entraîna avec lui et partit pour le quai d'Orsay.

Heureusement le Grand-Livre lui-même, qui occupait le second étage du ministère des Finances n'avait pas été consumé, du moins la portion représentant la Dette inscrite actuelle avait pu être arrachée aux flammes, grâce au dévouement extraordinaire du personnel — employés et garçons de bureaux — resté à son poste. Dix mille registres environ, formant ce que l'on pourrait appeler la partie historique, furent dévorés par le feu, car on s'empressa naturellement de sauver d'abord les forts cahiers cartonnés comprenant chacun mille noms de créanciers de l'Etat pour des émissions en cours aujourd'hui. C'était une masse de 4,000 registres que l'on enleva des brasiers à travers des dangers et des difficultés qui auraient pu paraître insurmontables à tout autre qu'à des gens dévoués jusqu'au sacrifice d'eux-mêmes. Les autres, enveloppés par l'incendie, laissèrent échapper leurs feuillets rongés par le feu qui, sur l'aile du vent, allèrent apprendre aux départements voisins qu'on brûlait Paris.

D'après la loi du 24 août 1793, un double des registres de la

blique eût certainement pu périr dans l'incendie des Finances, comme les Archives et la Bibliothèque ont, elles-mêmes, été consumées ; mais

Dette inscrite doit être fait sur des fiches volantes et nominatives. Ce double, par une sage précaution, ne peut jamais être déposé dans le local qui contient le Grand-Livre, afin de diminuer les chances de destruction.

Le double du Grand-Livre a été longtemps placé rue Neuve-du-Luxembourg, dans l'ancien couvent des Haudriettes réformées auquel l'Assomption servait jadis de chapelle. Lorsque sous le second Empire, il fut question de prendre tout le massif de constructions entouré par les rues St-Honoré, Luxembourg et Mondovi pour y établir l'hôtel des Postes, qui encore à cette heure, fait absolument défaut à Paris, le double, comme on dit en langage administratif, fut transporté à la Caisse des dépôts et consignations où il fut installé sous la surveillance immédiate d'un fonctionnaire appartenant au ministère des Finances. C'est ce double qu'il s'agissait de préserver, s'il se pouvait, de l'action du feu.

Escorté du commandant Peaucellier, suivi de 86 sapeurs du génie, M. Chazal se hâtait. La vue des Tuileries qui n'étaient qu'une fournaise indiquait assez qu'il n'y avait pas un instant à perdre. Depuis plus de 36 heures que la rue de Lille était en feu, n'arrivait-on pas trop tard ? Eudes et Mégy avaient passé par là, tout flambait. Les étages de l'hôtel de la Caisse des dépôts et consignations poussaient des torrents de fumée rouge dans les airs ; de larges traînées visqueuses et brunes glissant le long des murs qu'elles engluaient, prouvaient que le pétrole avait été versé dans les combles. Par bonheur, les fortes boîtes en bois contenant les douze ou quinze mille bulletins composant le double du Grand-Livre « habitaient » le rez-de-chaussée dans une maison presque isolée.

Lorsque M. Chazal pénétra dans l'hôtel il aperçut sept pompiers dirigés par deux jeunes hommes, qui, tête et bras nus, couverts de sueur, noirs de fumée, s'escrimaient de leur mieux contre l'incendie ; c'étaient M. Gaston de Boves, directeur du syndicat des transports de la guerre par voies ferrées, et M. Delambre qui, pendant une partie de l'année 1877,

aucun préparatif, absolument aucun, n'avait été fait pour l'anéantissement du casier de la fortune publique. On n'avait saturé de pétrole aucun des

a été préfet de la Charente. Tous deux avec une prodigieuse activité s'employaient à préserver les bâtiments que les flammes n'avaient pas encore attaqués, mais ils ne s'occupaient point du double du Grand-Livre dont ils ignoraient l'existence. Les pompiers les secondaient de leur mieux avec une pauvre pompe que l'on alimentait vaille que vaille. Ils n'étaient guère aidés par un employé subalterne de la maison, qu'il vaut mieux ne pas désigner et qui, ivre-mort, roulant de droite et de gauche, disait en buvant : « à quoi bon se donner tant de mal, puisque c'est le Jugement dernier ? »

La Compagnie du génie avait pour capitaine en second, M. Feraud qui devait être tué le lendemain, et pour capitaine en premier M. Garnier, le même qui, deux jours auparavant avait jeté si lestement un pont par où l'armée française put entrer dans Paris. M. Chazal, le commandant Peaucellier, les capitaines, les sapeurs, coururent au petit bâtiment où les fiches du double étaient méthodiquement rangées dans de lourdes caisses en bois, posées sur des tables — tout était intact. — Mais les combles brûlaient, les poutres rongées par l'incendie et flambantes pendaient sinistrement sous la toiture effondrée. Deux étages ruisselant de flammes pouvaient s'écrouler tout-à-coup et ensevelir sous les débris embrasés les salles qui renfermaient le double, et les réduire en cendre. On forma une sorte de conseil, et rapidement il fut décidé que le double devait être transporté ailleurs. Où ? les voitures manquaient — les bras manquaient. — Transporter jusqu'à la Banque cette masse énorme de papier et les registres qui s'y rattachaient et les répertoires et les cartonniers remplis de documents administratifs, il n'y fallait pas songer. On prit un parti ingénieux qui permettait d'agir sur place.

Chacun se rappelle que pendant la période d'investissement, lorsque Paris subit cet essai de bombardement à la fois cruel, inutile et théâtral, n'est-ce pas cela que les allemands se sont divertis à appeler le moment psychologique ? qui tua quelques enfants dans une école et quelques infirmes dans un hôpital,

livres de la Dette, et lorsque les employés ont commencé le sauvetage, il n'y avait pas de danger imminent ; pas un volume, en effet, n'a été atteint par le feu.

La grosse difficulté était d'avoir suffisamment

on reçut l'ordre de disposer des monceaux de sable dans la cour des maisons, afin d'amortir et de neutraliser les effets des obus. De cette époque la Caisse des dépôts et consignations avait gardé dans ses deux cours des tas de sable fort épais : on allait en profiter pour enterrer les bulletins du double, puisque l'on ne pouvait les enlever. Dans le sable, les sapeurs ouvrirent facilement des tranchées ; on y apportait les fiches par paquets bien serrés, on les couchait les uns à côté des autres, comme des cercueils dans la fosse commune. L'opération fut longue, mais menée sans encombre jusqu'au bout.

Lorsque vers onze heures du soir tous les bulletins eurent été déposés dans leur lit de gravier, on repoussa le sable dessus ; cela formait trois grands tumulus sous lesquels dormait la sécurité de la Dette inscrite ; si le Grand-Livre avait été brûlé, comme on le croyait alors, chaque créancier de l'Etat, grâce à l'initiative de la Banque, grâce à l'intelligente activité de M. Chazal, du commandant Peaucellier, du capitaine Garnier, eût retrouvé le document authentique qui affirme sa créance. Lorsque l'ensablement fut complet, on jeta sur les monceaux des prélarts que l'on découvrit dans une remise, des pavés, des dessus de poêle en faïence et tous les objets incombustibles que l'on pût trouver, car il fallait non seulement garantir les fiches contre les atteintes du feu, mais aussi contre les infiltrations de l'eau lancée par les pompes.

M. Chazal put donner avis, dans la journée même, à M. Denière, que le double du Grand-Livre était désormais à l'abri de toute destruction. Le bâtiment qui contenait les bulletins a été épargné par l'incendie ; on aurait donc pu éviter ce déménagement, soit, mais quels regrets et quel labeur de reconstitution si la maisonnette avait brûlé, comme tout le faisait présumer.

de bras pour opérer le déménagement de cette immense bibliothèque. Bien des personnes s'imaginent, sans doute, que le Grand-Livre est un grand et beau volume ; qu'elles se détrompent. C'est une mignonne collection de six à sept mille volumes très bien portants de 6 à 7 centimètres d'épaisseur sur 0,65 de hauteur et de 0,35 de largeur. On peut se rendre compte, dès lors, que le déménagement n'en soit ni des plus prompts, ni des plus faciles. Aussi, le 24 mai, dès mon arrivée au ministère, vers sept heures et demie du matin, étais-je allé à la place Vendôme, et l'on se battait encore rue Saint-Honoré au coin de la rue Castiglione, pour demander au général Douai, commandant le 4ᵉ corps d'armée, cent hommes, à l'effet de procéder au sauvetage du Grand-Livre et de tous les effets mobiliers qu'il serait possible de ravir à l'incendie.

Voici la réponse du général Douai :

« Le général commandant le 4ᵉ corps de l'armée
» de Versailles certifie que, le 24 mai 1871, vers
» huit heures du matin, M. de Colmont, chef du
» bureau du matériel et de l'ordonnancement au
» ministère des Finances, s'est présenté au quar-
» tier général de la place Vendôme pour demander
» des secours à l'effet de préserver le Grand-Livre
» de la Dette publique de l'incendie, et qu'une

» corvée de cent hommes du 91ᵉ de ligne lui a été
» immédiatement donnée pour procéder à cet
» important sauvetage.

» Signé : F. Douai.

» Villeneuve-l'Etang, 22 décembre 1871. »

Dès que je pus disposer de la corvée mise à ma disposition, j'envoyai en grande hâte cinquante soldats, sous la direction de M. Doulmet capitaine commandant le ministère, pour seconder les agents (employés et gardien de bureau) qui avaient courageusement pris l'initiative du sauvetage du Grand-Livre. Une partie de ces hommes firent la chaîne et descendirent assez promptement un très grand nombre de volumes dans la cour dite de l'Horloge. Les uns les jetaient par les fenêtres, d'autres les descendaient, et d'autres enfin, les chargeaient dans une voiture qui servait habituellement au transport des tabacs de l'entrepôt de la caserne de l'Assomption. Ces volumes étaient aussitôt emmenés par le nommé Prosper, propriétaire de la dite voiture, et on les entassait ensuite avec soin à la caserne, dans les vastes magasins du dépôt des impressions du ministère.

Voilà comment s'est opéré le sauvetage du Grand-Livre. Quelques volumes avaient bien suivi une fausse route : des militaires s'égaraient dans les corridors du ministère et portaient à droite ce qu'il fallait porter à gauche, erreurs sans conséquence. C'est ainsi que soixante volumes environ, oubliés au premier étage du corridor de l'Ouest, où ils avaient été déposés, ont été lancés dans la cour, des fenêtres du péristyle du grand escalier du ministre, par M. Marie, un des rares témoins du ministère des Finances, assignés devant le 3ᵉ conseil de guerre. Ce n'est toutefois pas sans étonnement que j'ai lu, dans la *Gazette des Tribunaux* du 21 août 1871, la déposition de M. Marie, à laquelle j'étais loin de m'attendre, et que voici :

« Le 23 mai, je rentrais à Paris, à quatre
» heures du soir ; je ne pus pénétrer aux Finances
» que le lendemain, grâce au général Vergé, qui
» me donna, sur ma demande, vingt hommes
» pour éteindre le feu du ministère. Je trouvai
» deux ou trois employés subalternes déjà occupés
» à sauver le Grand-Livre, je me plais à leur
» rendre un public témoignage, ce qui était fait
» à onze heures. Et qu'il me soit permis de dire
» ici qu'à supposer même que le Grand-Livre fût
» brûlé, il nous serait possible de le reconstituer
» et que tout ne serait pas perdu ; il en résulterait
» tout au plus un retard de paiement.

» Le Grand-Livre ayant été jeté par la fenêtre,
» je circulai dans plusieurs pièces du ministère,
» et je puis affirmer que le feu n'a pas été mis par
» un obus, mais qu'il y a été apporté. On versait
» le pétrole partout. »

Cette déposition m'a d'autant plus surpris qu'à Versailles, j'avais donné communication à M. Marie de mon rapport où son dévouement était nettement signalé. Si, M. Marie avait cru devoir revendiquer alors le mérite du sauvetage du Grand-Livre, j'aurais été très heureux de l'écouter. Il affirme, par exemple, qu'il a demandé au général de division Vergé vingt hommes pour éteindre le feu du ministère. C'est possible, je n'ai pas à parler d'un fait que j'ignore complètement; mais le général (1), que j'avais vu plusieurs fois la veille à son quartier général rue Bayard, n'a pas manqué de lui dire : « M. de Colmont s'est présenté, hier, à

---

(1) Je m'étais d'abord adressé au colonel Picquemal, chef d'état-major du général. Tout jeune encore, récemment marié, cet officier supérieur reposait à moitié habillé, sur un matelas étendu par terre. Après m'avoir entendu, le colonel jugea nécessaire de me conduire vers son général.

Lorsque trois heures ensuite j'entrais pour la seconde fois chez le général, il m'apprit, avec une vive émotion, que le colonel venait d'être tué d'un coup de feu tiré de l'une des fenêtres de la rue Montaigne où il avait été transmettre des ordres.

mon quartier général, porteur d'une mission spéciale : il a pris mes ordres. Après être resté toute la journée à ma disposition, je lui ai conseillé le soir, vers six heures, de retourner à Versailles, bien que la route ne fût pas très sûre, attendu que mes troupes ne me paraissaient devoir occuper la place de la Concorde, défendue par des barricades formidables, que dans la matinée du 24. Je suis persuadé que s'il n'est pas encore de retour, il ne peut tarder à arriver. »

M. Marie dans sa déposition ne dit pas l'heure à laquelle il a parlé au général Vergé. — Le certificat du général Douai constate, au contraire, que c'est à huit heures du matin que cent hommes du 91ᵉ de ligne ont été mis à ma disposition.

Pour confirmer ces faits, en admettant qu'ils aient besoin de l'être, voici l'extrait d'une lettre, en date du 31 décembre 1871, du lieutenant-colonel Chauchar, qui commandait alors le 91ᵉ de ligne :

« J'ai donné des hommes, sur l'ordre du géné-
» ral Douai, et mon régiment, d'une façon inces-
» sante et sous la conduite de ses officiers, a tra-
» vaillé de toutes ses forces, au point d'être
» exténué, à chercher à éteindre l'incendie. Les
» résultats obtenus, sans être aussi complets que
» je l'aurais désiré, ont été très satisfaisants.

» Il m'a été rendu compte que mes hommes
» avaient pu sauver :
» 1° Le Grand-Livre ;
» 2° Les inscriptions de rentes ;
» 3° Une portion du mobilier des appartements
» du ministre.

» Ils ont pu enfin enlever et transporter, place
» Vendôme, une notable quantité de munitions.

» Agréez...

» Le lieutenant-colonel du 79ᵐᵉ
» Ex lieutenant-colonel du 91ᵐᵉ régiment de ligne.

» Signé : CHAUCHAR. »

La lettre du colonel Chauchar est en parfaite concordance avec mon rapport du 2 juin 1871. Toutefois un fait est à relever. Il est sans importance, il est vrai, mais le colonel a été induit en erreur relativement au sauvetage des inscriptions de rentes déposées au Trésor pour le paiement du premier avril. Si on se reporte à mon rapport, on y lit ce paragraphe :

» ..... Je trouvai les deux ouvriers gaziers
» Dumry et Bringuié (les soldats du 91ᵐᵒ ve-
» naient de recevoir l'ordre de rejoindre leur
» régiment qui avançait dans Paris). Ces deux
» hommes furent d'un grand secours. Aidés par

» eux et par un jeune sergent du 91ᵉ qui, je
» ne sais pourquoi, n'avait pas rejoint le régi-
» ment, nous pûmes briser les armoires qui
» m'avaient été signalées, et sauver, en les
» emportant, soit dans des sacs sur notre dos,
» soit en les mettant sur des crochets tous
» les titres de rente et documents relatifs aux
» pensions militaires, etc, qui n'avaient pas
» été touchés par les agents de la Commune. »

Les renseignements que je donnais au ministre sont même plus précis que ceux relatés par le colonel Chauchar. Non seulement je reconnais que le 91ᵉ a contribué au sauvetage des inscriptions de rentes, mais je constate QU'UN SEUL HOMME Y a pris part, et que cet homme est UN SOUS-OFFICIER. On ne peut mieux spécifier.

Pendant que le Grand-Livre de la Dette publique était mis en sûreté, d'autres sauveteurs enterraient sous du sable, pour les soustraire à l'action du feu, dans la cour de la Caisse des dépôts et consignations, également en feu, les fiches mobiles, qui constituent le double du Grand-Livre (1). C'est à l'aide de ces fiches qu'il est possible de suivre les mutations qui ont lieu

---

(1) M. Maxime du Camp dit que 90 personnes ont travaillé à ce sauvetage le 25 mai jusqu'à onze heures du soir.

chaque jour sur les livres de la Dette publique, par suite des transferts opérés.

Les volumes du Grand-Livre furent immédiatement transportés à Versailles (dès le 25 mai), et ils n'en furent ramenés que le premier juillet, dans les fourgons des Messageries Nationales; vingt-six agents du service intérieur furent commandés pour ce déménagement qui dura plusieurs jours, ce qui démontre encore une fois que, même en le faisant tranquillement, il faut disposer d'un personnel nombreux et avoir le temps nécessaire pour changer de place le Grand-Livre.

Les livres de la Dette publique sont aujourd'hui dans les bâtiments du Louvre. Une rotonde située au rez-de-chaussée près l'entrée Colbert, a été aménagée, à grands frais, pour les recevoir. Toutes les précautions ont-elles été prises pour les mettre à l'abri de l'incendie ? l'avenir le dira. Toutefois, il n'est pas douteux que leur installation au rez-de-chaussée permettrait de les déplacer aisément. A-t-on bien pris, d'un autre côté, les mesures nécessaires pour les reconstituer facilement ? je ne le crois pas (1). On aurait sans doute pu utiliser les procédés photographiques

---

(1) On ne saurait évidemment trop prendre de précautions pour empêcher de porter de sérieuses atteintes au Grand-Livre. Certains esprits sont préoccupés de détruire le livre

dont on faisait usage pendant le siège pour transmettre les dépêches par pigeons-voyageurs, à la reproduction de plusieurs exemplaires du Grand-Livre ; mais aucune étude sérieuse ne paraît avoir été suivie dans ce sens.

Le double du Grand-Livre, réinstallé à l'*ancienne caserne de l'Assomption*, rue Cambon, et qui l'eût été avec plus de sécurité à Tours, Nantes, Angers ou toute autre ville, est, ainsi que je l'ai déjà dit, un jeu de fiches mobiles, de la fortune publique. A un moment donné, le feront-ils ?

Le 8 mai 1871, le citoyen Jourde recevait d'un officier-payeur du ... bataillon, demeurant rue F..., une lettre ainsi conçue

« Citoyen Jourde,

» Accordez-moi un quart d'heure et veuillez bien lire ce
» petit travail.
» Dans tous les cas, après l'avoir examiné avec soin, faites-le,
» je vous prie, remettre à mon adresse.
» Je serais bien aise de connaître votre avis sur les théories
» qui y sont exposées, et que je soutiens depuis longtemps,
» l'Abolition du Grand-Livre.
» Signé : B....,
« Officier-payeur. »

A cette lettre était annexée la copie d'un travail sur le Mont-de-Piété, sa liquidation, sa reconstitution ; il se terminait par les réflexions suivantes :

« Non, il ne faut plus d'emprunts d'État, qui font une
» concurrence déloyale, et qui absorbent tous les capitaux
» au détriment de l'industrie.
» Tant que le Grand-Livre ne sera pas BRULÉ, le travail-
» leur sera en esclavage. »

tenues au courant aussi, régulièrement que possible, et à l'aide duquel le Grand-Livre pourrait être recomposé.

J'ajoute, enfin, sans partager LE MOINS DU MONDE sa manière de voir, que M. Marie a déposé devant le 3ᵉ conseil de guerre :

« Et qu'il me soit permis de dire ici qu'à sup-
» poser même que le Grand-Livre fût brûlé, il
» nous serait possible de le reconstituer, et que
» tout ne serait pas perdu. Il en résulterait
» TOUT AU PLUS, UN RETARD DE PAIEMENT. »

Hé bien, sérieusement, si ce que M. Marie a dit est exact, ce n'était pas la peine, assurément, de sauver de l'incendie le Grand-Livre de la Dette publique, et il est même bien inutile de se préoccuper de ce qui peut lui arriver à l'avenir.

CHAPITRE SEPTIÈME

SAUVETAGE DES VALEURS DE M. D..., BANQUIER
Avenue de Marigny

« A ce moment, le frotteur Rez-Gaurez vint
» me dire qu'il savait que des papiers impor-
» tants étaient enfermés dans les armoires des
» appartements particuliers du ministre. Je m'y
» rendis aussitôt. Je fis forcer les armoires, et
» aidé de M. Bouché, qui a vaillament fait son
» devoir, de Rez-Gaurez et d'un commission-
» naire des environs (le nommé Dumoulin,
» je crois, aujourd'hui retiré dans la Haute-
» Savoie) qui s'était joint à nous, il nous fut
» possible de sauver tous ces papiers apparte-
» nant à M. D....., chez lequel ils avaient été
» enlevés.

» Les titres de rente déposés au Trésor et
» les papiers de M. D..... sont aujourd'hui

» entre les mains de M. le caissier payeur cen-
» tral. »

(Extrait du rapport du 2 juin 1871 au ministre des Finances).

Rez-Gaurez qui était logé au ministère, et qui avait continué à y demeurer pendant la Commune, bien qu'il n'y fît plus aucun service, savait que les papiers de M. D..... avaient été enfermés dans deux armoires dépendant des appartements particuliers. Certain des renseignements qu'il possédait à cet égard, il vint me trouver vers deux ou trois heures, dans la galerie des Rentes où j'étais occupé à faire opérer le sauvetage des inscriptions mises en dépôt. Rez-Gaurez était alors sous mes ordres directs; il était agent du service intérieur et ce service relevait de mes attributions. Il venait donc signaler à son chef un fait sur lequel il m'appartenait de prendre un parti.

Je répondis à Rez-Gaurez : Dès que je serai libre. Je me rendis quelques instants après dans les appartements du ministre où des obus partant du côté de l'Hôtel-de-Ville parvenaient encore, mais où l'incendie n'était pas imminent. J'y arrivais, accompagné de M. Bouché et du commissionnaire Dumoulin.

Je fis forcer les serrures des armoires à deux

vantaux qui contenaient les papiers de M. D..., et je dois ajouter qu'elles fermaient assez mal ; l'effraction fut facile.

Les papiers n'étaient autres que des valeurs espagnoles : des liasses de cinq cents obligations ou actions, autant que je puis en préciser le nombre, gisaient les unes sur les autres. Il y avait peu ou point de valeurs françaises, mais on y trouvait de nombreux papiers d'affaires, assurément d'une certaine importance. Au fur et à mesure que vingt-cinq liasses de titres ou actions étaient extraites des armoires, je les faisais envelopper dans des couvertures ou draps pris au lit dans lequel le citoyen Jourde avait couché. J'inscrivais, en même temps, sur les feuillets de mon portefeuille, ce que l'on mettait dans chaque ballot ainsi préparé, et, à l'aide de mes notes, je pouvais me rendre compte du contenu.

Dès que les ballots étaient terminés, je les faisais placer sur un crochet ; Dumoulin ou Rez-Gaurez les emportaient à la caserne de l'Assomption. Là, chaque ballot était déposé dans une pièce parfaitement fermée, affectée, pendant le siège de Paris, au service de l'ambulance du ministère. C'est dans ces conditions que furent transportés huit ballots de valeurs espagnoles et papiers d'affaires sous la surveillance et la conduite de M. Bouché.

Je n'ai point oublié comment ce sauvetage a été opéré : mes souvenirs, bien que très nets en ce qui concerne le nombre et la nature des papiers et valeurs arrachés à l'incendie, seraient encore plus précis si M. D..., sans tenir aucun compte de la confiance que je lui avais témoignée, ne s'était arrogé le droit de conserver les feuillets de mon portefeuille, que, dans ma naïve candeur je n'avais vu aucun inconvénient à lui transmettre.

M. J..., qui demeurait 3, rue Tronson-Ducoudray, avait rempli d'importantes fonctions auprès de M. D..... Le 23 avril 1871, accompagné de M. Jules C..., il fut voir le citoyen Jourde et lui écrivit le même jour :

« Citoyen délégué,

» Ainsi que j'ai eu l'honneur de vous le dire ce
» matin, lorsque vous avez bien voulu nous rece-
» voir, le citoyen C..... et moi, j'ai adressé, à
» la date du 19 courant, aux membres de la Com-
» mission exécutive, une demande relative aux
» objets saisis chez M. D........ ; je ne puis mieux
» faire que de vous remettre copie, certifiée con-
» forme, de la susdite lettre, qui relate les faits
» en entier. J'ignorais alors que les pièces étaient

» revenues de l'ex-préfecture de police au minis-
» tère des Finances, dépendant ainsi de votre
» département spécial.

» Je prends la liberté d'insister près de vous,
» citoyen délégué, pour obtenir, si faire se peut, la
» remise immédiate des papiers de famille et de
» certains papiers d'affaires, contrats, marchés,
» titres de propriété, reçus, etc., qui, vous pour-
» rez facilement vous en convaincre, sont d'im-
» portance capitale pour les intérêts privés de
» M. D..., et plus susceptibles de s'égarer que les
» titres d'actions et autres valeurs également
» saisis.

» Je vous demanderais, en outre, un inventaire
» des objets qui ne seraient point immédiatement
» rendus, et je me mets d'ailleurs tout à votre dis-
» position pour vous donner les indications que
» les fonctions que j'ai longtemps remplies auprès
» de M. D... me mettraient à même de fournir.

» Je veux espérer que vous voudrez bien prendre
» ma requête en sérieuse considération, et je
» vous prie d'agréer, citoyen délégué, mes sin-
» cères salutations.

» Signé : J... »

De son côté, le citoyen Cournet écrivait au citoyen Jourde :

COMITÉ
de
SURETÉ GÉNÉRALE

MINISTÈRE DES FINANCES

« Paris, 26 avril 1871.

Commune de Paris

» Mon cher Jourde,

» Le citoyen C..... se plaint très vivement de
» ne pouvoir se procurer l'inventaire des objets
» saisis chez le citoyen D...
» Cet inventaire dépend de vous ; dites un mot,
» je vous prie, et cette affaire désagréable sera
» terminée.
» Salut et fraternité,

» Signé : F. Cournet. »

Il est présumable que M. J... n'avait pu obtenir la satisfaction qu'il demandait, puisque le 24 mai les papiers de M. D... se trouvaient encore au ministère.

Le 26 mai, le secrétaire général me donnait l'ordre de lui remettre la clef de la pièce où étaient enfermés les papiers de M. D... Je la lui remis. Le service de la Caisse centrale prit possession des dits papiers et en effectua la remise à qui de droit, sans que j'aie même été mandé.

Toutefois, M. le baron Clerc, sous-caissier payeur central, mort depuis, et qui savait comment s'était opéré le sauvetage des papiers de M. D..., m'écrivait le 27 juin 1871 :

« Mon cher ami,

» Voici une lettre confirmant, par écrit, les
» bonnes dispositions de M. D... Je m'empresse de
» vous l'adresser.

> » à vous,
> » Bon Clerc. »

« Paris, 26 juin 1871.

» A *M. le baron Clerc, sous-caissier payeur central*
> » *du Trésor.*

» Monsieur,

» M. D..., obligé de partir précipitamment
» pour un voyage d'une quinzaine de jours, me
» charge de vous faire savoir qu'il n'a pas oublié
» les personnes qui ont opéré le sauvetage de ses
» papiers, et qu'aussitôt son retour, il s'empres-
» sera de se rendre au ministère des Finances
» pour les remercier.

» Veuillez agréer, Monsieur, l'expression de
» mes sentiments les plus distingués.

> » Signé : Desm...... »

Cette lettre prouve bien que les personnes qui avaient opéré le sauvetage des papiers et valeurs de M. D........., lui avaient été signalées. En effet, j'avais remis moi-même une petite note à M. le baron Clerc, par laquelle je faisais modestement connaître et sans battre la caisse, que le sauvetage avait été effectué sous ma direction, par MM. Bouché, Dumoulin et Rez-Gaurez.

Le 28 juillet 1871, M. D......... était de retour et écrivait, à propos de droits de douanes à fixer sur le zinc brut, une lettre de laquelle je détache le passage suivant :

« Je profite de cette occasion pour vous dire
» qu'une assez longue absence que je viens de
» faire, m'a empêché de donner suite immédia-
» tement à ce que je désirais faire en faveur des
» personnes qui ont HEUREUSEMENT pu sauver, au
» ministère des Finances, LES PAPIERS ET VALEURS
» m'appartenant, qui y avaient été déposés.
» M. Victor Lefranc, que j'ai vu à mon retour,
» s'est, d'ailleurs, chargé de vous voir, Monsieur,
» et de s'entendre avec vous pour ce qu'il y avait
» lieu de faire en faveur DE CHACUNE D'ELLES
» PERSONNELLEMENT estimant, avec raison, que
» vos indications nous seraient, à ce sujet, des
» plus utiles. Je pense que je ne tarderai pas à
» avoir réponse de M. Victor Lefranc.

» Veuillez agréer, etc.

» Signé : D......... »

Je me suis demandé, et je me demande encore, pourquoi l'intervention de M. Victor Lefranc ? Ne semble-t-elle pas déjà donner à entendre que M. D....., tout en reconnaissant que ses *papiers et valeurs* avaient été *heureusement* sauvés, était bien aise de ne pas avoir à en témoigner trop de reconnaissance ?

En effet, du mois de juillet 1871 au mois d'avril 1872, je n'entendis pas plus parler de M. D......... que s'il n'existait pas. Mais, le 25 avril 1872, M. Bouché m'apportait un duplicata d'un reçu donné par Rez-Gaurez, et libellé comme il suit :

« ATTRIBUTION PARTICULIÈRE

» Reçu de M. D........., par les mains du
» caissier, la somme de mille francs, allouée à
» titre gracieux par M. D.........

» Signé : Rez-Gaurez.

» Paris, le 16 décembre 1871. »

Si cette pièce est apocryphe, le frotteur Rez-Gaurez fera bien de le dire, car le rôle qu'il a joué dans cette circonstance n'est pas celui que je lui aurais conseillé s'il était venu prendre mon avis.

Quoi qu'il en soit, dès que j'eus entre les mains

la copie de la quittance donnée par Rez-Gaurez, j'écrivis à M. D........, le 25 avril 1872, et je lui fis porter la lettre par ordonnance afin d'avoir la certitude qu'elle lui serait remise.

« Paris, 25 avril 1872.

» Monsieur,

» Il y a bientôt un an, quittant Versailles,
» sur l'ordre qui m'en avait été donné par le
» ministre des Finances, j'arrivais à temps à
» Paris pour pouvoir coopérer au sauvetage
» du ministère, alors que ma mission devait se
» borner à sauvegarder les papiers et archives
» qui n'avaient pas été spoliés par la Commune.
» Pendant l'incendie, le 24 mai, un frotteur
» des appartements du ministre, resté à Paris
» sous la Commune, vint me dire, vers deux
» heures, que des papiers importants qui vous
» appartenaient avaient été déposés dans une
» pièce des appartements particuliers du mi-
» nistre. Je m'y rendis aussitôt : Je fis procéder
» au sauvetage de ces précieux papiers, et j'en
» rendis compte dans un rapport que j'ai adressé
» au ministre le 2 juin 1871.
» Depuis cette époque, Monsieur, j'ai fait
» mettre sous vos yeux les noms des personnes

» qui avaient pris part à ce sauvetage. J'ai
» ensuite reçu, d'après vos ordres sans doute,
» la visite de votre chargé d'affaires. Il m'a dit
» que vous étiez absent de Paris, et qu'à votre
» retour, j'aurais l'honneur de vous voir. Là
» s'est bornée votre intervention, au sujet d'un
» acte de dévouement qu'il n'était pas sans dan-
» ger d'opérer.

» Vous trouverez sous ce pli, et JE CONFIE CE
» DOCUMENT A TOUS VOS SOINS AVEC PRIÈRE DE ME LE
» FAIRE REMETTRE, DEUX FEUILLETS ENLEVÉS A MON
» PORTEFEUILLE, ET SUR LESQUELS, LE 24 MAI, PEN-
» DANT LE SAUVETAGE, J'AI ÉCRIT, COMME MEMENTO
» et par mesure de surveillance, le nombre des
» ballots faits, ainsi que celui des liasses de
» titres ou actions qui vous appartenaient, au
» fur et à mesure qu'elles étaient enveloppées
» dans les draps et couvertures du lit qui avait
» servi au citoyen Jourde.

» J'apprends à l'instant que vous auriez ac-
» cordé une récompense pécuniaire à un des
» agents qui ont participé à ce sauvetage. Je
» viens vous prier de vouloir bien me faire con-
» naître ce qu'il y a de vrai à ce sujet, afin que je
» sache à quoi m'en tenir.

» Il me semble que le moins que vous puissiez
» faire est de ne pas me laisser ignorer le témoi-

» gnage de reconnaissance que vous avez accordé
» aux agents dont j'avais cru devoir vous signaler
» le dévouement.

» Agréez, etc. »

M. D... conserva, sans aucun scrupule, les deux feuillets détachés de mon portefeuille et n'eut pas la bienséance de me répondre. Cependant, pour qu'il ne pût pas dire que ma lettre ne lui avait point été remise, je la lui avais envoyée par exprès : J'ai entre les mains le reçu de la dépêche, signé par l'un des gens de sa maison, le nommé Sénéchal.

Je ne me tins pas pour battu, et le 4 mai 1872 j'écrivais de nouveau à M. D... :

« Monsieur,

» J'ai eu l'honneur de vous écrire le 25 avril,
» et le 28 je me présentais chez vous, mais je n'ai
» pas été assez heureux pour vous rencontrer.
» Je vous ai laissé ma carte, et par deux mots
» d'écrit, je vous ai fait connaître mes regrets de
» ne pas vous voir et le but de ma visite.
» Permettez-moi de vous prier, Monsieur, de
» ne pas oublier la réponse que j'attends de vous

» et que j'avais espéré, je ne dois pas vous le ca-
» cher, recevoir immédiatement.

» Recevez, etc.

» Signé : A. DE COLMONT. »

M. D... usa autant d'encre et de papier pour me faire une seconde réponse, qu'il en avait dépensé pour rédiger la première.

Exposez donc votre vie pour sauver « les » papiers et valeurs » qu'un richissime banquier reconnaît avoir HEUREUSEMENT été ravis à l'incendie ! C'est tout simplement une duperie !

Et pendant que je veillais au sauvetage des affaires de M. D...., mes livres, des valeurs, des armes de luxe, mes papiers de famille, etc., etc., brûlaient dans mon cabinet. Si j'avais pressenti les sentiments dont M. D.... était animé et auxquels je devais me heurter un jour, j'aurais bien certainement, — et personne ne me blâmera du regret que j'ai éprouvé depuis, — sauvé ce qui m'appartenait plutôt que de m'occuper à préserver de l'incendie les valeurs de M. D..., propriétaire du splendide hôtel qui existait, il y a quelques années encore, avenue de Marigny.

En admettant que les faits ne fussent pas vrais,

M. D.... n'en était que plus à son aise pour les réfuter et démontrer leur invraisemblance, mais telle n'était pas la situation, et les documents que je produis le prouvent surabondamment; d'un autre côté, on me rendra cette justice, je ne demandais qu'un mot aimable, toujours facile à écrire.

J'aurais été très heureux de voir récompenser des personnes qui le méritaient, et il m'eût aussi été très agréable, si M. D.... avait usé envers moi des usages dont, habituellement, les hommes du monde ne se départissent jamais : une politesse en vaut une autre; à plus forte raison, un service, et M. D.... lui-même reconnaissait qu'un grand service lui avait été rendu.

M. D.... est mort il y a quelques années. Il jouissait dans le monde littéraire d'une certaine prépondérance dont son fils qui vit encore a, je crois, hérité.

Au mois d'octobre 1878, un de mes anciens camarades d'administration, comptable dans un département, avait été obligé de se démettre de ses fonctions. — Sans aucune fortune, âgé de 55 ans, père de famille, il avait absolument besoin de travailler. — J'étais très désireux de lui donner du pain : Je pensais que M. D.... fils aurait peut-être à cœur de seconder mes vues et de placer mon ancien camarade comme expéditionnaire, dans une administration financière, avec 15 ou 1,800 fr. de traitement. — J'écrivis inutilement le 23 octobre 1878, à M. D...., pour lui demander s'il serait disposé à se souvenir du service que je pensais avoir rendu à son père. — Je lui adressai, également sans succès, trois autres lettres sous les dates des 2, 8 et 20 novembre 1878. — Il paraît que dans la famille il est de principe de ne jamais faire une réponse. Quoi qu'il en soit, ma dernière lettre se terminait par cette phrase :

« Les cruels évènements que nous avons tra-
» versés ont laissé entre mes mains d'instructifs
» documents, qu'un jour dans mes moments de
» loisir, je livrerai à la publicité. — Le sauve-
» tage des papiers et valeurs de M. D...., ban-
» quier, avenue Marigny, y trouvera naturelle-
» ment sa place. Ce ne sera pas, sans un certain
» sentiment de curiosité et d'étonnement, que le
» lecteur y appréciera la conduite de la famille
» de M. D...., et le dévouement envers elle, de
» celui qui vous prie d'agréer, Monsieur, l'assu-
» rance de sa considération. »

Le gouvernement m'a donné des loisirs ; je les utilise.

Quant à M. D..., il ne pourra pas dire qu'il n'a pas eu le temps nécessaire pour réfléchir, tout à son aise, sur la portée de la publication que je fais aujourd'hui.

CHAPITRE HUITIÈME

SAUVETAGE DU MOBILIER DU MINISTÈRE DES FINANCES

24, 25, 26, 27 mai 1871

I

Bien des personnes, notamment un témoin devant le 3ᵉ Conseil de guerre (audience du 20 août 1871), ont attribué l'incendie des Finances au pétrole qui, avant que le feu se soit déclaré, y aurait été répandu de tous côtés.

Cette opinion n'est pas la mienne. Je dois à la vérité de dire que je n'ai trouvé aucune trace de pétrole dans les locaux assez nombreux où j'ai pu pénétrer le 24 mai 1871. S'il en a été fait usage, ce n'est, à mon avis, que par des incendiaires habillés en pompiers, et qui le versaient, sans qu'on les vit, dans les pompes mises en mouvement pour combattre l'incendie.

A l'appui de cette assertion, voici CE QUE J'AI VU.

J'étais au premier étage, corridor du Midi, le 24 mai, vers trois heures, vis-à-vis l'antichambre des bureaux du cabinet du ministre. On avait monté à cet endroit une pompe dont les tuyaux, s'élevant par la cage d'un escalier, arrivaient au quatrième étage et lançaient l'eau dans les archives centrales du ministère alors en feu. Tout à coup les tuyaux se couvrirent de flammes du haut en bas et s'effondrèrent tout enflammés au bout de quelques instants. Ce n'est pas l'eau que les tuyaux contenaient qui avait pu déterminer un semblable embrasement. Je rencontrai à ce moment, dans le corridor du Midi, un solide gaillard habillé en pompier, venant voir ce qui s'était passé. Cet homme, je l'ai toujours pensé, n'était autre qu'un incendiaire, et je l'aurais fait arrêter, ou tout au moins mis en demeure de justifier de son identité, si j'avais été en pouvoir de le faire. Dans le désarroi qui régnait partout le 24 mai, des incendiaires ont revêtu l'uniforme de pompier avec d'autant plus de sécurité qu'ils pouvaient ainsi circuler de tous côtés, et que l'arrivée des pompiers des communes limitrophes de Paris ôtait la possibilité de demander à chaque uniforme de pompier quel était l'homme qu'il abritait.

Le pétrole, à mon sens, n'a donc pas joué dans l'incendie des finances le rôle PRÉMÉDITÉ qu'on lui a généralement prêté, et le fait des trois fûts de pétrole apportés au ministère pour propager l'incendie n'a AUCUN FONDEMENT, (voir chapitre XII les témoins du ministère devant le 3ᵉ Conseil de guerre). Les incendiaires, et c'est déjà une jolie note à leur actif, se sont bornés à couper dans les caves les principaux tuyaux qui alimentaient les réservoirs et bouches d'incendie, et à verser dans les pompes (telle est du moins mon opinion) le pétrole dont ils étaient munis, toutes les fois qu'ils ont pu le faire à la dérobée et sans crainte d'être aucunement inquiétés. Lorsque, pendant l'incendie, j'ai voulu descendre dans les caves du ministère, par l'entrée située près de la porte principale, rue de Rivoli, il m'a été impossible de le faire, attendu qu'il y avait plus de 70 centimètres d'eau.

En ce qui concerne les bombes incendiaires que M. Marie, témoin devant le 3ᵉ Conseil de guerre (audience du 20 août), « FAIT ÉCLATER A MESURE QUE LA FLAMME MONTE, » je n'y ai jamais cru, et en voici le motif. — Il s'est assurément produit de très nombreuses explosions activant le feu, et plus ou moins fortes, suivant les conditions dans lesquelles elles avaient lieu, mais les bombes incendiaires y étaient complètement étrangères. Les gardes nationaux du 171e bataillon avaient reçu, à plusieurs reprises, pendant le siège de Paris, un certain nombre de cartouches, soit pour aller au tir à Vincennes, soit aussi pour parer aux éventualités, notamment les 30 octobre 1870 et 18 mars 1871. Ces cartouches étaient restées entre les mains des gardes, et le plus grand nombre d'entre eux les avaient serrées dans leurs bureaux. Les uns les avaient mises dans un carton, les autres les avaient renfermées avec plus de soin dans des tiroirs, ou dans des armoires.

Il en existait ainsi, au moment de l'incendie, près de 1,600 paquets, soit 16,000 cartouches environ, disséminées de tous côtés dans les divers services et à chaque étage du ministère. Quelques-unes de ces cartouches ont bien pu être utilisées par les fédérés, mais il n'en est pas moins vraisemblable que toutes les détonations produites pendant l'incendie étaient causées par ces munitions qui, lorsque le feu les atteignait, éclataient avec plus ou moins de force selon qu'elles étaient plus ou moins enfermées. Il y avait bien aussi en dépôt, au ministère, plusieurs caisses de cartouches, quatre je crois, mais elles avaient été enlevées, dès le 24 mai avant midi, grâce à l'initiative de M. Bouché, secondé par les soldats du 91ᵉ de ligne.

Le colonel Chauchar, du 91ᵉ, le constate d'ailleurs dans une lettre du 21 décembre 1871 :

« Mes hommes, dit-il, ont pu enfin enlever et
» transporter, place Vendôme, une notable quan-
» tité de munitions. »

Il n'est pas douteux que le feu ait pris naissance au ministère des Finances au cinquième étage, au milieu des amas considérables d'archives, si précieuses et malheureusement détruites, qui s'y trouvaient entassées.

Comment a-t-il pu être mis ? Est-ce le fait d'un obus ? Est-ce l'œuvre d'une main criminelle ? Il n'est pas possible de préciser. — Ce que l'on peut sûrement constater, c'est que le feu a éclaté avec d'autant plus d'intensité qu'il faisait alors très chaud, et que la température dans les pièces des archives était ordinairement très élevée. Dans ces conditions, le feu, mal combattu par des bras insuffisants et activé par des pompes pétrolées de temps à autre, a fait de rapides progrès, en même temps que les débris incendiés, tombant de la toiture, enflammaient tout ou partie du premier étage du corridor du Midi.

Voici, en effet, ce dont j'ai été témoin, et ce qui

explique les proportions rapides que l'incendie a prises dans un délai relativement très court.

Pendant que j'étais occupé le 24 mai, vers deux heures, à faire mettre en sûreté les titres de Rente déposés au Trésor, un bruit effrayant se produisit au-dessus de nous. Des cris de détresse se firent entendre au dehors, et les personnes qui les avaient poussés nous croyaient perdus. Il n'en était rien, grâce à Dieu. — Une des huisseries en bois d'une fenêtre lambrissée du quatrième étage s'était détachée tout embrasée, et était venue tomber, avec un fracas épouvantable, sur la toiture de la grande galerie des Rentes, dont le vitrage se trouvait presque à la hauteur du premier. — Ce vitrage, recouvert de petites jalousies en bois, était malheureusement encore un aliment pour les flammes. La fenêtre et son huisserie en feu avaient été lancées auprès de l'une des fenêtres de LA BIBLIOTHÈQUE, mais l'incendie ne semblait pas devoir se communiquer promptement en cet endroit, car, lorsque vers quatre heures, avant de retourner à Versailles, le 24 mai, je brisai un des panneaux de la porte de la Bibliothèque pour pouvoir m'y introduire, je ne constatai aucun risque de feu. J'écrivis même dans mon rapport précité :

« Avant de partir, je m'assurai de la situa-
» tion de divers bureaux, notamment de la
» Bibliothèque, et j'avais l'espoir que rien n'y
» deviendrait la proie des flammes. »

Mais je n'avais pas prévu, je le reconnais, que toutes les fenêtres du quatrième étage étaient destinées, au fur et à mesure qu'elles brûleraient, à venir s'effondrer tout embrasées sur la toiture de la galerie vitrée. Ce que l'une n'avait point fait, une autre pouvait le faire.

Il est incontestable que la galerie des Rentes a beaucoup favorisé le développement du sinistre. — Elle réunissait, en effet, toutes les épaves enflammées tombant des étages supérieurs, et en formait des petits foyers d'incendie qui, activés par l'air et ravivés par les bois des jalousies posées sur le vitrage, mirent le feu en plusieurs endroits des corridors de l'Ouest, de l'Aile gauche et du Belvéder.

Et c'est parce que je n'avais pas pensé à ce qui pouvait arriver, que, quittant le ministère vers cinq heures, j'étais relativement rassuré; mais lorsque, trois heures après, j'y revenais, « j'é-
» prouvais une poignante douleur en constatant
» les progrès du feu. Les flammes sortaient de
» tous côtés ; plus de bras pour les combattre ;
» — les pompiers ne donnaient plus leur concours

» et disaient carrément que tout était fini. »

J'essayai encore, à trois reprises différentes, de faire monter une pompe au premier étage au-dessus du cabinet du caissier-payeur central sur un des paliers de l'escalier qui conduisait à la direction du mouvement général des fonds; trois fois les pompiers qui la manœuvraient l'abandonnèrent après l'avoir mise en marche.

C'est à ce moment, il était environ neuf heures du soir, que j'aperçus le secrétaire général des Finances, M. Dufrayer, dans la grande cour de l'Horloge. Il était peut-être encore possible de faire sauter une des ailes du ministère pour préserver l'autre, mais il eû fallu, pour prendre une pareille résolution, être doué d'une de ces natures énergiques, malheureusement trop rares aujourd'hui.

II

« Je pris 50 hommes pour organiser le sauve-
» tage des effets mobiliers qu'il serait possible
» de préserver dans les parties les plus menacées
» par le feu. »

Et plus loin :

« Les 50 hommes que j'avais emmenés avec
» moi opéraient le sauvetage, en faisant la chaîne,

» d'une partie des meubles du premier étage du
» corridor du Midi, et éloignaient du feu, en
» les emportant dans les pièces du même
» étage, situées au coin de la rue de Castiglione,
» tous les meubles, bronzes, pendules, etc.,
» des appartements particuliers du ministre...
» Plusieurs agents ont fait preuve, dans ce
» sauvetage, que le soir il a fallu rendre défi-
» nitif en emportant tous les meubles dans la
» rue de Castiglione même, d'un très grand
» dévouement. »

(Extraits du rapport du 2 juin 1871, au ministre des Finances.)

En effet, sur les cent hommes mis à ma disposition par le général Douai, on a vu que cinquante avaient été détachés au sauvetage du grand-livre : comme chef du matériel j'avais conservé les cinquante autres pour préserver tout le mobilier qui pourrait être arraché à l'incendie.

Le corridor du Midi, premier étage, fut le but des plus énergiques efforts. C'était là, d'ailleurs, que se trouvaient le cabinet du secrétaire général et ceux de plusieurs directeurs généraux. Ils précédaient celui du ministre, ainsi que les appartements de réception et particuliers.

On commença d'abord par descendre une

partie des meubles dans la rue du Luxembourg, d'où ils étaient dirigés sur la caserne de l'Assomption ; mais ensuite, pensant que le ministère ne brûlerait pas entièrement, je changeai malheureusement mes premières dispositions et je fis transporter tous les meubles, livres, pendules, bronzes, etc., dans un splendide vestibule situé au premier étage, au dessus de la grande entrée du ministère, rue de Rivoli, et au haut du grand escalier réservé du ministre. — Que de meubles, de livres, de papiers, entassés dans ce vestibule, où le feu ne semblait pas devoir exercer ses ravages, y devinrent la proie des flammes ! — On déménagea ensuite tous les meubles des grands salons et des appartements particuliers. Ils étaient emportés à l'angle de la rue de Castiglione et de la rue de Rivoli. On les entassait de façon à pouvoir en effectuer rapidement le sauvetage, si le feu venait encore à gagner de ce côté.

J'ai signalé, dans mon rapport, les noms des personnes que j'ai pu remarquer et qui ont puissamment contribué à arracher aux effets du feu un grand nombre de splendides bronzes. Quelques rares sauveteurs, dont la figure m'était inconnue, ont également éveillé mon attention dans la journée du 24 mai.

Ainsi je m'aperçus que sur deux magnifiques vases de Sèvres, enlevés devant moi, il ne s'en trouvait plus qu'un parmi les objets sauvés. J'appris que le manquant avait été emporté, sans qu'il y eût à cela aucune utilité, par un singulier sauveteur, M. V... — Il avait également transporté chez lui un portrait de femme, d'une assez grande valeur, et qui se trouvait dans la petite salle à manger : Il avait agi de même pour une paire de très beaux candélabres Louis XV.— Si des sauveteurs aussi désintéressés eussent été nombreux, le ministère ne serait pas aisément rentré en possession des objets qui lui appartenaient.

Quoi qu'il en soit, j'avais fini par savoir que ce sauveteur demeurait, 7, avenue Portalis. En ma qualité de chef du matériel du ministère, je lui écrivis plusieurs fois de venir me voir mais ce fut inutilement. Je lui fis ensuite réclamer de vive voix les objets qu'il avait soi-disant sauvés, sans jamais pouvoir en obtenir la restitution. Enfin, le 26 août 1871, trois mois après l'incendie, voulant régulariser cette situation anormale, j'envoyai chez lui le fonctionnaire préposé à la conservation du mobilier, avec les ordres les plus précis pour obtenir la remise des objets qui me paraissaient non seulement sauvés, mais même séquestrés pour l'instant. M. V.... se refusa à les rendre disant qu'il en parlerait au secrétaire général. — Il en causa si bien avec celui-ci et sans doute aussi avec le ministre lui-même, qu'en récompense de son nouveau genre de dévouement, on le nomma receveur particulier dans le L..... — Il voulut bien condescendre alors à restituer les objets sauvés avec tant d'abnégation. — Le ministère des Finances a pu constater que ce comptable qui n'est plus en fonctions depuis longtemps, heureusement pour l'État, avait un penchant, profitable à certains moments mais punissable dans d'autres, pour le sauvetage des valeurs.

Un sauvetage pratiqué dans les mêmes conditions que ceux de M. V...., a failli se produire pour une toile assez belle, le port de Dunkerque, évaluée 30,000 francs. J'avais fait démonter le cadre pour qu'elle put être déménagée plus facilement, attendu qu'elle mesurait environ deux mètres de hauteur sur trois mètres de largeur. Devenue ainsi plus transportable, j'allais la faire mettre en lieu sûr, lorsqu'un sauveteur, s'en saisissant pendant que j'avais le dos tourné, l'emportait tranquillement chez lui. Je me retournai à temps et je la fis mettre à l'abri de nouvelles atteintes.

Cette toile est aujourd'hui dans les appartements du ministre. J'avais eu la velléité, lorsque j'étais chef du matériel, de la garder quelque temps dans mon cabinet, en souvenir de l'incendie, mais mon sous-directeur, retour de Bordeaux, l'y voyait d'un très mauvais œil. Il profita de ce que j'étais en congé, pour la faire enlever, sans tambour ni trompette.

En quittant le ministère, le 24 mai, à cinq heures, pour retourner à Versailles, je ne pensais pas que l'incendie put prendre des proportions aussi considérables, et j'avais l'espoir qu'une grande partie des bâtiments échapperait au sinistre.

En revenant, à neuf heures du soir, je fus profondément contristé des immenses ravages faits, en quelques heures, par le feu. La majeure partie des livres, meubles, etc., déposés dans le vestibule, en haut du grand escalier de réception, devenait la proie des flammes. Il fallait songer alors à sauver ce qui avait été amené dans les appartements particuliers, au coin de la rue Castiglione. Ainsi que je l'avais bien recommandé avant mon départ, on descendait sous les arcades, dans la rue Castiglione, puisque le feu continuait à faire des progrès effrayants, tout le mobilier que l'on avait pu concentrer dans cette partie du ministère.

Le lendemain, 25 mai, il faisait un temps épouvantable ; une pluie torrentielle se déversait sur Paris. Les meubles, les bronzes, les objets précieux, allaient se détériorer sous les effets de ce déluge ; il devenait aussi très urgent de les disputer à l'action des sauveteurs intéressés, emportant chez eux les objets mis hors de danger. C'est dans ces conditions que je m'entendis avec M. Walther, propriétaire d'un hôtel qui portait son nom, 3, rue Castiglione. Je n'hésitai pas à louer pour deux mois, à raison de 5,000 francs, deux boutiques et un entre-sol disponibles dans son hôtel. J'y fis entasser à la hâte, par deux braves garçons de bureau, les nommés Vaconsin et Reuche, sous ma direction et sous la surveillance de M. Bouché, des quantités considérables de meubles, bronzes, linge, tableaux, ruolz, etc.

Dès que les meubles furent rangés dans les locaux que j'avais loués, et ce travail ne dura pas moins de cinq ou six jours, je remis les clés au secrétaire général. Il prescrivit un inventaire, auquel un vérificateur des Domaines, M. Desnoyers, et un agent du matériel consacrèrent plus de trois semaines.

Je n'ai jamais connu les résultats de ce travail. J'ai entendu dire que l'évaluation des objets sauvés avait été de 1,800,000 francs. Je ne puis donner ce chiffre comme exact, bien qu'il m'appartînt de le connaître, lorsque j'étais chef du matériel; mais en cette circonstance, comme en bien d'autres, j'ai été tenu en quarantaine par les soins du sous-directeur, retour de Bordeaux.

Au surplus, si je fais une erreur, il est facile de la rectifier. La valeur des objets mobiliers sauvés de l'incendie du ministère des Finances a été déterminée par une expertise minutieuse dont le service du matériel peut faire connaître le montant, sans commettre une regrettable indiscrétion.

CHAPITRE NEUVIÈME

SAUVETAGE DES VALEURS ET OBJETS PRÉCIEUX
TROUVÉS DANS LA RESSERRE DE LA CAISSE CENTRALE

29 mai 1871.

« Là semblait devoir s'arrêter le sauvetage de
» ce qui avait pu échapper aux flammes, lorsque le
» lundi 29 mai, en parcourant les ruines du minis-
» tère, le hasard me fit entrer dans les locaux
» occupés autrefois par la caisse centrale. Je vis
» que la porte de la resserre était brûlée; je la
» poussai, elle s'ouvrit; j'y aperçus une quantité
» considérable d'objets précieux. Il faisait dans
» cette pièce, toute garnie de forte tôle, la chaleur
» d'un four, et les papiers déposés à la partie
» supérieure commençaient à prendre feu.
» J'organisai immédiatement avec M. Hubert,
» employé au ministère, dont je ne saurais trop
» louer la conduite, avec l'adjudant surveillant
» Mattei et le maçon Sergent, le sauvetage de ces
» précieux effets. Ils consistaient en billets de

» banque, valeurs en portefeuille, bijoux, objets
» d'art, etc.; le nommé Prosper, qui avait déjà su
» se rendre utile, mit sa voiture à notre disposi-
» tion, et il fut ainsi possible de venir vous re-
» mettre à Versailles, le soir même, à onze heures,
» Monsieur le Ministre, ce qui avait encore pu
» être soustrait au feu qui couvait en cet endroit.

» Le sauvetage, commencé à cinq heures, était
» terminé à six heures et demie. J'avais fait
» prévenir M. le baron Clerc, sous-caissier-
» payeur central, que je savais au ministère, de
» la découverte qui venait d'être faite. Il vint,
» en effet, vers six heures, et j'ai pu lui donner
» les clefs de la grande resserre en sous-sol que
» je venais de trouver, et qui renfermait elle-
» même une assez grande quantité de monnaies
» de 1 et 2 centimes (60,000 francs environ).

» J'ai eu l'honneur de vous remettre, Monsieur
» le Ministre, un inventaire sommaire des caisses,
» cartons et corbeilles qui contenaient les objets
» précieux qui ont été déposés chez vous, et
» cet inventaire me servira de point de repère
» lorsque l'on procèdera à l'inventaire définitif
» que vous jugerez sans doute nécessaire d'or-
» donner. »

(Extrait du rapport du 2 juin 1871 au ministre des Finances.)

SAUVETAGE DE LA RESSERRE

Je n'ai pu, dans le rapport précité, que raconter très sommairement le sauvetage des objets précieux que j'ai trouvés le 29 mai 1871 dans la resserre de la caisse centrale. Il n'est pas sans intérêt de faire connaître, dans tous ses détails, dans quelles conditions le sauvetage s'est accompli.

J'étais arrivé sur les lieux de l'incendie dès le 24 mai; j'y passai, je puis dire, tout mon temps, du 24 au 29 mai, faisant sauver et mettre en sûreté tout ce qu'il a été possible de ravir au sinistre. Je ne faisais, d'ailleurs, que m'acquitter des fonctions de chef du matériel dont j'étais investi. Le 29 mai, vers quatre heures, je parcourais seul les ruines du ministère, et j'étais entré dans l'emplacement occupé autrefois par la caisse centrale et les cabinets du caissier payeur central ou du sous-caissier. Dans le cours de mes investigations, j'aperçus une porte doublée de forte tôle et armée d'une serrure qui faisait mouvoir des verrous fermant en haut, en bas et sur un des côtés de la porte. Le feu avait tellement désagrégé les scellements des gonds et calciné le bois recouvert de tôle, que je vis de suite, tout en ne connaissant pas la resserre de la caisse, que cette armature de fer constituait la fermeture d'une pièce dans laquelle on devait habituellement renfermer des valeurs.

Je poussai la porte, elle céda, et je me trouvai en présence d'une pièce épargnée par le feu et qui pouvait avoir deux à trois mètres dans tous les sens : Elle était remplie, dans la partie inférieure, de corbeilles de bureau pleines d'écrins, et de cartons contenant des valeurs; dans la partie supérieure, de papiers en liasses. Il y avait aussi un certain nombre de caisses et malles, plusieurs grands écrins contenant des casques, une cuirasse, etc., etc. Au milieu de la pièce se trouvait une petite table en bois noirci ; dessus, un pupître recouvert avec du drap vert. Sur ce pupître, une assiette, dans laquelle un vieux restant de fromage, quelques croûtes de pain ; à côté, un couteau et une fourchette brisée en argent.

Dans le coin à droite en entrant, un fusil de chasse, une paire d'épées de combat : à la coquille de l'une avait été fixé un petit carré de papier qui, bien que complètement brûlé, se tenait encore parfaitement droit.

Dès que j'eus vu en présence de quelles richesses le hasard m'avait placé, je courus jusqu'à la cour de l'Horloge, et j'appelai l'adjudant-surveillant Mattei qui, lui-même, veillait au service des gardiens de bureau occupés à des sauvetages de différentes sortes. Un maçon du ministère, le nommé Sergent, qui se trouvait également dans la cour vint en même temps que lui.

Je dis à l'adjudant-surveillant Mattei, qui relevait de mon service, la trouvaille que je venais de faire, et je le priai d'aller immédiatement trouver de ma part, le nommé Prosper, qui avait emmené le grand-livre du ministère à l'Assomption, et dont la voiture pouvait être très utile pour transporter sûrement, à Versailles, tous les bijoux trouvés dans la resserre. Le voiturier vint immédiatement; d'abord il se fit prier pour mettre sa voiture à ma disposition, mais il finit par y consentir en me demandant *cent francs*, que je me gardai bien de lui refuser, pour le voyage de Paris à Versailles.

Dès que sa voiture fut arrivée, et ce ne fut pas long, nous procédâmes au déménagement que nous avions à faire. Un des employés du matériel, M. Hubert (1), que j'avais aperçu

---

(1) M. Hubert, aujourd'hui sous-chef aux Finances, était sous-lieutenant de ma compagnie au 171ᵉ bataillon. Je n'ai eu pendant le siège qu'à appécier son zèle et son dévouement. La Commission chargée d'enquérir sur les faits de sauvetage pendant l'incendie du ministère des Finances, n'a pas jugé à propos de lui accorder une médaille, n'eût-elle été que de bronze. Heureusement il m'avait été possible de le proposer pour la médaille militaire au commandant du bataillon, et cette haute distinction, bien méritée d'ailleurs, lui a été décernée par le ministre de la Guerre.

dans la cour de l'Horloge, était venu se joindre à nous ; quatre personnes et le nommé Prosper assistaient donc à ce sauvetage.

Le premier objet que je pris dans la resserre fut le fusil de chasse ; je le passai à M. Matteï, que je chargai de tout faire installer dans la voiture pendant que, de mon côté, j'inscrivais avec soin, sur de petits feuillets de papier, les objets au fur et à mesure que je les sortais. Après le fusil je pris les épées de combat, et quel ne fut pas mon étonnement en pouvant lire sur le carré de papier consumé par le feu, mais dont l'écriture apparaissait encore comme une ombre, les mots « ÉPÉES TROUVÉES DANS LE CABINET DE M. DE COLMONT. » Je redemandai le fusil ; il m'appartenait également. Ces armes avaient été prises dans mon bureau lorsque les fédérés s'y étaient introduits. J'aurais bien voulu aussi y retrouver des objets de valeur que j'avais maladroitement laissés dans un des tiroirs de ma table de travail et auxquels je tenais.

Après ce petit incident nous continuâmes à déménager la resserre dont le contenu était rangé dans la voiture en même temps que je préparais les feuillets sur lesquels on lisait des annotations comme celles-ci :

« Une corbeille de bureau pleine d'écrins. »

« Un carton contenant des valeurs. »

« Une caisse remplie de décorations en bril-
« lants, etc. »

« Un coffre-fort en fer fermé de 70 centimètres
» cubes environ. »

« Des papiers qui paraissent être les comptes
» de M. Gallet, payeur attaché au corps d'armée
» du maréchal Mac-Mahon. »

« Un nécessaire de toilette. »

Pendant que l'on remplissait la voiture, j'avais fait chercher M. le baron Clerc, sous-caissier payeur central, qui se trouvait aux abords du ministère. Dès qu'il fut arrivé, je fis fermer la voiture à clef et nous partîmes pour Versailles, accompagnant notre précieux sauvetage.

J'étais extrêmement fatigué de ce qui venait de se passer. J'avais eu à supporter, dans le resserre, une chaleur insupportable et je me trouvais mal à mon aise ; j'avais une soif dévorante et la tête en feu. Toutefois j'oubliais un mal passager pour ne penser qu'à la satisfaction qu'éprouverait le ministre à la vue de ces richesses retrouvées *in extremis*. Nous apportions, en effet, des objets précieux qui auraient certainement bien pu être anéantis dans les cendres couvant encore dans les locaux occupés par les caisses centrales, ou devenir même la proie du premier malfaiteur s'introduisant dans les ruines du ministère. J'étais aussi préoccupé de savoir si un *fac-simile* du régent que j'avais trouvé dans la resserre n'était pas le régent lui-même. Je tâtais constamment l'une de mes poches pour m'assurer si le régent que je croyais avoir, s'y trouvait toujours ; et cependant le secrétaire-général m'avait si souvent dit que les diamants de la couronne, embarqués à bord d'un bâtiment de l'État, étaient en rade de Brest, que mes illusions sur ma prétendue trouvaille me paraissaient bien vaines. — M. Dufrayer excellait dans l'art de conter : Il narrait très bien et avec une grande bonhomie. — En réalité les diamants de la couronne avaient été déposés à la Banque de France et, sous la Commune, ils s'y trouvaient encore. (Voir audience du 12 août 1871. Déposition de M. Alexandre Marie, marquis de Plœuc, devant le 3ᵉ conseil de guerre à Versailles.) Ah ! si je l'avais su, je n'aurais pas abusé du secret et j'eusse été moins soucieux du *fac-simile* que je portais sur moi.

Quoi qu'il en soit, j'arrivai vers onze heures du soir avec M. le baron Clerc, chez le ministre qui n'y était pas. Nous attendîmes patiemment d'abord mais commençant à trouver le temps long, je demandai à un frotteur du ministère, le nommé Hunault, qui servait de valet de chambre au ministre, de me désigner une pièce où je pourrais mettre en sureté les valeurs que j'apportais. Le salon fut jugé le plus propre à les recevoir.

J'y faisais entasser tout le contenu de la voiture lorsque M. Pouyer-Quertier entra au moment où un fait curieux venait de se produire.

J'avais monté moi-même dans le salon du ministre divers objets, et notamment une parure en saphirs enfermée dans un écrin. Je l'avais remise à une dame qui était dans le salon, en lui disant : « Je ne sais ma-
» dame, si cette parure a de la valeur, mais
» en la ramassant dans la voiture où elle était
» tombée pendant le trajet, par suite des cahots,
» j'ai ouvert l'écrin sans le vouloir, et il s'en
» est échappé une pierre que je n'ai pas
» retrouvée. »

« Comment monsieur, si cette parure a de
» la valeur, vous le demandez ? »

Je redescendis quatre à quatre, et j'eus la chance de retrouver le saphir qui était tombé, au milieu d'ordures.

On ne pourra pas dire, que ce jour, 24 mai, la fortune ne m'était pas propice.

Je remontai vivement la pierre précieuse et je la donnai à Mme *** qui n'avait pas encore quitté le salon.

Je fis alors connaître au ministre les conditions dans lesquelles le sauvetage avait été opéré. Je lui remis une douzaine de petits feuillets sur lesquels était esquissé l'inventaire des caisses, cartons, corbeilles contenant les objets précieux qui avaient été apportés; j'ajoutai que cet inventaire servirait de point de repère lorsque je procéderais à l'inventaire définitif que le ministre jugerait évidemment nécessaire d'ordonner.

Le ministre prit les notes sommaires que je lui remettais et les mit sur la cheminée du salon. Il me remercia ensuite et me donna rendez-vous pour le jour même à huit heures du matin (il était alors une heure de la nuit et M. le baron Clerc était parti).

J'étais exténué d'émotions, de fatigue et de besoin, car je n'avais pris aucune nourriture de la journée. Mes vêtements étaient noirs de fumée, ma chemise presque roussie par le feu. M. Pouyer-Quertier n'eut pas l'à-propos de m'offrir quoi que ce soit. Je mourais de soif ; je dus cependant aller me coucher à jeun car il n'était pas possible de se procurer à Versailles, à une heure du matin, un malheureux verre d'eau. Le secrétaire général et le sous-directeur, retour de Bordeaux, n'avaient sans doute pas autant souffert de la soif pendant cette émouvante journée du 29 mai.

Le 30 mai, à huit heures du matin, j'étais chez le ministre. Je demandai à le voir à Hunault, son valet de chambre. M. Pouyer-Quertier me fit répondre qu'il se trouverait à trois heures sur les ruines du ministère et que j'aie à y être moi-même.

A trois heures, j'étais au rendez-vous, mais le ministre n'y vint pas.

Le 31 mai, à huit heures du matin, je me présentais de nouveau chez le ministre qui, trop occupé paraît-il, ne put pas encore me recevoir. — Je fus ajourné au lendemain.

Le 1ᵉʳ juin, j'étais exact au rendez-vous, mais toujours inutilement. Je commençai à m'étonner des atermoiements de M. Pouyer-Quertier et, dans cette situation, je priai le frotteur Hunault de demander au ministre les feuilles de papier-carton que je lui avais remises et qui n'étaient autres qu'un *memento* destiné à me remémorer tous les incidents, même les plus petits, du sauvetage que j'avais opéré le 29 mai.

Le ministre me fit répondre qu'il ne savait

pas, pour l'instant, où se trouvaient les pièces que je réclamais. — Il me souvenait qu'elles avaient été placées sous la pendule du salon. Je priai le frotteur Hunault d'y regarder : elles avaient été retirées.

Comme j'insistais pour qu'elles fussent recherchées, le frotteur Hunault retourna auprès du ministre, qui se contenta de dire qu'il me ferait venir lorsqu'il aurait besoin de mes services. M. Pouyer-Quertier ne m'a jamais fait demander, et mes notes sommaires ne m'ont pas davantage été rendues.

Le même jour je remettais à M. Dufrayer, secrétaire général, mon rapport sur l'incendie des Finances. Je ne sais s'il a été placé sous les yeux du ministre : dans tous les cas, comme mes propres démarches, il a eu les honneurs d'un enterrement de première classe.

Bien que ce récit ne soit que l'expression de la vérité, on se demandera comment des faits importants ont pu s'accomplir ainsi que je les raconte.

Je ne suis cependant qu'un témoin, relatant, dans toute leur sincérité et dans toute leur gravité, les évènements auxquels j'ai assisté.

Je n'avais plus entendu parler des sauvetages

de l'incendie des finances, ni des objets que j'avais remis au ministre, le 29 mai, lorsqu'un jour j'eus à causer avec M. Charles Thomas, caissier payeur central, au sujet de l'aménagement de ses bureaux provisoires, au palais de l'Industrie. Après quelques instants de conversation, il me raconta que le ministre lui avait remis, à Versailles, des cartons trouvés dans l'ancienne resserre du Trésor et qui contenaient des moitiés de billets de banque, des billets de banque entiers, des valeurs en portefeuille, et enfin, les comptes de M. Gallet, payeur en chef du corps commandé par le maréchal Mac-Mahon, lors de la malheureuse guerre de 1870. Ce dernier sauvetage m'a encore été confirmé tout dernièrement par M. Gallet que j'ai rencontré à Paris.

J'exprimai à M. Charles Thomas combien j'étais étonné de n'avoir pas été appelé au moment où il lui avait été fait remise de papiers à la conservation desquels j'avais pris une très-grande part.

M. Ch. Thomas me répondit qu'il ne savait même pas que j'eusse contribué au sauvetage de documents aussi importants.

Je lui demandai alors ce qu'étaient devenus des quantités d'objets précieux, bijoux de toute nature, décorations, armes, etc., qu'il m'avait été possible de ravir à l'incendie en même temps que les papiers et valeurs qui lui avaient été remis.

M. Ch. Thomas me répondit qu'en effet il avait vu chez le ministre un grand nombre de malles, de corbeilles contenant des écrins, etc., mais qu'il ne pouvait me donner aucun renseignement attendu qu'elles ne lui avaient pas été livrées.

Préoccupé, et à juste titre, de ce que l'on avait pu faire de tous les objets précieux remis au ministre le 29 mai, je me mis en quête et je finis par savoir qu'ils avaient été livrés à M. Vavin, liquidateur de la liste civile de Napoléon III.

Je fus trouver M. Vavin qui avait ses bureaux à Versailles : Je le priai de me laisser voir, et je vis, les objets qui lui avaient été remis. Il me sembla qu'ils n'étaient pas ce que j'avais cru les remarquer au moment du sauvetage. Je lui demandai de me communiquer l'inventaire qui avait dû être fait au moment où il les avait pris en charge.

M. Vavin eut l'obligeance de me remettre cet inventaire signé de lui et de M. Dupuy, alors attaché au cabinet du ministre. Ce document est très curieux : J'ai le droit de l'analyser avec le plus grand soin. — Je le reproduis d'abord, je l'analyserai ensuite :

» Le 2 juin 1871 ont été remis par M. Dupuy,
» délégué par le ministre des Finances, à M. Va-
» vin liquidateur de la liste civile, les objets
» énumérés ci-après, trouvés dans les apparte-
» ments du ministre des Finances, après l'in-
» cendie de l'*hôtel du ministère.* »

1. — Onze boîtes contenant des épaulettes dorées et des ceintures de commandement.
2. — Trois clés en cuivre doré.
3. — Un plat en bronze repoussé.
4. — Une ALBARDE, lisez hallebarde.
5. — Deux casques.
6. — Un bouclier.
7. — Une cuirasse appartenant à l'Empereur.
8. — Une boîte à fusil.
9. — Un nécessaire portant le N° 55.
10. — Une seringue.
11. — Une cassette portant le N° 50.
12. — Un yatagan.
13. — Une épée.
14. — Une caisse portant le N° 56 remplie de décorations.

15 — Un collier et sa boîte.
16. — Une grande boîte portant le N° 60, contenant :
17. — Un revolver.
18. — Un couteau de chasse.
19. — Quarante boîtes de médailles.
20. — Vingt médailles isolées.
21. — Une boîte remplie de décorations.
22. — Une coupe remplie de verroteries.
23. — Un aigle sur un bouchon.
24. — Une cassolette.
25. — Une paire de babouches.
26. — Un sujet en argent.
27. — Un en aluminium.
28. — Une boîte renfermant un nécessaire d'enfant en bronze d'aluminium.
29. — Une timbale en argent.
30. — Une couronne en cuivre doré.
31. — Une crosse de pistolet en cuivre doré.
32. — Un gratte-langue.
33. — Une grande caisse portant le N° 59, contenant :
34. — Une tabatière à musique.
35. — Un médaillon avec chaîne.
36. — Un vase en argent.
37. — Une tabatière ornée de diamants.
38. — Une broche en émail et perles.

39. — Une montre en argent.
40. — Un médaillon en or avec sujet en ivoire.
41. — Une bonbonnière en or.
42. — Une montre en or.
43. — Une tabatière en or.
44. — Un cachet en or.
45. — Un pinceau à barbe or et émail.
46. — Un bracelet en or et émail.
47. — Une paire d'épaulettes avec ceinture de commandement.
48. — Une écaille d'huître avec perle.
49. — Un aigle en argent.
50. — Un collier style Pompéï.
51. — Un collier algérien.
52. — Une épingle en or.
53. — Une coupe en argent.
54. — Une épingle en or et lapis.
55. — Une boîte contenant des bijoux algériens.
56. — Deux épingles en lapis.
57. — Une montre en or.
58. — Trois médaillons en or.
59. — Deux médaillons en argent.
60. — Une boîte contenant des broches et menus objets.
61. — Une médaille du prince Albert.

62. — Une paire de boutons de manchettes en lapis.
63. — Un médaillon avec chaine.
64. — Un bracelet or et diamants.
65. — Une épingle à perle noire.
66. — Une tabatière en argent.
67. — Une tabatière en or.
68. — Une boîte remplie de débris de bijoux.
69. — Une médaille en argent.
70. — Une broche.
71. — Une montre en or.
72. — Une montre aux armes impériales.
73. — Un bracelet en or avec pierre dure.
74. — Un stadiomètre.
75. — Une fourchette brisée.
76. — Une chaîne de montre en or avec pierre dure.
77. — Deux bustes de l'Empereur.
78. — Un buste de l'Impératrice.
79. — Une broche en lapis et en or.
80. — Une parure de boutons en rubis et diamants.
81. — Une boîte à bagues contenant deux bagues en diamants.
82. — Un médaillon aux armes impériales.
83. — Une boîte contenant une garniture de boutons en cristal

84. — Une broche en émail et diamant.
85. — Un médaillon avec turquoise et diamants.
86. — Une montre en argent aux armes impériales.
87. — Une montre en argent aux armes impériales.
88. — Une montre en argent.
89. — Une montre en or.
90. — Une montre avec aigle.
91. — Une coupe en cuivre.
92. — Une montre d'argent avec aigle.
93. — Une montre argent sans aigle.
94. — Un médaillon en or avec perles.
95. — Une tabatière, or et émail.
96. — Deux médailles d'argent.
97. — Une tabatière turque.
98. — Une montre en argent.
99. — Une pierre d'or.
100. — Trois boutons de chemises, en perles et en diamants.
101. — Une montre en argent, aux armes impériales.
102. — Une bague en diamants.
103. — Une épingle en diamants et turquoise.
104. — Une épingle avec perles.
105. — Une épingle avec perles.

106. — Un médaillon aux armes impériales.
107. — Une épingle avec buste de l'Empereur.
108. — Une épingle en perles avec diamants.
109. — Une épingle en saphirs.
110. — Plusieurs débris de bijoux.
111. — Six bagues en or avec pierres.
112. — Deux boutons de chemises en saphirs.
113. — Deux boutons de chemises en diamants.
114. — Un nécessaire portant le N° 253.

Signé : Dupuy, Vavin.

On est frappé à la lecture d'un inventaire aussi important de son imperfection et de la légèreté avec laquelle il a été rédigé. Il est expédié tout entier de la main de M. Dupuy. Ce fonctionnaire a été trop longtemps dans le service auquel j'appartenais moi-même, pour que je puisse me méprendre à cet égard.

J'ai dit que j'analyserais ce document avec le plus grand soin : je vais le faire; je crois en avoir le droit et il en mérite la peine.

Comment M. Dupuy écrit-il en tête de ce document :

« Objets trouvés dans les appartements du
» ministre des finances, après l'incendie de
» l'hotel du ministère. »

Les appartements du ministre ayant été

complètement brûlés, était-il possible d'y trouver intacts, quatre jours après l'incendie, les objets dont il s'agit ? Ce n'est probablement pas ce que M. Dupuy voulait dire : Il n'a pas voulu davantage écrire *hôtel du ministère, ni albarde* etc.; mais, s'il m'avait demandé les renseignements, que j'étais seul en état de lui donner, il aurait appris que les objets précieux qu'il inventoriait avaient été trouvés par mes soins, et non sans quelque danger, dans la resserre de la caisse centrale, où le feu ne les avait pas encore consumés, mais où ils étaient bien prêts de l'être. En le mentionnant il eût été dans le vrai, et, d'un autre côté, il n'aurait pas enlevé à un inventaire, un nom qu'il était d'étroite justice d'y accoler.

La seule excuse de M. Dupuy ne peut être que dans son ignorance des faits accomplis. Peut-il l'invoquer avec raison ? Il faut l'espérer ; car s'il avait connu comment les choses s'étaient passées, il eût eu certainement assez de tact, pour rappeler à ceux qui le chargeaient d'une mission, tout au moins délicate, qu'il ne pouvait l'accepter.

Ceci dit, j'arrive au libellé de l'inventaire.

N° 1. — Onze boîtes contenant des épaulettes dorées et des ceintures de commandement.

Combien d'épaulettes et combien de ceintures ? L'inventaire ne le dit pas. Il se tait également sur la valeur de ces objets, et cependant, ils en avaient une.

N⁰ˢ 5, 6. — Deux casques, un bouclier.

Ces armures étaient à l'Empereur. Enfermés dans des écrins, ce que l'inventaire ne relate pas, ces objets d'art qui avaient une grande valeur intrinsèque et artistique, n'en sont pas moins inventoriés comme le fourniment d'un simple cuirassier.

N⁰ 8. — Une boîte à fusil.

L'inventaire ne dit pas si elle était vide ou pleine : Il n'était pas sans intérêt de le relater.

N⁰ 9. — Un nécessaire portant le n⁰ 55.

De quel nécessaire est-il question ? Est-il avec ou sans ses accessoires ?

Ne s'agirait-il pas tout simplement du nécessaire de toilette de Napoléon I⁰ʳ qui contenait un nombre considérable de pièces remarquables (près de cent), un véritable chef-d'œuvre ?

Je ne vois pas figurer cet objet d'art dans l'inventaire et il valait assurément la peine d'être inventorié. Je me le rappelais si bien que, dans une lettre au ministre des Finances, publiée à la fin de ce chapitre, je disais :

« Parmi les objets précieux que j'ai sauvés

» du naufrage se trouvait un nécessaire appar-
» tenant à l'histoire, et qui avait servi je crois,
» à Napoléon Ier. »

Tous les objets de ce nécessaire me sont passés par les mains. Il s'était ouvert dans le trajet de Paris à Versailles et toutes les pièces étaient répandues dans la voiture. J'ai été obligé de les réintégrer à leur place respective et lorsqu'elles ont été rangées, les unes après les autres, j'ai reconnu qu'aucune ne manquait à l'appel.

N° 10. — Une seringue.

En quoi était-elle? Mes souvenirs me disent que ce vulgaire instrument hydraulique, si spirituellement mis en scène par Molière, était en argent.

— L'inventaire est d'un laconisme désespérant !

N° 11. — Une cassette portant le n° 50.

Que renfermait cette cassette?

N° 14. — Une caisse portant le n° 56, remplie de décorations.

Combien de décorations et de quelles pierres étaient-elles ornées?

Toutes ces décorations que j'ai entrevues étaient des croix, crachats, colliers, etc., des ordres étrangers et, assurément, elles méritaient bien une description autre que celle-ci :

« Une caisse remplie de décorations. »

Cette mention avait sa raison d'être dans les

notes prises par moi sur le lieu du sinistre et au moment du sauvetage ; elle n'aurait jamais dû trouver place dans un travail définitif.

N° 21. — Une boîte remplie de décorations.

Mêmes observations que pour le N° 14.

N° 22. — Une coupe remplie de verroteries.

Des verroteries au milieu de tant de joyaux, qui pourrait le croire ?

N° 25. — Une paire de babouches.

Ne serait-ce pas celles auxquelles, dans le procès du citoyen Jourde, M. le président du troisième Conseil de guerre a fait allusion lors de la déposition du frotteur Rez-Gaurez (voir audience du 26 août), puisque M. le président dit que les pantoufles sont RENTRÉES.

Les pierres précieuses qui en avaient été détachées ne se trouvaient-elles pas parmi tous les joyaux et verroteries (c'est le mot de l'inventaire) trouvés par moi dans la resserre de la caisse centrale ?

Le citoyen Jourde dit d'ailleurs (audience du 26 août) : Les pierres précieuses, après avoir été l'objet d'un inventaire, ont été replacées dans la RESSERRE DU MINISTÈRE.

N° 33. — Une grande caisse portant le N° 59 contenant :

Quoi ?

Est-ce tous les objets inventoriés du N° 33 au N° 114 ?

Ce n'est pas admissible, attendu que j'ai remis plus de dix corbeilles de bureau remplies d'écrins contenant des bagues, des broches, des montres, etc. Ce sont ces bijoux qui sont en partie inventoriés du N° 33 au N° 115, bien que l'on ait négligé de mettre pour chacun « dans son écrin. »

Mais alors que contenait la caisse N° 59 ?

Il est plus que probable qu'elle contenait des uniformes appartenant à l'Empereur. J'ai entendu dire depuis qu'ils étaient ceux que l'Empereur portait à Solférino et à Magenta.

Dans tous les cas je ne vois dans l'inventaire aucune désignation d'uniformes, et je disais cependant au ministre des Finances dans la lettre reproduite ci-après :

« Il y avait, parmi les objets précieux que
» j'ai sauvés le 29 mai 1871, une quantité
» d'uniformes et de décorations ayant appar-
» tenu à l'empereur Napoléon III. »

N° 35. — Un médaillon avec chaîne.

En quoi ? Etait-ce en cuivre doré ?

N° 37. — Une tabatière ornée de diamants.

Cette tabatière était-elle en cuivre, en argent ou en or ? Les diamants étaient-ils petits, gros, nombreux ?

Cette tabatière ne serait-elle pas celle désignée dans le paragraphe suivant de la lettre adressée au ministre.

« J'ai eu l'honneur de remettre dans vos
» mains propres, monsieur le ministre, une
» tabatière en or enveloppée dans un papier
» mousseline, dont le couvercle garni de bril-
» lants, représentait le portrait de Napo-
» léon Ier. »

N° 47. — Une paire d'épaulettes avec ceinture de commandement.

En quoi ?

N°s 50 et 51. — Un collier style Pompeï. — Un collier algérien.

En quoi ? Le collier algérien n'était-il pas orné de pierres précieuses ?

N° 55. — Une boîte contenant des bijoux algériens.

Contenait-elle un bijou ou en contenait-elle cent ? Avec ou sans pierres précieuses ?

N° 60. — Une boîte contenant des broches et menus objets.

De quelles broches veut-on parler ?

Il est difficile de voir plus de désinvolture dans les termes d'un inventaire !

N° 63. — Un médaillon avec chaîne.

Sans doute encore en cuivre doré !

N° 64. — Un bracelet or et diamants.

Le nombre et la grosseur des diamants n'offraient-ils donc aucun intérêt ?

N° 65. — Une épingle à perle noire

Quid ?

N° 68. — Une boîte remplie de débris de bijoux.

Pourquoi ne pas les inventorier ? Ces débris de bijoux sont-ils en or ? ont-ils une valeur ?

N° 70. — Une broche.

Mais si elle était en or, comme il est probable, il valait mieux le dire.

N° 72. — Une montre aux armes impériales.

En quoi ?

N° 74. — Un stadiomètre.

En quoi ?

N° 77 et 78. — Deux bustes de l'Empereur.
— Un buste de l'Impératrice.

En quoi ?

N° 82. — Un médaillon aux armes impériales.

En quoi ?

N° 83. — Une boîte contenant une garniture de boutons en cristal.

C'est possible ; mais on a peine à croire que

des boutons en cristal soient à leur place parmi les bijoux de l'Empereur.

N° 90. — Une montre avec aigle.

En quoi ?

N° 91. — Une coupe en cuivre.

Soit ! je le veux bien.

N° 94. — Un médaillon en or avec perles.

Quelles perles ?

N° 97. — Une tabatière turque.

En quoi ? N'avait-elle aucune pierre précieuse ?

N° 99. — Une pierre d'or.

Que pouvait bien être cette pierre d'or ? Petite ou grosse ?

N° 102. — Une bague en diamants.

Quels étaient ces diamants ?

N°s 103, 104, 105. — Une épingle diamants et turquoise.

Une épingle avec perles.

Une épingle avec perles.

L'inventaire est d'un laconisme de plus en plus intéressant.

N° 106. — Un médaillon aux armes de l'Empereur.

En quoi ?

N° 107. — Une épingle avec buste de l'Empereur.

En quoi ?

N° 110. — Plusieurs débris de bijoux.

Ils ne valaient pas la peine, paraît-il, d'être inventoriés. Cependant si c'étaient des bijoux auxquels on avait enlevé les pierres précieuses, il eût été tout au moins bon de le constater.

N° 111. — Six bagues en or avec pierres.

Et quelles pierres ?

Y aurait-il eu inconvénient à les définir ?

N° 114 — Un nécessaire portant le n° 253.

D'abord ce numéro 253 est une erreur; c'est tout simplement 53.

On remarquera que les caisses inventoriées portent les numéros 50, 53, 55, 56, 59, 60, on peut en conclure que les numéros 51, 52, 54, 57, 58, manquaient à l'appel.

Que sont-elles devenues ?

Dans tous les cas, parmi les objets que j'ai trouvés, le 24 mai, il y avait un coffre-fort fermé, qui ne contenait rien, je le veux bien, mais, comme d'autres objets, je ne le vois pas à l'inventaire.

On se demande, et plus que personne j'ai ce droit, puisque je n'ai pas été chargé de faire le récolement des objets que j'avais arrachés à l'incendie, on se demande, dis-je, comment un inventaire d'objets précieux a pu être fait dans des conditions si déplorables, si regrettables, si blâmables.

M. Vavin, liquidateur de la liste civile de Napoléon III, est aujourd'hui trésorier-payeur général à Troyes. Il connaît très bien la valeur vénale et artistique des objets précieux que j'ai disputés à l'incendie; il la connaît à ce point qu'un jour, au mois de février 1873, m'ayant rencontré dans l'antichambre du cabinet de M. Dufrayer, il a bien voulu me féliciter sur l'importance du service que j'avais alors rendu au pays. Il l'a fait dans des termes tels que je me suis cru autorisé à lui écrire le 5 mars 1873 :

« Monsieur,

» Vous m'avez fait espérer, il y a bientôt un
» mois, que vous trouveriez sans doute l'occasion
» de parler au ministre, que vous connaissiez
» parfaitement (M. Say était alors ministre), du
» sauvetage des effets et objets précieux que j'ai
» ravis à l'incendie du ministère des Finances et
» qui, m'avez-vous dit, représentent à divers,
» points de vue, une valeur considérable.

» Vous seriez bien aimable, Monsieur, de me
» faire connaître si vous espérez encore pouvoir
» me faire rendre, auprès du ministre, la justice

» que, jusqu'à ce jour, je n'ai pas rencontrée et qui,
» je crois, ne me sera jamais rendue.

» Agréez, etc. »

Ma lettre est demeurée sans réponse parce que M. Vavin a dû en parler à M. Dufrayer, et comme ce haut fonctionnaire n'a jamais eu qu'un but, celui d'empêcher la vérité de se produire, il a endormi M. Vavin, comme il avait successivement endormi le ministre, le banquier D..... et tant d'autres.

MM. Vavin et Dupuy vivent encore, qu'ils parlent ; je ne suis ni sourd ni muet. Dès le 9 mars 1872, j'avais écrit au ministre des Finances, M. Pouyer-Quertier, au moment où il quittait le ministère des Finances une lettre à laquelle j'ai fait plusieurs fois allusion dans ce chapitre et de laquelle je détache, pour que l'on puisse juger en connaissance de cause, les passages suivants :

Paris, 9 mars 1872.

» Monsieur le Député et ancien Ministre,

» Il y a bientôt neuf mois que je quittais
» Versailles le 23 mai, à quatre heures du
» matin, sur l'ordre que vous m'en aviez
» donné pour entrer dans Paris à la suite

» des troupes et sauvegarder, autant que
» possible, au ministère des Finances, tout ce
» qui n'aurait pas été spolié par la Commune.

» Je passe sous silence les dangers de cette
» mission. Retenu toute la journée, place Fran-
» çois premier où se trouvait la division Vergé,
» au milieu d'une pluie continuelle d'obus, je n'ai
» pu parvenir au ministère des Finances avec
» MM. Doulmet, Bouché et Houllier, qui m'ac-
» compagnaient, que le lendemain 24, vers six
» heures du matin. »

. . . .
. . . .

« Permettez-moi de vous rappeler avant
» votre départ, Monsieur le député et ancien
» ministre, que, le 29 mai 1871, j'ai eu l'hon-
» neur de vous remettre chez vous, à Versailles,
» à onze heures du soir, puisque vous étiez mi-
» nistre des Finances, des valeurs considérables
» que je venais d'arracher à l'incendie. Je n'avais
» pu, dans un moment si terrible, que faire un in-
» ventaire sommaire des caisses, cartons, cor-
» beilles qui contenaient les objets précieux et,
» dans mon rapport du 2 juin dont copie est ci-
» jointe, je disais que cet inventaire me servirait
» de point de repère, lorsque l'on procèderait à
» l'inventaire définitif que vous jugeriez sans

» doute nécessaire d'ordonner. J'avais rempli, de
» ces objets précieux, une voiture fermant à clé
» qui sert habituellement au transport des ta-
» bacs. Je ne l'ai point quittée un seul instant
» jusqu'au moment où je vous ai remis les valeurs
» qui y étaient renfermées.

» Vous en avez fait faire un inventaire par
» un agent que vous avez désigné à cet effet, de
» concert avec M. Vavin. N'ayant pas été appelé
» à cet inventaire j'ai, plus tard, pu me le pro-
« curer, *et ce travail ne semble pas avoir été*
» *bien fait.*

« Les valeurs sauvées se composaient, en effet,
» de documents appartenant à la caisse cen-
» trale (1) des comptes du payeur en chef d'un
» corps de l'armée du Rhin, de 365,000 francs
» en moitiés de billets de banque, de 14,000 francs
» en billets de banque entiers, etc., etc. Le
» reste était une quantité innombrable de
» bijoux, montres, bracelets, bagues, brillants,
» boucles d'oreilles, boutons de chemises, taba-
» tières, etc., etc.

(1) Il y avait aussi dans la grande resserre en sous-sol, à côté des objets sacerdotaux qui font l'objet du chapitre X, soixante mille francs environ en pièces de un et deux centimes; ces monnaies, renfermées dans des sacs, ont été transportées le 30 ou le 31 mai, sous la direction de M. le baron Clerc, à la Banque de France, sur des camions des Messageries Nationales.

» Parmi ces bijoux, j'ai notamment remar-
» quer UN COLLIER EN SAPHIRS, dans son écrin, que
» j'ai eu l'honneur de remettre à une Dame qui
» était dans votre salon, et, en vos mains
» propres, une tabatière en or, enveloppée dans
» un papier mousseline, et dont le couvercle,
» garni de brillants, représentait le portrait de
» NAPOLÉON Ier. Il s'y trouvait également,
» parmi tant d'autres valeurs, un nécessaire
» appartenant à l'histoire, le nécessaire de toi-
» lette, je crois, de NAPOLÉON Ier; il y avait
» une quantité d'uniformes et de décorations
» ayant appartenus à NAPOLÉON III.

» Et c'est dans cette situation, Monsieur le
» député et ancien ministre, que je ne recevrais
» pas, avant votre départ, la récompense que
» j'ai si justement méritée.

» J'ai trop de confiance dans votre haute
» équité, pour ne pas être persuadé que vous en
» jugerez autrement.

» Je suis, etc.

» Signé : DE COLMONT. »

Je fis porter cette lettre à Versailles le 9 mars 1872, à 4 heures et demie du soir, par un agent qui vit encore et qui peut confirmer, à tous ceux qui en douteraient, que la lettre a été remise à destination. M. Pouyer-Quertier, ne me fit pas l'honneur d'une réponse. Et cependant si, fonctionnaire public, je m'étais enhardi à écrire à mon ministre la lettre que l'on vient de lire, on reconnaîtra qu'il fallait que je me sentisse bien fort de mon droit et bien pénétré des faits que j'avançais.

Ce droit, cette force, je les ai encore aujourd'hui ; j'ai de plus l'indépendance que je n'avais pas alors. Elle m'a été donnée par un gouvernement qui, au mépris de tous les droits, a brisé en quarante-huit heures une carrière marquée par d'incontestables services.

C'est toutefois sans aigreur que j'ai écrit ces lignes. Elles ne sont que l'expression de la plus entière vérité.

Le lendemain du jour où l'important sauvetage de la resserre avait été effectué, j'avais fait fracturer par un serrurier de la rue Saint-Honoré, près de l'Assomption, les coffres-forts, au nombre de deux ou trois, qui se trouvaient dans la pièce affectée au comptoir principal des Caisses centrales. Restés intacts au milieu des ruines amoncelées par l'incendie, bien qu'ils se fussent trouvés dans le foyer le plus ardent, on pouvait espérer que leur contenu avait été ménagé.

L'effraction n'en fut pas facile. Il fallut les

briser par derrière en faisant sauter tous les rivets. Le travail fut long, et ne produisit rien.

Nous les trouvâmes remplis de liasses d'un papier extrêmement fin et totalement consumé, elles étaient néanmoins demeurées en paquets. Si on cherchait à les toucher le papier tombait aussitôt en cendre impalpable. Ces documents se composaient sans doute d'effets à recouvrer, de traites, etc., etc.

Le numéraire renfermé dans un de ces coffres-forts s'élevait à l'énorme somme de QUATORZE francs en pièces de deux francs.

Les deux autres ne contenaient rien.

CHAPITRE DIXIÈME

LES ORNEMENTS ET VÊTEMENTS SACERDOTAUX DU SÉMINAIRE D'ISSY.

Ainsi que le relate le rapport du 2 juin 1871, j'avais trouvé dans la grande resserre, en sous-sol des caisses centrales du ministère des Finances, une trentaine de caisses qui y avaient été apportées par les fédérés. Elles contenaient du linge appartenant à des communautés religieuses, des ornements et vêtements sacerdotaux : il y avait, en outre, un grand nombre d'objets nécessaires au culte, un ostensoir, des Christs, des chandeliers d'autel, un calice, une grande croix de procession, etc.

J'avais fait déposer ces objets précieux dans une pièce fermant à clé, dépendant de l'ancienne caserne de l'Assomption, affectée comme j'ai déjà eu occasion de le dire, au dépôt des Archives du ministère des Finances.

Lorsque le 13 novembre 1871, M. A..., me rendit mon rapport, auquel il n'avait été donné aucune suite, je lui demandai ce que je devais faire des objets du séminaire de Saint-Sulpice. Il ne me donna aucun ordre précis et il sembla me dire « faites comme vous voudrez. » Je me crus alors autorisé, à les rendre au R. P. E. Maréchal, supérieur du séminaire d'Issy.

Je lui écrivis, pour le prier de venir voir ces objets, dont la restitution aurait due être faite depuis longtemps. Ils n'appartenaient pas au Trésor, et il semble que l'on aurait dû s'efforcer de les faire rentrer, le plus promptement possible, aux mains de leur légitime propriétaire.

Mais bah ! avait-on même pris la peine de parcourir mon rapport !

Quoiqu'il en soit, le 26 décembre 1871, le R. P. E. Maréchal, supérieur du séminaire d'Issy, assisté du R. P. Dugrais, directeur et de la sœur Bolley, supérieure des sœurs de la retraite chrétienne, répondaient à mon appel et se présentaient à mon cabinet. Nous prîmes rendez-vous et, au jour convenu, nous nous transportâmes dans la pièce dont j'avais conservé la clé, et où les valeurs à reconnaître étaient déposées. Après un examen des plus minutieux de tous les ornements sacerdotaux ainsi que de tous les vêtements religieux, étoffes, linge, etc., contenus dans les malles, le R. P. E. Maréchal rédigea, lui-même, le procès-verbal suivant :

« Les soussignés supérieur et directeur du
» séminaire de Saint-Sulpice, section de philo-
» sophie, à Issy-sur-Seine près Paris, avertis
» officieusement par M. de Colmont, chef du
» bureau de l'ordonnancement, du matériel et
» des archives au ministère des Finances, se sont
» rendus dans un bâtiment situé rue du Luxem-
» bourg, n° 9, et dépendant dudit ministère
» où étaient déposés plusieurs objets enlevés
» et transportés du dit Issy, pendant l'insurrec-
» tion de la Commune, et ont en effet reconnu
» comme appartenant au dit séminaire de St-
» Sulpice, les objets suivants :

ARGENTERIE ET BRONZES D'ÉGLISE

» Un ostensoir en vermeil de grande dimen-
» sion.
« Une croix de tabernacle.
» Quatre chandeliers d'autel.
» Un chandelier d'acolyte.
» Un autre petit chandelier.
» Un calice, sa patène et son étui.

» Un goupillon et son bénitier.
» Un plateau d'offrande.
» Deux instruments de paix.
» Une couronne fermée avec brillants.
» Une grande croix de procession en ar-
» gent.
» Plusieurs franges détachées or et argent.
» Un emporte-pièce pour grandes hosties.
» Un autre pour petites hosties.

ORNEMENTS ET VÊTEMENTS SACERDOTAUX.

» Une dalmatique brodée or.
» Deux dalmatiques galonnées or.
» Une chasuble brodée or.
» Une bourse brodée or.
» Une chape déchirée.
» Deux manipules.

DRAPS D'OR.

» Deux dalmatiques
» Une chasuble.
» Une bourse.
» Une étole.
» Une manipule.
» Une chape.
» Une robe de vierge.

BLANC BRODÉ OR.

» Une chasuble.
» Deux dalmatiques.
» Un voile.
» Une étole.

DRAP D'ARGENT BRODÉ OR.

» Une chasuble.
» Une étole.

BLANC BRODÉ

» Une chasuble.
» Une étole.
» Un voile.

DAMAS BLANC.

» Une étole.

NOIR.

» Une manipule.

AUTRES OBJETS.

» Quatorze malles et huit cartons remplis de
» linge, vêtements religieux et autres, fil, galons,
» étoffes, livres, fleurs, etc., etc., appartenant aux
» sœurs de la retraite chrétienne et qui leur ont

» été fidèlement rendus, comme en fait foi la si-
» gnature de leur supérieure déposée ci-dessous.

» De tous ces objets reconnaissons avoir opéré
» heureusement le recouvrement par les soins et
» obligeance de M. de Colmont, à qui nous en
» avons une grande obligation et en donnons
» décharge.

» Le 29 Décembre 1871.

» Signé : E. Maréchal,
» Supérieur du séminaire d'Issy.

» B. Dugrais,
» Directeur.

» Sœur Marie Bolley,
» Supérieure des sœurs de la Retraite chrétienne. »

Je ne me souviens plus par suite de quelle circonstance j'avais emmené avec moi à la caserne de l'Assomption mon fils aîné âgé de douze ans. Il est plus que probable que je n'étais pas fâché de lui faire pressentir, bien qu'il fût encore très jeune, les orages de la vie. Il assistait donc, tout en cherchant à se rendre utile, dans la mesure de ses forces, à la remise des ornements et vêtements sacerdotaux.

Quelques jours après le R. P. E. Maréchal, supérieur du séminaire, adressait à mon fils, en souvenir de son juvénil empressement, un exemplaire en deux volumes in-8° de la *Vie de saint François de Sales.*

On lisait sur la première page du Tome Ier.

« A M. Henri de Colmont, témoignage d'affec-
» tion et de reconnaissance pour le zèle pieux et
» bienveillant avec lequel il a aidé son excellent
» père à remettre le séminaire d'Issy en posses-
» sion de plusieurs objets sacrés et précieux enle-
» vés par les insurgés de la Commune.

» Ce 28 décembre 1871 249me anniversaire de
» la mort de saint François de Sales.

» E. Maréchal,
» Prêtre supérieur du séminaire d'Issy. »

Ce témoignage d'affectueuse reconnaissance fut d'autant mieux accueilli qu'il était le premier remerciement qui m'était octroyé pour mon dévouement pendant l'incendie du ministère des Finances. Il différait de la singulière attitude prise à mon égard par M. D..... d'une part, et par le ministre des Finances, M. Pouyer-Quertier d'autre part.

J'ai sous les yeux une nomenclature d'objets précieux saisis par les fédérés au séminaire d'Issy. Ce document très laconique semble se rapporter aux objets que j'ai remis le 29 décembre 1871 au R. P. E. Maréchal. Je l'ai ramassé à terre, dans la resserre de la Caisse Centrale, le 29 mai 1871.

Il est à moitié roussi par le feu. En le mettant dans mon portefeuille je n'y avais attaché aucune importance ne pensant pas qu'un jour il pourrait trouver place dans l'historique de l'Incendie du ministère des Finances.

Voici ce document, *tel qu'il est libellé*, sans y rien changer.

NOMENCLATURE DES OBJETS

« Un *Christs* en or.
» Un *Chandellier* argent.
» Un Christ argent.
» Un *Saint-Sacr.* or.
» Un Calice argent.
» Un Goupillon argent.
» Deux plats d'offrande argent.
» Une Couronne or.
» Une Patène or.
» Un pied de *chandellier* argent.
» Deux bouts de frange or et argent
» Deux emporte-pièces.

» Malroux,
» Grand Prévôt, à Issy. »

Il n'y a pas parfaite concordance, ainsi qu'on le remarquera, entre les objets remis, au R. P. E. Maréchal et les objets énumérés dans la nomenclature qui précède : La rédaction d'un côté et l'annotation « Malroux, Grand Prévôt a Issy, » donnent à penser qu'elle émane d'une main fédérée. Il est certain que les deux documents relatés plus haut, ont trait aux mêmes objets précieux ; mais que pouvait bien être le Citoyen Malroux qui s'était attribué le titre de « Grand Prévôt à Issy ? »

CHAPITRE ONZIÈME

LES POMPIERS DES DÉPARTEMENTS A L'INCENDIE DES FINANCES.

Bien des personnes ont revendiqué l'honneur d'avoir opéré des sauvetages au Ministère des finances et, parmi elles, les pompiers des départements.

M. Dedouis, alors lieutenant de la Compagnie des pompiers de Vernon (Eure) m'a adressé sous les dates des 18 août 1871, 3 et 8 mars 1872, trois lettres qu'il n'est pas inutile de consulter, d'autant plus que la copie d'un rapport assez intéressant se trouvait annexée à celle du 3 mars.

« 18 août 1871.

» *A M. de Colmont, Chef de bureau au ministère*
                » *des Finances.*

   » Monsieur,

   » Il vous souvient sans doute qui dans *la mati-*

» *née du 25 mai*, alors que le ministère des finan-
» ces était en flammes, vous signalâtes à la com-
» pagnie des pompiers de Vernon qui faisait
» manœuvrer ses pompes à l'angle de la rue de
» Castiglione et de la rue de Rivoli, un dépôt de
» papiers précieux dans une pièce située au rez-
» de-chaussée dans le fond de la cour à gauche.

» Ce dépôt que j'ai su plus tard consister *dans*
» *le Grand-Livre de la Dette publique*, les inscrip-
» tions de rente déposées, les livres de la Caisse
» Centrale et une partie des valeurs du porte-
» feuille, a pu être sauvé, grâce à votre initiative
» et à votre concours par la compagnie que je
» commandais.

» Un fait aussi important vous parut alors ne
» pas devoir rester dans l'oubli et vous vou-
» lûtes bien prendre en note, sur ma demande,
» la désignation de la compagnie qui l'avait
» effectué.

» Je vous serai donc infiniment reconnaissant,
» monsieur, en réalisant la promesse que vous
» m'avez faite, de vouloir bien me donner une
» simple attestation de ce fait de sauvetage par la
» compagnie de Vernon, afin de rendre hommage
» à la vérité et justice à qui de droit.

» Comptant sur votre bienveillance pour m'a-
» dresser cette attestation le plus promptement

» possible je vous prie de me croire, Monsieur,
» etc., etc.

» Signé : DESDOUIS.

» Ex-lieutenant de la Compagnie des Pompiers
» de Vernon (Eure) »

« P. S. J'ai déjà eu l'honneur de vous écrire
» au sujet de ma demande et je suppose que
» n'ayant pas reçu de réponse, ma lettre ne vous
» sera pas parvenue.

» Veuillez remarquer, Monsieur, que la pièce
» que je réclame est une attestation pure et sim-
» ple, sans désignation de personne, d'un fait
» qui s'est produit sous vos yeux et que rien, jus-
» qu'à présent, n'a établi d'une manière certaine.
» Il importe donc, dans l'intérêt et pour l'amour
» propre de la compagnie à la tête de laquelle
» j'étais placé, que ce fait dont elle a tout lieu
» de s'enorgueillir, soit constaté authentique-
» ment. Je ne pense pas que vous puissiez vous
» y refuser. »

Je n'ai jamais reçu la lettre rappelée par M. Dedouis dans le Post-scriptum de sa dépêche du 18 août 1871, à laquelle d'ailleurs je n'ai pas cru devoir répondre, attendu qu'une commission avait été nommée pour instruire sur les faits de l'Incendie du ministère des Finances.

« Vernon, 3 mars 1872.

» *A M. de Colmont, chef de bureau aux Finances.*

» Monsieur,

» Je me suis présenté jeudi dernier 29 février
» au ministère des finances pour vous voir et je
» n'ai pas eu l'honneur de vous rencontrer. Je
» désirais vous prier de vouloir bien attester
» l'exactitude des faits mentionnés, dans le rap-
» port ci-joint en ce qui concerne le sauvetage
» opéré par ma compagnie *le 25 mai dernier*, au
» ministère des finances.

» Cet éminent sauvetage a été fait, ainsi que
» vous voudrez bien vous le rappeler, par la com-
» pagnie que je commandais d'après les indica-
» tions que vous nous aviez données. La nomen-
» clature des objets sauvés indiqués au rapport
» est celle qui a été publiée par les journaux de
» l'époque suivant vos renseignements (1), no-

---

(1) Je tiens à déclarer ici que je n'ai jamais demandé l'insertion dans les journaux, sans les signer, de lettres ou notes relatives à l'incendie du ministère de Finances. J'étais donc complètement étranger à la rédaction de l'article publié par le *Petit Moniteur universel* le 29 mai 1871. Au surplus j'ai voulu écrire au journal *Le Petit Moniteur* pour déclarer que l'article publié n'émanait ni de ma plume ni de mes inspirations ; j'en ai été complètement dissuadé par le secrétaire-général, M. Du-

» tamment dans *Le Petit Moniteur universel*,
» n° 2141 du 29 mai 1871.

» Je ne pense pas, monsieur, que vous puissiez
» me refuser l'attestation que je réclame : tous les
» faits que j'indique étant rigoureusement con-
» formes à la vérité, ainsi que vous êtes à même
» de le vérifier, puisque c'est vous même, mon-
» sieur, qui présidiez à ce sauvetage.

» Mon rapport a été adressé au commencement
» de juin, à la mairie de Vernon, à la préfecture
» de l'Eure et à M. le colonel des pompiers de Pa-
» ris. Aujourd'hui il serait question de décerner
» une récompenses à ceux qui l'ont méritée. Je fais

frayer, dont j'avais cru devoir prendre l'avis. Peut-être ai-je eu tort de m'y rendre !

Au surplus, voici l'article du *Petit Moniteur universel* :

« Nous sommes heureux d'apprendre à nos lecteurs que
» grâce à l'énergie et à l'initiative de M. de Colmont, sous-
» directeur du matériel au ministère des Finances, le grand
» livre de la dette publique, les inscriptions de rente déposées
» par les rentiers avant l'échéance du 1er avril, les livres de la
» caisse centrale, une partie des valeurs de portefeuille que la
» négligence des directeurs de la dette inscrite et de la caisse
» avait laissés au Trésor, ont été sauvés hier matin. Il était
» temps ; le ministère est à l'heure présente complètement
» anéanti. »

Quelques personnes ont pu être vivement blessées de cet article qui m'a été imputé bien à tort. Si j'en avais fourni les éléments, je n'eusse pas été assez simple pour mettre en jeu le caissier payeur central, M. Charles Thomas, qui était un de mes amis et, encore moins, le directeur de la Dette inscrite qui, dans cette circonstance, n'avait commis aucune négligence.

» appel, monsieur, à vos bons sentiments pour
» rendre hommage à la vérité, afin que justice
» soit rendue à qui de droit. J'ai pleine confiance
» que je ne pouvais mieux m'adresser.

» Je vous serai donc obligé de me retourner le
» rapport ci-joint appuyé de l'attestation que je
» sollicite.

» J'ai l'honneur, etc.

» Signé : Desdouis,
» Conducteur des ponts et chaussées à Vernon (Eure). »

COMPAGNIE
des
SAPEURS-POMPIERS
de
Vernon (Eure)

INCENDIES DE PARIS

(Mai 1871)

Rapport du lieutenant de la compagnie commandant le détachement.

« Une portion de la compagnie s'est réunie spontanément, *le 24 mai* 1871, pour répondre à l'appel fait par M. le Préfet, au dévouement des pompiers du département, à l'effet de porter secours aux incendies multipliés, qui venaient de se déclarer dans la capitale.

» En l'absence du capitaine, le lieutenant soussigné, prit le commandement des hommes de la compagnie, et des volontaires qui s'y étaient joints, au nombre de vingt-sept, et partit de Vernon avec trois pompes, par le chemin de fer, à quatre heures et demie du soir. Onze hommes de la compagnie de St-Marcel, arrivés en même temps à la station du chemin de fer, avec une pompe, déclarèrent se placer sous le même commandement. Enfin cinq autres personnes étrangères à la localité, mais y résidant provisoirement, se joignirent avec l'autorisation de M. le maire, La colonne se composait donc ainsi, de quarante trois hommes et de quatre pompes.

» Le chemin de fer nous déposa à la station de Colombes, de là nous nous rendîmes au Trocadéro, où le soussigné pensait trouver des ordres, pour se diriger sur un des points enflammés. Mais il n'en fut rien. La nuit était déjà avancée. Le canon grondait de tous les côtés, des projectiles tombaient dans les Champs Élysées. Le soussigné, jugea prudent, pour sauvegarder la vie des hommes, d'attendre que le jour fut arrivé, et à trois heures du matin, nous partions en longeant les quais, dans la direction des Tuileries. Nous prîmes la rue Royale, la rue St-Honoré, nous avançant vers le Palais Royal, où l'on nous avait informé que des secours étaient utiles, mais, en cet endroit, le feu avait déjà accompli ses ravages. Sur la place du Palais-Royal, des pompiers étaient au repos ; le combat était proche de l'Hôtel-de-ville, des projectiles arrivaient jusqu'à nous, et un obus venait d'éclater à peu de distance du point où nous étions arrêtés. Nous dûmes rebrousser chemin, et nous nous rendîmes au ministère des finances, brûlant sur les quatre côtés. Nous nous installâmes devant l'entrée située dans la rue de Castiglione, à proximité de la rue de Rivoli. Après un certain temps du jeu des pompes, un chef de division vint nous annoncer, que des papiers extrêmement précieux, avaient été oubliés dans une pièce, située à gauche, au rez-de-chaussée sous la voûte du second bâtiment, dans le fond de la cour. Nous enfonçâmes la porte, et nous procédâmes au sauvetage des papiers et registres signalés. Cette opération offrait les plus grands dangers. Pour les sortir, il fallait traverser une cour carrée, dont les bâtiments étaient enflammés dans toute leur hauteur, des décombres brûlants tombaient à la fois, des quatre côtés, et menaçaient de blesser ou de tuer les travailleurs. Enfin après bien des efforts persévérants, nous parvînmes à mettre en lieu sûr, la valeur de quatre voitures de registres et papiers (1). Le danger augmentait d'instant en instant, et au moment où les dernières liasses allaient être enlevées, les planchers s'effondrèrent en effleurant trois pompiers, qui furent littéralement enveloppés de feu, couverts de cendres, et à moitié asphixiés ; fort heureusement ils ne furent pas blessés.

» Ainsi s'accomplit ce sauvetage, par notre seul compagnie (St-Marcel compris), sauf toutefois, le concours de M. le chef des finances, et de cinq ou six étrangers.

» M. le chef de division, prit sur les indications du soussigné, la désignation de la compagnie, et le nom de ceux qui lui avaient semblé s'être le plus particulièrement distingués.

» Tous les bâtiments étant détruits, et les débris circonscrits par les voies de circulation, nous jugeâmes sur ce point, notre œuvre accomplie, et nous nous portâmes, par la rue St-Honoré, à l'angle de la rue Royale, où les restes de deux maisons incendiées s'abîmaient à l'égard de constructions voisines, sous la protection des pompiers d'Évreux.

---

(1) Ces papiers consistaient savoir :
Dans le Grand-Livre de la dette publique, les inscriptions de rente déposées par les rentiers avant l'échéance du 1er Avril, les livres de la caisse centrale, et enfin, une partie des valeurs de portefeuille.

» Nous nous engageâmes ensuite, dans la grande avenue des Champs Élysées, où sur les indications de M. le baron Ternaux, ancien député de la Gironde, notre présence était réclamée. Le soussigné se mit en rapport avec M. Carnot, maire du huitième arrondissement, qui lui fit part de ses appréhensions d'incendies, dans son arrondissement, et insista pour que nous fussions placés au centre, afin de pouvoir nous porter, au besoin, sur les différents points menacés. Nous fûmes installés dans le bureau télégraphique vacant, situé dans les Champs Élysées, à l'angle de la rue de Marignan. Le soussigné se rendit alors, auprès du colonel Wilherme, chargé du service des pompiers de province. Celui-ci l'engagea à rester dans ce poste et à attendre ses ordres, dans le cas où il jugerait convenable de le placer ailleurs.

» Telle fut employée notre première journée à Paris, c'est à dire le 25 mai.

» Le 26, nous éteignions un commencement d'incendie, allumé par le pétrole, dans une maison, située 38, rue de Penthièvre.

» Le 27 mai, sur la réquisition de M. le maire, nous commençâmes à éteindre l'incendie de trois maisons, situées rue Boissy-d'Anglas.

» Enfin le même jour, nous fûmes appelés pour un commencement d'incendie, chez M. le comte de Bouillé, rue de Courcelles, 52.

» Et le 28 mai, à une heure de l'après-midi, alors qu'un grand nombre de compagnies partaient de la capitale, nous nous joignîmes à elles.

» Tels ont été les services, rendus par la compagnie de Vernon, réunie à celle de St-Marcel, dont tous les membres ont rivalisé du zèle et du dévouement le plus absolu. M. le sous-lieutenant Deshayes, nous a intelligemment secondé, en faisant exécuter les ordres donnés. MM. Gaisneau et Mesnager sont ceux qui ont enfoncé la porte des objets précieux, au ministère des finances. MM. Delabrosse et Mesnager de Vernon, et Bossu de St-Marcel, ont failli être écrasés, par la chûte des planchers, dans le même sauvetage. Enfin il est aussi dû, une mention particulière, à M. le docteur Devignevielle du bataillon de Vernon, qui n'a pas abandonné un seul instant, la compagnie, toujours prêt à donner ses soins chaque fois qu'ils étaient réclamés. «

» *Signé :* Desdouis. »

Je n'ai pas répondu à la lettre du 3 mars de M. Desdouis bien qu'elle fût rédigée de très bonne foi.

Le rapport dont il m'avait transmis copie, contenait des faits complètement inexacts relativement à l'importance du sauvetage opéré par la compagnie de sapeurs-pompiers de Vernon.

Mon silence me valut une troisième lettre.

« Vernon, 8 mars 1872.

» *A M. de Colmont, chef aux Finances.*

» Monsieur,

» J'ai eu l'honneur de vous adresser, le 3 de ce
» mois, la copie du rapport que j'ai dressé
» comme commandant de la compagnie des pom-
» piers de Vernon à l'occasion du sauvetage
» opéré au mois de mai dernier au ministère des

» finances. — En vous adressant ce rapport je
» vous priais de vouloir bien attester l'exactitude
» des faits rigoureusement exacts qu'il contient
» à ce sujet et que vous êtes à même de vérifier
» puisqu'ils se sont passés en votre présence.

» Je vous serais on ne peut plus obligé, Mon-
» sieur, pour l'honneur de ma compagnie qui
» doit en conserver le souvenir, de bien vouloir
» me délivrer l'attestation que je sollicite ou de
» me faire connaître, au moins, les motifs d'un
» refus que je ne puis prévoir.

» J'ai l'honneur, etc.

» *Signé* : DESDOUIS. »

Je me décidai à adresser à M. Desdouis la lettre suivante :

« Paris, 13 mars 1872.

» MONSIEUR,

» Par lettres des 18 août 1871 3 et 8 mars
» courant, vous me demandez de vouloir bien
» attester que la compagnie des pompiers de
» Vernon s'est courageusement montrée pen-
» dant l'affreux incendie qui a complètement
» détruit le ministère des finances.

» Au milieu de tant d'évènements qui se sont
» succédé sous mes yeux pendant les néfastes

» journées des 24, 25, 26, 27, 28 et 29 mai, ma
» mémoire peut être mise en défaut.

» Toutefois, je dois reconnaître que les pom-
» piers de Vernon ont rivalisé de zèle avec
» d'autres pompiers des départements pour maî-
» triser les progrès de l'incendie et préserver les
» vieux bâtiments du ministère. Ce ne sont pour-
» tant pas, comme vous paraissiez le croire, les
» pompiers de Vernon qui ont sauvé de l'incendie
» le Grand-Livre de la Dette publique (environ
» 6,000 vol.) et les inscriptions de rente dépo-
» sées pour le payement des arrérages du 1er avril.
» Vous reconnaissez vous-même que vous n'êtes
» entrés à Paris que *le 25 mai* et les documents
» dont il s'agit avaient été mis en sûreté dans *la
» journée du 24*, avant quatre heures du soir. Il
» n'en est pas moins vrai que vous avez concouru
» à sauver des documents importants.

» Je l'ai si bien constaté que dans un rapport
» que j'ai eu l'honneur d'adresser au ministre, le
» 2 juin 1871, je disais :

» Je ne veux pas terminer sans rappeler aussi
» les services rendus par les pompiers des dépar-
» tements car c'est à leur courageux concours
» que l'on doit la conservation des vieux bâti-
» ments du ministère. Les pompiers de Poissy,
» d'Anet, de Pacy-sur-Eure, de Rouen, de Ver-

» non, d'Elbeuf, de Chatou, de Carrières Saint-
» Denis, se sont courageusement conduits.

» Au surplus, monsieur, une commission a été
» nommée pour enquérir sur les faits de sauve-
» tage du ministère et je ne puis, dès lors, que
» vous transmettre l'expression de mon opinion
» personnelle.

» Agréez, etc.

» Signé : A. DE COLMONT. »

Depuis cette lettre, je n'ai plus entendu parler de M. Desdouis, mais je tenais à établir que bien des personnes ont, de très bonne foi sans doute, mais bien à tort, revendiqué l'honneur d'avoir sauvé le Grand-Livre de l'incendie. Je n'en finirais pas s'il me fallait citer toutes les lettres qui m'ont été adressées à cet effet, et, parmi lesquelles, j'en détache une dont le désintéressement a éveillé mon attention. Elle émane du capitaine Latouche qui commandait les pompiers de Pacy-sur-Eure également cités dans mon rapport et qui pouvaient, comme tant d'autres, se prévaloir d'importants sauvetages.

« Pacy-sur-Eure, 11 juin 1871.

» MONSIEUR DE COLMONT,

» De retour à Pacy-sur-Eure depuis deux

» jours seulement, je me suis empressé de visiter
» notre magasin des pompes afin de m'assurer si
» les hommes de ma compagnie avaient bien
» nettoyé et graissé la pompe qui nous avait
» servi à Paris ; j'ai remarqué qu'ils avaient
» monté sur cette pompe une demi-garniture
« de boyaux qui ne nous appartient pas ; je viens
» vous prier, Monsieur, si quelque compagnie
» vous en faisait la réclamation, de vouloir bien
» lui répondre que je tiens cette demi-garniture
» à sa disposition.

» Recevez, Monsieur, l'assurance de mon
» respect.

» Votre très humble serviteur,

» Signé : Latouche.
» Capitaine »

Je ne sais si la Commission chargée d'instruire sur les faits de sauvetage relatifs à l'incendie des Finances a distribué des récompenses méritées aux pompiers de Pacy-sur-Eure, mais, en vérité, le Capitaine, Latouche est une modeste et bien honorable nature. Se figure-t-on ce brave officier rentrant chez lui, après vingt jours d'absence, oubliant les dangers courus, les services rendus, les fatigues supportées, etc., etc., et ne se préoccupant que de restituer une demi-garniture de boyaux n'appartenant pas à la compagnie qu'il a l'honneur de commander.

J'ai vu tant d'ambitions s'agiter autour des cendres de l'incendie du ministère des Finances et tant d'intrigues se produire, que j'ai ressenti, plus vivement, combien la lettre du Capitaine Latouche est empreinte de modestie et du véritable sentiment du devoir.

Servir courageusement son pays, taire ses services, ne rien quémander et borner sa récompense à restituer une demi-garniture de boyaux emportée par mégarde, n'est-ce pas l'abnégation dans toute l'honorabilité du mot ?

Honneur au capitaine Latouche ! J'apprendrai avec plaisir, que son dévouement pendant l'incendie a été récompensé.

CHAPITRE DOUZIÈME

LES TÉMOINS DU MINISTÈRE DES FINANCES DEVANT LE TROISIÈME CONSEIL DE GUERRE.

Ceux qui liront l'intéressant procès du citoyen Jourde devant le troisième conseil de Guerre, seront bien surpris de voir que trois témoins seulement du ministère des Finances ont été entendus et, encore l'un d'eux, le nommé Bornis, fumiste (audience du 26 août), n'a-t-il rien dit qui vaille la peine d'être relaté.

Les deux dépositions qui méritent de fixer l'attention sont celles de M. Marie, sous-chef au contrôle central (audience du 20 avril), et de Rez-Gaurez, frotteur au ministère des Finances (audience du 26 août).

M. Marie dit dans sa déposition : « Je cir-
» culai dans plusieurs pièces du ministère et je

» puis affirmer que le feu n'a pas été mis par un
» obus, mais qu'il y a été apporté. On versait le
» pétrole partout. ».

Le Président ajoute : « Et le concierge du
» ministère, du côté de la rue du Mont-Thabor,
» a pu mettre de côté trois tonneaux ayant con-
» tenu ce liquide ! »

Le Déposition de M. Marie que j'avais lue
bien accidentellement dans le *Petit Moniteur
Universel*, m'avait si vivement impressionné,
que j'écrivis immédiatement à M. Marie la
lettre suivante :

« Paris, 22 août 1871.

» Mon cher Camarade,

» Je lis, dans le *Petit Moniteur Universel* de ce
» matin, votre déposition devant le Conseil de
» Guerre.

» Comme j'ai assisté, aussi près que personne,
» à toutes les phases de l'incendie du ministère
» des Finances, je n'ai pas besoin de vous dire
» que ma déposition eût sans doute été de
» quelque utilité.

» Je ne veux rectifier aucun des faits que vous
» avez exposés, mais je dois vous déclarer, dans
» l'intérêt de la vérité, que les trois fûts de pétrole

» 'auxquels M. le président a fait allusion, n'a-
» vaient pas été apportés au ministère des Finan-
» ces par la Commune. C'est moi-même qui en
» avais ordonné l'acquisition au moment où, pen-
» dant le siège, le gaz n'éclairait plus le ministère.
» Ils avaient été achetés rue de Rambuteau, n° 81,
» au prix de 1 fr. 05 c. le litre. Deux de ces fûts
» étaient vides, et le troisième se trouvait encore
» à moitié plein, le 19 mars 1871. Déposés sur
» mes ordres, cour du Sud-Ouest, dans une re-
» mise qui servait autrefois de magasin à vieux
» papiers, ils y ont été retrouvés. le 24 mai
» suivant.

» Le fût, à moitié plein, a été transporté pen-
» dant l'incendie, dans la cour de la caserne de
» l'Assomption; des pompiers y veillaient. Mais,
» sur les instances des locataires voisins qui
» craignaient que ce fût ne provoquât de nouveaux
» malheurs, au moment où les 26 et 27 mai des
» obus tombaient encore dans la cour de la ca-
» serne, il a été conduit à la Seine pour y être
» coulé.

» Voilà, mon cher camarade, ce que j'avais à
» vous dire dans l'intérêt de la vérité.

» Croyez, etc.

» Signé : A. De Colmont. »

M. Marie me répondit :

« 22 août 1871

» Monsieur,

» Je ne sais vraiment qui m'a procuré le désa-
» grément d'aller à Versailles faire une déposition
» d'une demi-heure, qui réduite aujourd'hui, se
» trouve entièrement transformée.

» Dans tous les cas, je crois *que personne ne*
» *pouvait déposer plus utilement que vous*. Je
» crois que, dans l'intérêt de la vérité, le chef de
» matériel et les agents du service intérieur
» restés au ministère sous la commune devraient
» être appelés à Versailles.

» Je crois d'autant plus à la nécessité de cette
» comparution que le président se plaignait hier
» de n'avoir pas été éclairé par l'administration
» des Finances.

» Hâtez-vous donc; allez à Versailles avec
» Raverot (alors un de mes sous-chefs) et un
» concierge, et, en le faisant, vous rendrez un
» vrai service à la justice.

» Croyez, etc.

» Signé : Marie »

Je répondis immédiatement à M. Marie. :

« 22 août 1871

» Mon cher Camarade,

» Merci de votre lettre mais, je vous le répète,
» la mienne n'avait d'autre but que d'établir
» un fait qu'il était utile de conformer à la plus
» exacte vérité.

» En ce qui concerne la Justice, je n'ai rien à
» lui demander; j'ai fait mon devoir; J'obéis aux
» lois de mon pays; et si la Justice a besoin
» de m'entendre c'est à elle de me demander
» et je m'empresserai d'obtempérer à ses ordres.

» Croyez, etc.

» Signé : A. de Colmont. »

P. S. — « Quant à Raverot, arrivé tardive-
» ment sur le lieu du sinistre sa déposition serait
» sans effet. »

Les assertions émises devant le conseil de guerre n'ont pas été rectifiées, et il est resté sous l'impression produite. De son côté, le concierge de la rue du Mont-Thabor a été posé comme ayant mis de côté des tonneaux de pétrole alors qu'il n'avait absolument rien mis de côté.

M. Marie dit encore :

« Nous avons trouvé, dans quelques armoires
» préservées de l'incendie, des valeurs considé-
» rables appartenant à des particuliers. »

Je le regrette bien vivement, mais il m'est impossible de ne pas constater que M. Marie n'a pris aucune part au sauvetage des valeurs de M. D..., dans le cas où ce serait à elles qu'il fait allusion lorsqu'il dit: «'NOUS avons trouvé, etc. »

La déposition de Rez-Gaurez porte sur des faits très-importants. Je ne m'occuperai, dans ce chapitre, que de la partie de sa déposition relative aux armes précieuses enlevées aux Tuileries. Dans les chapitres VII et IX j'ai dit, en effet, tout ce qui me paraissait devoir être relaté, soit au sujet des valeurs du banquier D..., soit à propos des pierres précieuses qui ornaient les pantoufles données à l'empereur Napoléon III par le Bey de Tunis.

Huit jours après son arrivée au ministère des Finances, M. Ernest Picard recevait une quantité considérable d'armes très belles retirées du cabinet de l'Empereur et qui furent déposées dans les appartements particuliers du ministre où elles restèrent exposées pendant quelques jours. Parmi elles se trouvaient des échantillons de nouveaux modèles d'armes de guerre, des revolvers, des fusils, des baïonnettes, des sabres, des lances, etc., etc. Les autres armes étaient des présents faits ou offerts à l'Empereur et au Prince Impérial soit par les Souverains étrangers, soit par le commerce de Paris ou des départements. Il y avait aussi de splendides objets orientaux, des babouches, des cottes de maille, des yatagans, etc., etc.

Ennuyé sans doute de voir ces armes sans affectation ; préoccupé peut-être aussi de ce qu'elles deviendraient si les Allemands entraient dans Paris, le ministre donna l'ordre de les faire mettre en lieu sûr.

Je ne sais plus avec quel agent du cabinet du ministre je fus mis en rapport pour prendre livraison de ces armes, en conformité des ordres de M. Ernest Picard qui m'avaient été notifiés par M. Dufrayer, remplissant déjà, par intérim, les fonctions de secrétaire-général.

Je me souviens seulement que ces armes me furent remises un matin, de très bonne heure, dans le courant du mois d'octobre 1870. Elles étaient accompagnées d'un inventaire fait avec le plus grand soin par un inspecteur des Finances. Je fis déposer ces armes à la bibliothèque du ministère sur la grande table de lecture. Quant à l'inventaire, dont trois copies furent faites, deux étaient destinées au ministre et au secrétaire général, la troisième resta entre mes mains et se trouvait sur mon bureau, dans mon cabinet, lorsque je quittai Paris pour me rendre à Versailles le 19 mars 1871.

Peu de temps après la remise qui m'avait été faite de ces armes, je reçus l'ordre de les mettre dans des caisses et de les murer, avec l'argenterie du ministère, dans la cachette que je jugerais la meilleure. Les armes furent rangées avec soin dans huit grandes caisses qui avaient contenu les fusils Snider livrés au 171e bataillon.

Je les fis murer ensuite dans un entresol situé entre les cours du Sud-Ouest et de l'Horloge. J'avais mis très peu d'agents dans le secret : Quatre hommes de peine et un maçon ; mais, le secret n'en fut pas moins vendu tant il est vrai qu'un secret, même entre deux personnes, tombe dans le domaine commun.

Après la capitulation de Paris et le départ des troupes allemandes de la capitale, le ministre voulut reprendre la disposition de l'argenterie du ministère. Je fis ouvrir la cachette et l'argenterie (1), livrée plus tard par la Commune à la

---

(1) Le 5 juillet 1871, l'Administration des monnaies remet-

Monnaie pour y être mise au creuset, fut remise à l'argentier Hérault. Toutefois n'ayant pas reçu d'ordres pour les caisses d'armes elles restèrent où elles avaient été cachées sans que j'eusse pris la précaution de faire refermer la cachette. Je dois dire, du reste, que ces caisses bien clouées se trouvaient dans un des coins d'un vaste magasin

tait au ministère des Finances, auquel elle appartenait, l'argenterie dont le détail suit :

Quatre pinces à sucre.
Trois cuillers à sucre en poudre.
Quatre cuillers à compote.
Trente et une cuillers à café.
Soixante-seize pelles à sel.
Deux cuillers à moutarde.
Cinquante et une cuillers à dessert.
Cinquante fourchettes à dessert.
Quarante-huit couteaux à dessert.
Un couteau à dessert.
Un service à thé en argent, forme chinoise, à médaillons ciselés avec bas-reliefs, intérieur doré et composé de :
Une grande bouilloire avec son pied.
Deux théières.
Trois cafetières.
Un sucrier avec sa doublure.
Deux pots-à-lait.
Un petit service à thé en argent ciselé, intérieur doré.
Une bouilloire à thé.
Une théière.
Une cafetière.
Un sucrier.

Le peu d'importance des objets rendus donnent à juger de l'importance de ceux qui ont été sans doute mis au creuset.

de vieux meubles. Il y avait cent à parier contre un que l'on ne viendrait pas les y chercher.

Aussi quelle ne fut pas ma surprise de retrouver quatre de ces caisses d'armes, le 29 mai 1871, c'est-à-dire lorsque le ministère était complètement détruit, dans la grande resserre en sous-sol des caisses centrales du Trésor où elles avaient été transférées par les fédérés.

Je dis en effet, dans mon rapport du 2 juin 1871 ;

« Il y avait aussi dans la resserre en sous-sol
» une trentaine de caisses contenant du linge
» appartenant à des Communautés religieuses et
» plusieurs objets nécessaires au culte, un ostensoir, des Christs, une grande croix de procession, des chandeliers d'autel, un calice et
» QUATRE CAISSES D'ARMES. »

Un des sous-agents employés avait assurément révélé le secret qui lui avait été confié. C'est à cette divulgation que les caisses d'armes durent leur salut. Si elles n'avaient pas été enlevées, par les mains fédérées, des magasins où elles avaient été placées, elles eussent été inévitablement la proie des flammes.

Quoiqu'il en soit, sur huit caisses cachées, quatre seulement ont été retrouvées ouvertes, mais on en avait retiré toutes les armes blanches ou à feu en état de servir.

J'ai fait transporter ces caisses à la caserne de l'Assomption, dans une pièce dont j'ai conservé quelques temps la clef. Je l'ai remise au secrétaire-général, sur le désir qu'il en a manifesté, et je n'ai jamais su à quel service lesdites caisses avaient été livrées, ni exactement ce qu'elles contenaient. Je suppose qu'un inventaire a dû être fait, bien que je n'y aie pas été appelé.

Il est très curieux qu'un frotteur du ministère soit venu raconter devant le troisième Conseil de guerre l'historique des caisses d'armes précieuses enlevées du cabinet de l'Empereur. — Il n'en savait pas le premier mot. — Comme frotteur, il avait pu, pendant le siège de Paris, voir des armes exposées dans l'une des pièces des appartements particuliers du ministre; il avait pu entendre dire que ces armes venaient du cabinet de l'Empereur; il avait même pu les regarder, les toucher, comme les serviteurs touchent et regardent trop souvent ce qu'ils devraient respecter, mais il n'avait plus ni vu ni entendu parler de ces précieux objets, dès qu'ils furent transportés à la bibliothèque du ministère.

La preuve de ce que j'avance résulte de la déposition de Rez-Gaurez lui-même. Il constate la disparition de deux caisses d'armes alors que quatre manquent à l'appel. Son erreur s'explique facilement du moment où l'on sait qu'il a voulu parler d'un fait qu'il ne connaissait que très imparfaitement.

Il est présumable que les quatre caisses manquantes ont été ouvertes sur l'ordre du délégué au ministère des Finances, à moins qu'elles n'aient été brûlées dans la cachette où je les avais fait placer, ce qui ne paraît pas vraisemblable.

Comment se fait-il que le ministre des Finances n'ait officiellement désigné aucun agent pour témoigner avec autorité devant le troisième Conseil de guerre à Versailles. Le secrétaire-général n'a pas ignoré et, dans tous les cas, il ne devait pas ignorer les incidents du procès du citoyen Jourde. Son devoir était, dès lors, de faciliter l'action de la Justice. Il lui appartenait, s'il ne parlait pas lui-même, de faire vivre tous les renseignements que pouvaient utilement donner les témoins de l'incendie, alors même qu'il eût été contraint et forcé de faire assigner le sous-directeur, retour de Bordeaux.

Pourquoi ne l'a-t-il pas fait ? J'ai bien cherché, sans pouvoir les trouver, les mobiles qui dans cette circonstance ont dirigé la conduite du secrétaire-général des Finances.

Peut-être était-il très délicat de constater que le lieutenant était au feu alors que le colonel n'y était pas!

CHAPITRE TREIZIÈME

LE CITOYEN JOURDE DEVANT LE TROISIÈME CONSEIL DE GUERRE SÉANT A VERSAILLES.

Extrait de la *Gazette des Tribunaux*, 7 au 31 août 1871.)

ACTE D'ACCUSATION :

Jourde (François) âgé de 28 ans, étudiant en médecine, membre de la Commune et délégué à la commission des finances a été pendant toute la période de l'insurrection un des membres les plus actifs, les plus assidus, les plus ardents, qui ont apporté pour le triomphe de leur cause le concours de toutes leurs lumières.

Jourde doit être classé dans la catégorie peu nombreuse des hommes intelligents qui ont dirigé le gouvernement de l'Hôtel-de-Ville ; l'adresse et l'activité avec lesquelles il a rempli les fonctions de délégué aux finances prouve qu'il marchait d'un pas convaincu vers l'établissement de ce gouvernement qui ne pouvait qu'entraîner le bouleversement général de la société tout entière.

Pendant le siège de Paris par les Prussiens, Jourde

était sergent dans le 160ᵉ bataillon de la garde nationale. Dès le 1ᵉʳ mars, une commission se forme dans le cinquième arrondissement, dans le but d'établir la défense intérieure de cet arrondissement, d'où est née l'idée de la fédération de la garde nationale. Ce projet devait amener l'adhésion des autres arrondissements de Paris et entraîner, par suite, la fédération de la garde nationale tout entière avec un Comité central.

Jourde, secrétaire provisoire de cette commission, s'occupa de cette mission avec le plus grand zèle. La séance, dans laquelle ce projet fut discuté, dura toute la journée, ainsi que le prouve un procès-verbal joint au dossier. Le 2 mars, le comité de la garde nationale du cinquième arrondissement était définitivement établi avec Jourdant pour président, Dacosta pour vice-président et Jourde pour secrétaire. A la date du 2 mars, nous trouvons une lettre de convocation pour recevoir les adhésions, et une affiche constatant l'organisation de la fédération de la garde nationale et une réunion pour le 13 mars. L'armée y est indiquée comme destructrice des institutions républicaines et ne pouvant conduire le pays qu'à d'effroyables désastres.

Lorsqu'arriva le 18 mars, le Comité central de la fédération de la garde nationale triomphant par la défection de quelques compagnies de 88ᵒ de ligne, devint seul maître de Paris, et conserva le pouvoir jusqu'à la fin de mars. Jourde fut membre de ce comité.

Dès le 19 mars, Jourde fut adjoint à Varlin aux Finances, et, le 26, il était nommé membre de la Commune, avec 3,949 voix. Vers le 3 avril, il fut, par un vote de la Commune, un dés délégués principaux des diverses commissions établies, et devint membre de la Commune exécutive.

Jourde, pendant son séjour au ministère, a rempli l'emploi le plus délicat, puisqu'il s'agissait de trouver les fonds nécessaires pour les exigences de la situation. Le ministère des finances ayant été brûlé, aucune pièce ne pouvait établir la distribution et l'emploi des fonds dont Jourde a eu le roulement pendant sa gestion tout entière.

Lors de son arrestation, qui eut lieu le 30 mai, à une heure et demie du matin, en compagnie d'un nommé Dubois, son ami, il fut trouvé possesseur d'une somme de 8,070 francs en billets de banque. Dubois était également porteur d'une somme de 1,700 francs, et lorsque ce dernier parut devant le commissaire de police, on saisit sur lui une nouvelle somme de 1,400 francs. Ces trois sommes forment un total de 11,170 francs, qui représente le reste connu des sommes immenses, se comptant par millions, que la Commune a absorbées pendant sa trop longue existence.

L'argent trouvé sur Jourde se décompose ainsi : 695 fr. entre ses mains ; 7,375 en billets de banque cachés dans la doublure de son gilet.

Relativement à l'inspection de cet argent caché, Jourde dit : « Je n'ai pris que 7 ou 8,000 francs qui appartenaient à l'État. » C'est donc une preuve certaine de détournements faits au préjudice de l'État ; or, il est à présumer que là ne se sont pas bornés les soustractions et le gaspillage dont Jourde s'est rendu coupable.

Arrêté à l'improviste, Jourde subit un interrogatoire sommaire devant M. Ossud, capitaine d'état-major de la garde nationale, attaché à la prévôté de la mairie du neuvième arrondissement. Il nous a été impossible d'entendre le témoin essentiel pour l'instruction, M. Ossud étant absent pour des motifs de santé et d'affaires. Dans cet interrogatoire, le premier qu'il ait subi, Jourde, qui a encore présents à la mémoire les faits les plus saillants de sa gestion, donne ainsi le détail des recettes qu'il a eues en sa possession :

Recettes journalières,	600,000 »
Emprunts à la Banque de France,	20,000,000 »
Pris dans les caisses scellées de l'État au ministère des finances,	4,000,000 »
Titres des actions de chemin de fer et sur le Trésor,.	14,000,000 »
Titres provenant du premier emprunt,.	200,000,000 »
Contrôle des chemins de fer, ...	2,000,000 »
Ce qui forme un total de	240,600,000 »

Il est à regretter que cet interrogatoire ait été suspendu pour un motif quelconque ; les détails nécessaires pour l'établissement de la situation sont devenus par ce fait incomplets. Jourde a été arrêté dans son interrogatoire au moment où il faisait connaître son projet de départ pour l'Amérique, ce qui implique, d'une manière bien évidente, qu'il cachait dans son gilet l'argent qu'on y a trouvé, soit 8,070 francs ; il avait la résolution bien arrêtée et calculée de détourner cette somme qu'il avoue appartenir à l'État.

Jourde a refusé d'indiquer les secrétaires et employés qui ont été attachés à son service.

Pour nous, l'un de ces secrétaires ne serait autre que le nommé Dubois, arrêté avec lui et porteur de sommes qu'il avait reçues de Jourde. C'eût été un moyen de justification pour Jourde dans les dépenses qui se sont produites et que lui seul réglementait.

En refusant ces renseignements, il cherche à mettre un obstacle à la découverte de la vérité, tandis qu'il se présente, au contraire, avec adresse, comme le conservateur dévoué de la situation financière dont il avait la direction.

Il est de la dernière évidence que si Jourde refuse énergiquement de donner des renseignements qui doivent apporter des lumières dans l'instruction, et par suite atténuer son immense responsabilité, ce n'est que pour dénier toutes preuves de culpabilité certaine dont il est, au fond de sa conscience, intimement convaincu, ce qui, pour nous, ne concorde en aucune façon avec le désir si vif qu'il émet de voir qu'une enquête minutieuse et sévère soit faite sur sa gestion aux finances.

Dans l'interrogatoire que Jourde a subi par devant nous, rapporteur, il établit comme il suit le bilan des recettes et des dépenses générales dans le cours de ses fonctions :

RECETTES

En caisse au ministère.	4.000.000 »
Banque.	20.000.000 »
Recettes journalières diverses provenant des octrois, douanes, domaines, tabacs, enregistrement, timbre, monnaie, soit. . . , ...	21.000.000 »
Chemins de fer.	2.000.000 »
Total.	47.000.000 »

DÉPENSES

Une moyenne par jour de.	600.000 »
Soit en tout.	47.000.000 »

jusqu'au 27 mai inclus.

Comme on le voit, la balance des recettes et des dépenses existe ; Jourde l'affirme exacte.

M. le marquis de Plœuc, sous-gouverneur de la Banque de France, entendu par nous, relativement à l'attitude de la Commune et de Jourde en particulier vis-à-vis de cet établissement, et surtout au point de vue des fonds exigés à diverses reprises par Jourde pour les besoins de la situation, M. le sous-gouverneur, disons-nous, accuse pièces en mains, que la Banque de France n'a jamais remis de fonds que sur les menaces incessantes de pillage; qu'il n'a cédé qu'à la force brutale et qu'il a exigé que tous les reçus qu'il conservait pour se mettre à couvert portassent la mention qu'il ne cédait qu'à la force.

De plus, l'ensemble des diverses sommes remises entre les mains de Jourde, ou de ses agents munis de son autorisation ou de reçus en son nom, s'élève à 16,691,000 francs. De sorte que, en laissant subsister les chiffres indiqués par Jourde au chapitre des recettes, avec cette modification relative à la Banque, nous trouvons en réalité une somme totale de 43,691,000 francs.

D'autre part, les dépenses s'élevant à 47 millions de francs, il est difficile d'admettre ce chiffre de 43,691,000 francs. Il y a donc à constater une différence de 3,309,000 francs. Et cependant les dépenses ont été couvertes jusqu'au 27 mai inclus. Que conclure donc? de la réalité évidente de la présence d'autres fonds en la possession de Jourde, fournisseur et distributeur de a Commune.

Dans une note que Jourde a remise et que nous avons jointe au dossier, l'inculpé a consigné son attitude comme membre de la Commune; il essaie d'établir un compte rendu de gestion; il est question, dans cette note, des rapports qu'il a eus à diverses reprises avec la Banque de France; les dépositions claires, concises, appuyées sur des notes recueillies, de M. de Plœuc sous-gouverneur, et de M. Mignot, caissier principal, sont là pour contrebalancer les témoignages de sincérité que Jourde invoque à propos de ses exigences; les menaces qui sont produites sur le registre-journal de la Banque, où sont inscrits au jour le jour les opérations et incidents de la journée, ne peuvent être mises en doute ; il n'a pu que produire des faits et en consigner la date.

Du reste, une copie conforme de toutes ces notes a été délivrée, sur notre demande, pour être jointe au dossier et à la disposition de ces messieurs, témoins essentiels et particuliers des menaces incessantes dont la Banque a été l'objet.

Il manque donc 3,309,000 francs pour solder les 47,000,000 de dépenses qui ont été réglées et payées. Si, comme Jourde le prétend, il a refusé le concours de personnes inconnues lui offrant de venir en aide aux finances de la Commune, entre autres l'offre de 50 millions qu'il aurait pu toucher en donnant comme garantie les tableaux du Louvre, nous sommes en droit de demander à Jourde des explications sur la réalisation de ces 3,309,000 francs nécessaires au solde complet des dépenses accusées. Ne pourrait-on pas y trouver la transformation en monnaie des matières d'or et d'argent provenant des vases sacrés des églises de Paris et des objets précieux enlevés aux Tuileries et autres établissements de l'État ou particuliers.

En résumé, Jourde a été membre du Comité central de la garde nationale.

Membre de la commune délégué aux finances, comme membre de la Commune, Jourde est responsable comme complice de tous les actes qui ont été la conséquence des décrets rendus par elle, et qui ont reçu leur entière exécution, entre autres, les décrets relatifs à la colonne Vendôme, aux otages ; responsable des incendies des divers établissements d'utilité publique, entre autres du ministère des Finances et de la Cour des comptes, établissements financiers dont l'administration rentrait dans ses attributions. Jourde affirme que cet incendie du ministère s'est produit par des obus tombés sur la toiture. Nous savons, au contraire, que le feu a été mis au ministère d'après les

ordres de Ferré à un nommé Luçay, ordre ainsi conçu :
« Citoyen Luçay, faites flamber de suite Finances et venez nous retrouver. — Signé Ferré »

L'original de cet ordre est au dossier de Ferré.

Jourde, comme délégué aux finances doit rendre compte de sa gestion, qui a entraîné des bris de scellés des caisses de l'État et la dissipation des deniers de l'État, il s'est rendu coupable d'attentat ayant pour but de changer la forme du gouvernement, d'usurpation de fonctions, crimes et délits prévus par les articles suivants du Code pénal : 50, 60, 88, 90, 96, 253, 258, 259, 295, 296, 297, 305, 341, 342, 434, 437, 439 et 440. En conséquence, notre avis est que le nommé Jourde doit être traduit devant un conseil de guerre.

INTERROGATOIRE DE JOURDE.

AUDIENCE
Du 11 Août.

M. le président. : Vous avez fait partie de tous les comités ?

Jourde : Jusqu'au 18 mars, j'ai été absolument étranger à la politique ; je n'ai pas été poursuivi une seule fois.

L'idée du Comité central remonte au commencement de février, et ne comportait d'abord qu'un comité électoral. Elle ne s'est développée et modifiée que peu à peu, et elle s'est en définitive complètement transformée.

L'acte d'accusation constate la trace d'une commission qui avait été créée le 1er mars, dans le 5e arrondissement. Ce n'est pas certainement celle qui a engendré le Comité central, et on ne peut m'accuser, pour en avoir fait partie, d'avoir été le promoteur du Comité central et le provocateur, en quelque sorte, de cette guerre civile que le Comité central a sans doute beaucoup plus servie qu'il ne l'aurait voulu.

Vous me permettrez, à cet égard, M. le président, d'entrer dans quelques développements.

L'accusé s'explique sur la séance qui fut tenue, le 28 février, à la mairie du cinquième arrondissement, dans laquelle il fut question du service de vigilance volontaire que l'entrée des Prussiens dans Paris, alors imminente, pouvait rendre nécessaire.

Point de procès-verbal de cette séance; les officiers de la garde nationale qui en ont fait partie ont tous brisé leur épée le 18 mars, et les membres de cet commission étaient des adversaires déterminés du mouvement qui s'est effectué le 18 mars.

Jourde entre ensuite dans de longs détails sur l'organisation du Comité central, auquel il fut nommé le 15 mars. Le 18 mars fut un coup de foudre pour la plupart des membres du Comité, qui ignoraient absolument quel rôle ils avaient à jouer.

J'ai cru, dit-il, devoir accepter la délégation des finances. Le 18, j'arrivai à l'Hôtel de-Ville au milieu du désordre. On faisait des réquisitions de vin et de charcuterie. J'en fut peiné, et je proposai d'organiser un pouvoir provisoire, car je croyais à une révolution, je m'y étais laissé prendre... pendant quelques heures seulement. Je demandai au Comité qu'on établit l'ordre dans Paris. Je m'installai au ministère des finances, et je dois faire ici une observation qui indique tout le système que j'ai à présenter, c'est-à-dire que j'y ai rempli des fonctions administratives et non politiques. J'ai cru que j'avais à m'acquitter d'un devoir, je m'en suis acquitté de mon mieux pour ne laisser au gouvernement qui nous succéderait que des traces honorables de mon court passage aux affaires. (Rumeurs dans l'auditoire.)

Je ferai tous mes efforts pour mettre le Tribunal à même de juger mes actes. Je sais qu'il est difficile de concevoir exactement la position dans laquelle je me suis trouvé ; mais j'espère qu'un jour viendra où justice me sera rendue. Pardon, monsieur le président, cette expression m'a échappée ; je veux dire que plus tard on comprendra les énormes difficultés qui m'étaient faites. On saura que je suis sorti de mes fonctions plus pauvre que je n'y étais entré ; qu'à un moment donné où la Commune était exploitée partout, je n'ai voulu qu'aucune maison de banque, à l'exception de la Banque de France, dans les conditions que je vais indiquer, qu'aucune société de crédit, aucune maison particulière ne fut inquiétée ou réquisitionnée ; qu'à un moment donné (voir le bilan par moi déposé le 3 mai avec ma démission), je n'ai réquisitionné que 8,000 francs, ayant à faire face à 26 millions de dépenses ; que, sous mon administration, le drapeau tricolore n'a jamais été remplacé à la Banque par le drapeau rouge ; que la Banque, où je n'avais trouvé en entrant que quatre employés, a réorganisé et conservé, tant que j'ai été là, cent cinq employés formés en bataillon ; que, en un mot, j'ai fait tout pour n'avoir recours, malgré l'urgence et l'énormité des besoins, qu'à des ressources normales, autant qu'elles pouvaient l'être, étant donné que le gouvernement de la Commune était irrégulier.

Quel a été mon premier acte au Trésor ? Ça a été de rappeler aux employés que, pour éviter toute responsabilité personnelle, ils devaient mettre les scellés sur les caisses, ce qu'ils n'avaient point fait et ce qu'ils firent sur mon indication, et c'est pour cela qu'aujourd'hui on m'accuse d'avoir brisé ces scellés, accusation d'autant plus pénible pour moi qu'elle touche à la délicatesse ; et voilà comme tout ce que j'ai fait par un sentiment d'honneur tourne aujourd'hui contre moi.

Qu'on songe à la crise terrible où je me trouvais étreint lorsque j'acceptai la délégation des finances ; il fallait payer la solde de la garde nationale, dont le non-paiement pouvait avoir les plus déplorables conséquences.

C'est alors que je m'adressai à la Banque de France.

J'expliquai à M. Rouland qu'il était nécessaire de donner quelque argent pendant deux ou trois jours pour payer la garde nationale. Il me fit donner un million, et me dit : « Il faut que vous mettiez pour ma sauvegarde que cette somme est réquisitionnée. » Je signai dans ces termes le reçu de ces valeurs réquisitionnées, sans songer que cette signature serait retournée contre moi. Et quand je songe à tout ce que j'ai fait pour défendre les intérêts de la Banque, je ne comprends pas les violences dont on m'accuse.

La Banque n'avait pas conscience de sa situation; je savais, moi, qu'il fallait à tout prix sauver avec son encaisse, son portefeuille, la fortune de la France. Je suppliai qu'on me rendît la tâche facile. Je donne ma parole d'honneur, ou plutôt non, je n'en ai pas le droit avant d'être jugé; j'affirme. Tous ces sentiments, je les exprimés dans une lettre que j'ai adressée à mon collègue, l'honorable M. Beslay, lettre que je demande au Conseil la permission de lui lire.

(L'accusé en donne lecture): Si je succombais une heure, y dit-il, mes collègues ne comprendraient pas ma pensée, j'en suis sûr, et alors qu'arrivera-t-il? Je le laisse à penser.

M. le président: Que sont devenus les vases d'église envoyés à la Monnaie sous votre administration?

Jourde: On a dû les y retrouver; car, des bâtiments dépendant de mon service le ministère des finances a seul été incendié.

Tout ce qui avait une valeur au-dessus de l'argent, comme pièce d'argenterie artistique ou autrement, a été mis de côté; je puis indiquer la pièce où j'avais fait transporter tout cela; on doit tout retrouver, s'il n'y a point eu de dévastation.

J'ai envoyé à la Monnaie 11 ou 1,200,000 francs, en lingots venant de la Banque, m'engageant à les rendre dans les cinq jours, ce que j'ai fait, à une petite somme près. S'il y a eu dévastation, au dernier moment, ce ne peut être que par ces gens qui n'appartiennent à aucun parti et qui ne voient dans les malheurs publics que l occasion de satisfaire leurs convoitises criminelles, et de commettre les erreurs les plus monstrueuses, les laissant à la charge de ceux qui tombent.

M. le président : Pourquoi les avez-vous levés ces gens ? Maintenant pourriez-vous établir le bilan de vos dépenses ?

Jourde : J'ai été forcé de le faire de mémoire à l'instruction, et à peu près; on en a fait une nouvelle charge contre moi, et on m'impute une erreur de 3,309,000 francs.

Il n'y a là qu'une erreur d'attribution, et le bilan officiel que j'ai donné le 3 mai, avant ma démission, explique complètement cette erreur.

M. le président : Que dépensiez-vous par jour et à quoi ?

Jourde : 25 millions du 10 mars au 15 avril, soit environ 600,000 francs par jour ; du 30 avril jusqu'à la fin, 20,000,000 francs. Je ne jetais par l'argent par les fenêtres. Je ne payais la solde qu'à la garde nationale, et non aux corps francs. J'ai aussi ajourné un achat de cinq mille fusils chassepots, à 72 francs l'un, qu'on m'offrait par la voie prussienne. J'ai refusé 50 millions qu'on m'offrait pour les toiles du Louvre, cette richesse non pas de Paris, mais de la France.

D. Quelle somme donnait-on à la garde nationale ? — R. De 300 à 350,000 francs par jour ; mais il faut dire que, malgré mes conseils, les officiers étaient beaucoup trop payés.

D. Aviez-vous des garanties de paiements ? — R.

Oui, j'avais organisé un système de comptabilité. Les officiers payeurs devaient chaque jour présenter une feuille d'émargement.

D. Habitiez-vous le ministère ? — R. Non, monsieur, je ne me suis jamais considéré comme ministre, mais comme employé de la Commune.

D. Comment expliquez-vous l'incendie du ministère ? — R. Le mardi matin un obus a frappé le ministère. A côté se trouvait une barricade.

D. Mais un obus ne met pas le feu ? — R. Permettez ; sous le toit, il y avait de vieilles paperasses ; la chaleur était étouffante ; il n'est pas étonnant que le feu se soit communiqué, et on pourrait d'ailleurs savoir de tous les habitants du quartier et des pompiers, auxquels j'ai donné l'ordre de lutter énergiquement contre l'incendie, si moi-même je n'ai pas travaillé à l'éteindre. A quatre heures tout était presque fini.

D. A quelle heure êtes-vous allé au ministère ? — R. Un employé vint me dire que le feu avait pris vers huit heures du matin, et je me hâtai de préparer mes comptes, désirant les laisser parfaitement discutables au nouveau gouvernement.

D. Pourquoi n'êtes-vous allé au ministère des finances qu'à une heure ? — R. Je ne croyais pas l'incendie dangereux, et je m'occupais à l'Hôtel-de-Ville d'organiser le service des finances.

M. le président : Permettez-moi de vous dire que l'hypothèse de l'incendie allumé par un obus est parfaitement peu sérieuse. Les Prussiens ne disaient pas autre chose chaque fois qu'un village brûlait : C'était la faute des obus.

Jourde : J'insiste sur ce fait, que jusqu'à quatre heures j'ai lutté avec les pompiers contre le feu ; je n'avais donc pas de raison de mettre le feu.

D. Où étaient les papiers de comptabilité ? — R. Au premier, dans le ministère.

D. Et vous n'avez pas pu les sauver? — R. Non, car la barricade était mal défendue, et je ne trouvai personne qui voulût m'aider à les transporter en lieu sûr; d'ailleurs, il y en avait une énorme quantité; mes comptes personnels étaient dans un portefeuille avec les pièces que j'avais jugées les plus importantes; je l'ai envoyé à l'Hôtel-de-Ville; malheureusement, il y a été perdu.

<small>AUDIENCE
Du 12 Août.</small>

M. le président : Vous avez, antérieurement aux événements qui nous occupent, fondé un service appelé « *Pipe-en-Bois*. »

Jourde : J'avais alors vingt-deux ans; nous avons fait un journal qui n'a eu qu'un numéro. C'était une plaisanterie de carnaval entre jeunes gens à propos de la pièce de *Henriette Maréchal*.

M. le président : Vous avez été comdanné deux fois pour tapage nocturne?

Jourde : Oui, par défaut, une fois à douze francs pour avoir chanté à une heure du matin dans la rue.

M. le président : Vous avez été arrêté porteur d'une somme de 8,070 francs?

Jourde : Cette somme était le reliquat de 40,100 fr. provenant des finances que j'avais dû distribuer au dernier moment aux divers membres du comité de Salut public, sur leur insistance, en présence du péril imminent auquel il s'agissait de tâcher de se soustraire.

J'aurais eu le temps de faire disparaître cette somme depuis mon arrestation, et je la remis volontairement au capitaine Ossud, dont les bons procédés me furent sensibles en cette circonstance; je lui indiquaï la provenance de cette somme.

Je déclarai qu'elle appartenait à l'État, sauf une somme de 120 fr. qui m'appartenait personnellement.

Un de mes amis avait aussi une somme de 3,100 fr. de même provenance, ce que je déclarai.

M. le président : Un nommé Dubois a été arrêté avec vous ; il avait 1,700 fr. sur lui.

Jourde : Pas 1,700 fr., 3,100 fr.

M. le président : Vous avez écrit des lettres menaçantes à la Banque ; vous maintenez que ce n'était que pour couvrir la responsabilité des chefs de cet établissement ?

Jourde : J'ai écrit une fois à M. Beslay ; une autre fois, en termes très menaçants, à la Banque elle-même. C'était le 23 mars, un jour où il y avait beaucoup d'effervescence. J'allai à la Banque avec Varlin.

Je demandai à M. Mignot, caissier, 350,000 fr. pour la solde de la garde nationale ; il me les refusa nettement. Les gardes nationaux nous entourèrent ; M. Mignot nous aida à sortir avec beaucoup de bonne volonté.

On voulut occuper la Banque ; je finis par obtenir qu'on se bornerait à une lettre menaçante que j'adresserais à la Banque.

Cette lettre, elle s'explique par les circonstances.

En définitive, j'ai défendu la Banque jusqu'à la dernière heure.

M. le président : Malgré vos fonctions, vous alliez aux séances de la Commune ?

Jourde : Oui, pour certaines questions : pour celles des échéances, par exemple.

J'eus aussi à m'occuper du Mont-de-Piété, qu'on voulait forcer à délivrer gratuitement les nantissements d'une somme inférieure à 50 fr. Il y en avait pour 9 millions.

J'ai défendu, là comme ailleurs, les mêmes principes, le respect de la propriété et des droits privés. J'obtins après une discussion de trois jours, qu'on ne délivrerait que les nantissements inférieurs à 20 francs, et seulement 5,000 par jour, au lieu de 10,000 ; qu'enfin, pour que le Mont-de-Piété pût continuer ses opérations, on mettrait à sa disposition 11,000 francs par jour. Deux jours après, le directeur du Mont-de-Piété est venu me remercier.

J'ai ainsi sacrifié à mon devoir une popularité que j'aurais facilement acquise avec l'argent d'autrui.

Quant à la Banque de France, j'ai toujours demandé qu'elle fût ménagée. A cause de ce fait, Victor Clément et Beslay insistèrent pour que ma démission ne fût pas acceptée le 3 mai. Je dois faire remarquer que, depuis cette époque, je ne fis plus partie, par le fait, de la Commune. Le 9 mai, je tentai de constituer cette minorité qui n'a cessé de lutter contre les tendances de violence de mes collègues. La scission était complète entre nous. Ce n'est pas aujourd'hui une défaillance, mais je dis quels ont été mes vrais sentiments.

M. le président : Faites venir M. de Plœuc.

M. Alexandre Marie, marquis de Plœuc, député à l'Assemblée nationale, sous-gouverneur de la Banque de France.

D. Voulez-vous éclairer le Conseil sur les réquisitions faites par Jourde à la Banque. — R. Les réquisitions directes ou indirectes ont été nombreuses. Le 23 mars, je suis devenu gouverneur provisoire de la Banque. Le 22, une réquisition de 1 million, signé Jourde, Billioray fut faite. Le mardi, un second million fut demandé, et nous les morcelâmes pour gagner du temps. Le mercredi, Jourde vint avec Varlin à la Banque. J'autorisai le paiement de 750,000 francs, conformément à l'avis du conseil, mais Jourde se retira en présence des murmures de ceux qui étaient dans la cour.

Quelques instants après, je reçus un commandement contenant ces mots :

« Affamer la population, telle est l'arme d'un parti qui (je ne puis reproduire la fin de la phrase). Si avant midi on ne nous livre le complément du million, nous ne répondons plus des mesures qui pourront être prises contre la Banque. »

J'envoyai le caissier principal prendre avis de l'amiral Saisset et du maire du premier arrondissement. L'amiral me fit dire de patienter. Je réunis le conseil et il fut décidé de payer les 250,000 francs.

Dans l'après-midi revinrent les délégués. Je leur déclarai que les 700,000 francs ne seraient pas payés, mais seulement 350,000 qui furent remis à quatre heures au délégué Jourde. Je fus le soir trouver l'amiral Saisset qui était avec les maires. On me dit ostensiblement qu'on me défendrait, mais en me reconduisant, on m'avoua qu'on ne pouvait rien faire pour moi.

Il est nécessaire que j'expose au Conseil quel était en ce moment l'état de la Banque. Elle possédait une somme de 3 milliards ; un milliard en portefeuille, un milliard dépôt de 89,000 familles, et un troisième milliard en billets de banque auxquels ne manquait qu'une griffe pour être livrés à la circulation. Les conséquences du pillage auraient été incalculables.

Les maires consentirent le lendemain aux élections : c'est ce qu'on appela la capitulation des maires. Je ne disposais que du personnel de la Banque, qui n'était à peu près que de 420 ou 430 hommes, n'ayant qu'un armement très incomplet, et à peine 20 ou 25 cartouches par fusil.

J'étais dès lors en présence de la Commune. Le lundi 27, Jourde revint et me demanda de l'argent, s'appuyant sur la nécessité d'alimenter les familles. Il me suffit, dit-il, de ceindre mon écharpe pour que les faubourgs descendent et prennent tout par la force. Je répondis que ce serait la ruine de la fortune publique.

Le 3 avril, je vins à Versailles. Je dois d'abord parler d'un homme dont je voudrais ne pas prononcer le nom. Je reçus la visite le 28 mars du doyen de la Commune, M. Beslay, qui vint me dire qu'il se trouvait dans l'impossibilité de payer les bataillons et que la Banque allait être pillée. Je répondis à M. Beslay que la Banque serait défendue; il me proposa de faire nommer un gouverneur de la Banque par la Commune, je refusai; puis je fis appel à ses sentiments élevés en lui offrant d'être mon auxiliaire pour sauver la Banque.

Il comprit et revint le lendemain avec un décret qui le nommait délégué de la Commune. C'était le 2 avril. M. Beslay, d'après ce qui fut convenu, devait se borner à connaître les rapports de la Banque avec le gouvernement légal et avec la ville de Paris.

Depuis, M. Beslay fut pour moi un auxiliaire précieux, et je restai maître à la Banque. Je déclarai qu'elle ne devrait jamais être obligée de renoncer aux formes légales de son fonctionnement. Du 5 au 21 avril, aucunes réquisitions n'eurent lieu. Sans doute, la délégation des Finances avait trouvé de l'argent ailleurs, au ministère des finances, par exemple, où il y avait 4 millions.

C'est vers cette époque que Raoul Rigault lança contre moi un ordre d'arrestation qui ne fut pas exécuté. C'est à ce moment que furent mis en péril les diamants de la Couronne. Je fus assez heureux pour amener la Commune à croire qu'ils n'étaient plus à la Banque. Je continuai à tâcher de gagner du temps en louvoyant; c'était tout ce que je pouvais faire. Il fallait, avant tout, éviter l'envahissement, le pillage de la Banque. Je dois dire que la Commune crut un moment qu'elle se fonderait définitivement, et voulut imiter les procédés des gouvernements réguliers. On me demanda les lingots qui étaient à la Banque pour battre monnaie. Je refusai d'abord, je discutai ; je rappelai que le droit de battre Monnaie n'était pas un droit communal, mais un droit régalien. Je fus forcé, au bout de quinze jours, de livrer 1,100,000 francs de lingots, qui furent frappés régulièrement, mais cette monnaie ne fut pas émise ; il y avait, sous les ordres de M. Camelinat, une administration de la Monnaie complètement instituée.

Nous arrivâmes ainsi au 11 mai. Le 12 mai, je fus averti qu'un bataillon de la garde nationale et les vengeurs de la République prenaient position rue de la Vrillière. Un commissaire de police vint pour faire une perquisition, sous le prétexte ordinaire de l'existence de dépôts d'armes. Je m'y opposai. J'envoyai chercher le délégué, M. Beslay, qui arriva bientôt et eut assez d'autorité pour faire retirer les bataillons qui s'étaient présentés. Jourde vint ensuite me déclarer que la Commune savait qu'il y avait à la Banque de France des dépôts d'armes et des personnalités suspectes. Je savais ce que cela voulait dire. Il ajouta qu'on accusait la Banque de favoriser des conciliabules hostiles. Je fis ressortir le danger pour la chose publique de toute violence qu'on tenterait contre la Banque de France, et j'indiquai que rien ne démontrait d'ailleurs qu'elle ne serait pas secourue au dernier moment, parce que dans Paris on était resté fidèle à l'ordre. L'accusé insista pour faire remplacer le bataillon des employés de la Banque par un bataillon de la garde nationale. Je refusai net : mieux valait courir tout les risques possibles. Il me demanda ensuite d'abandonner le poste extérieur. Je lui demandai le temps de réfléchir, et soit que l'accusé ait cessé d'être soumis à la pression du premier moment, soit que cette exigence eut été abandonnée par ceux qui l'avaient formulée d'abord, je n'entendis plus parler de rien.

Le 17 mai, je reçus une réquisition nouvelle ; je ne connaissais pas les détails de la lutte ; je n'avais pas de nouvelles de Versailles, tout en espérant une prompte délivrance.

Le 21 mai, je reçus une sommation, sous peine de mesures énergiques, de livrer 300,000 francs ; je dus les livrer.

Le 22 mai, nouvelle sommation pour 700,000 francs, sous peine de voir la Banque attaquée de suite. Je réduisis la somme à 200,000 francs, et je ne m'exécutai pour la totalité que sur les instances de Beslay qui me fit connaître la résolution bien arrêtée du Comité du salut public à l'égard de la Banque.

Le 23, autre pareille sommation pour la même somme de 700,000 francs, signée Jourde comme la précédente et appuyée d'un détachement. Les fédérés étaient partout aux abords de la Banque ; les barricades étaient établies. Je cédai encore 500,000 francs pour sauver le reste.

Ce fut alors que commencèrent les incendies dans Paris ; et, peu après, nous fûmes délivrés par les soldats de la France et nous pûmes relever le drapeau tricolore abaissé sur l'ordre du Comité du salut public. C'est à dater du 23 mars que j'ai reçu les réquisitions.

Jourde : Je respecte parfaitement les dépositions du témoin. N'est-il pas à sa connaissance que le 12 mai M. Beslay m'envoyait sa démission de délégué à la Banque et que c'est, sur mes instances, qu'il garda son poste ? — R. Je ne puis répondre à cette question. Je sais seulement que M. Beslay voulut, le 12 mai, donner sa démission.

Jourde : N'exprimai-je pas les regrets, ce même jour, des violences supportées par la Banque ? — R. Il y avait de cela dans son attitude.

Jourde : A combien s'élève le dommage que j'ai

causé à la Banque ? — R. La ville de Paris possédait 9,101,000 francs de comptes courants, que je donna d'abord. Je demandai à Versailles d'être couvert par une lettre ; puis, avec l'assistance de mon conseil, je livrai les sommes que j'ai dites ; en tout j'ai remis 16,610,000 francs.

M° Deschars, défenseur de Jourde : Il est fâcheux que nous soyons forcés de revenir encore sur la question de pièces originales. Dans le cas actuel nous désirerions avoir l'original des réquisitions.

M. le président: Il est certain que la violence, la menace constituent la réquisition.

Jourde: Je n'ai cessé de m'interposer pour empêcher les violences contre la Banque. Le 22 mai, on voulait envoyer deux bataillons et de l'artillerie contre la Banque. je m'y opposais encore et je m'y rendis moi-même. Je trouvai M. Mignot, qui me fit ajouter sur l'ordre de remettre 500,000 francs ces mots : « Si l'on ne remet pas cette somme, la Banque sera envahie. » Je n'ai pas hésité à donner cette déclaration. Le témoin suivant produira cette pièce.

M. le président: Comme appréciation morale de l'accusé, comment l'avez-vous trouvé ? - R. Mon opinion ressort de ma déposition. Je ne puis lire au fond du cœur de l'accusé. Ce que je puis dire, c'est que toutes les fois qu'on me demandait quelque chose, il y avait des troupes autour de moi, ou on me faisait des menaces d'envahissement par les faubourgs.

D. Il était remis un reçu chaque fois qu'on faisait une réquisition. — R. Je n'aurais rien remis sans qu'on me délivrât une pièce constatant la violence, et couvrant ainsi ma responsabilité.

Pour compléter la déposition de M. le marquis de Plœuc, nous reproduisons une pièce curieuse, la copie des notes prises, au jour le jour, par le caissier principal de la Banque.

20 mars. — Réquisition au gouverneur de la Banque, sous menace de pillage par Jourde, Varlin et plusieurs autres membres du Comité central, d'un million destiné à la solde de la garde nationale.

22 mars. — Réquisition de 300 autres mille francs.

23 mars. — Jourde et Varlin viennent demander une nouvelle somme de 350,000 francs. La Banque n'ayant pas obtempéré de suite à cette exigence, ils se retirent dans une attitude très-menaçante, la déclarant responsable des conséquences de son refus.

Dans l'après-midi et après renseignements pris sur le concours armé que la Banque pouvait attendre des gardes nationaux réunis au 1er et 2me arrondissements et sur celui que pouvait apporter le centre de résistance qu'on cherchait à organiser à l'état-major de l'amiral Saisset, au Grand-Hôtel, le conseil de régence, doutant des chances d'une lutte et ne pouvant assumer la responsabilité de la provoquer, alloue les 350,000 francs demandés. Il déclare en même temps que le Comité central devra les envoyer prendre.

A quatre heures et demie, deux individus, le sieur Faillet et un inconnu, viennent encaisser, escortés par un ou plusieurs bataillons d'insurgés, qui font une démonstration aux alentours de la Banque.

24 mars. — Le Comité central envoie demander par le même agent le complément d'un deuxième million accordé par le conseil.

27 mars. — Nouvelle réquisition. La Banque envoie son caissier principal auprès des membres du Comité pour connaître l'emploi de l'argent réquisitionné. Il est assuré par Varlin que ces fonds sont destinés à la solde des gardes nationaux.

13 Avril. — Jourde, Varlin et Amouroux sont venus réclamer très vivement les diamants de la couronne qu'ils croient déposés à la Banque.

Jourde, qui prétendait trouver la trace de ces valeurs dans la mention de certains dépôts, déclare que la Banque, en dissimulant ces diamants, fait acte politique, qu'elle cesse d'être un établissement exclusivement commercial, qu'elle ne pourra plus par conséquent, à l'avenir, bénéficier de la neutralité qu'elle réclame chaque jour.

21 Avril. — Demande d'emprunt par Jourde, qui offre en garantie des bons du Trésor. Refus de la Banque.

22 Avril. — En suite de ce refus, 2 millions sont exigés par Jourde. Il est donné 750,000 francs.

Ce même jour, le sieur Beslay, qui s'était entremis au sujet de cette demande de 2 millions, m'informe que la Commune a trouvé 500,000 francs en valeurs à la grande Chancellerie.

24 Avril. — Les ateliers de la Monnaie sont réquisitionnés par force au nom du délégué aux Finances. Le directeur en est expulsé, et Camelinat, agent de la Commune, s'approprie les matières qui s'y trouvent.

6 mai. — Assisté à un entretien entre M. Deplante, Beslay et ledit Camelinat. Le conseil autorise le monnayage de 1 million 100,000 francs d'argent fin.

8 mai. — Premier envoi de lingots à la Monnaie sur de nouvelles instances de M. Beslay, qui m'écrit qu'il s'est entendu avec Jourde relativement à cette affaire.

12 mai. — A dix heures du matin, le Comité de salut public fait investir la Banque par le 208e bataillon et par les vengeurs de Flourens. La circulation

est interdite dans les rues adjacentes. Une commission de police demande a opérer une perquisition sous prétexte d'armes cachées. Refus de la Banque d'y consentir. Avis en est donné au sieur Beslay et Jourde. Beslay arrive et déclare qu'il s'oppose à la perquisition. Après de longs pourparlers, les fédérés se retirent à midi un quart. Un de leurs deux commandants était ivre et est tombé par terre avec son cheval au moment du départ.

19 mai. — Nouvelle demande, concernant les monnaies du Trésor en dépôt à la Banque. Prétexté un rapport au conseil pour gagner du temps.

20 et 21 mai. — Craignant les exigences réitérées de la Commune, la Banque prend le parti d'enfouir de nuit l'or, les billets, les titres ; on ensable les escaliers des caves. 800,000 francs ont été demandés par Jourde.

22 mai. — Malgré la somme importante accordée l'avant-veille, il est fait dans la matinée une réquisition de 700,000 francs. La Banque consent à donner 200,000 francs.

Une réquisition complémentaire de 500,000 francs est apportée par Jourde avec menace écrite de faire attaquer la Banque, en cas de refus, par plusieurs bataillons appuyés de deux pièces de canon.

Dans le doute d'être secourus à temps et pour éviter le pillage et l'incendie, les 500,000 francs sont donnés à Jourde.

23 mai. — 500,000 francs sont encore demandés à la Banque, sous peine d'occupation immédiate. On parlemente le plus longuement possible ; mais devant l'attitude des agents du Comité de salut public, et en présence des démonstrations faites depuis deux jours autour de la Banque par les fédérés qui occupent le quartier, et, d'autre part, pour ne pas rendre inutiles les sacrifices faits antérieurement en compromettant

au dernier moment les intérêts qu'elle voulait défendre et sauver, la Banque paie ces 500,000 francs sur l'acquit d'un sieur Durand, qui a signé : contrôleur général des finances.

24 mai. — Le ministère des Finances brûle depuis hier. Dans la nuit du 23 au 24, incendie des Tuileries, consumées en quelques heures, entre minuit et trois heures du matin. A cette même heure, le Palais-Royal brûle à son tour.

Sur l'ordre de M. de Plœuc, la Banque y envoie une pompe et une escouade de maçons sous la direction du contre-maître Dupont. Des employés y vont également faire la chaîne jusqu'à l'extinction du feu. Un incendiaire surpris y jetant des matières inflammables, est arrêté par un des ouvriers de Dupont, et fusillé. Les insurgés encore en force aux environs, ont tiré sur les citoyens qui se dévouaient pour combattre l'incendie.

Pour copie conforme :
ANT. MIGNOT.

Le gouverneur,
ROULAND.

Charles-Joseph-Adolphe Mignot, caissier principal de la Banque de France : J'ai vu Jourde à la Banque lors de la première réquisition de un million faite par le comité central, signée par Assi, Jourde, Billioray.

Je reçus l'ordre de verser cette somme, et le lendemain 300,000 francs furent encore versés ; une troisième réquisition fut faite de 350,000 francs.

Le 17 avril, Jourde, Amouroux et Varlin vinrent réclamer les diamants de la couronne. On refusa : on leur donna seulement communication des livres de dépôts. Jourde menaça la Banque de lui faire perdre le bénéfice de la neutralité dont elle avait joui jusqu'alors.

Les ateliers de la Monnaie furent ensuite réquisitionnés.

J'ai vu Jourde en dernier lieu le 22 mai ; c'est alors que la Banque fut menacée d'être attaquée si elle ne payait immédiatement une réquisition de 700,000 francs.

Le lendemain, réquisition nouvelle pour la même somme ; La Banque donna encore une fois 500,000 francs ; les troupes de l'ordre n'étaient pas loin, mais le péril était encore menaçant pour la Banque.

Voici du reste, M. le président, la dernière sommation que j'ai reçue.

M. le président en donne lecture :

« Si la somme de 500,000 francs n'était pas versée, la Banque serait immédiatement occupée par la garde communale.

» 22 mai 1871.

» Signé : JOURDE. »

Jourde : J'ai écrit ces mots sur le reçu même et à la demande de la Banque, pour la couvrir.

Le témoin : Mais la menace formulée par ces mots était réelle. Du 19 au 23 mai 1871 les demandes étaient pressantes et s'élevaient au chiffre de 2,645,000 francs.

M. le commissaire du gouvernement : En trois jours ?

Jourde : en sept jours, du 19 au 25.

Le chiffre des dépenses a été par moi-même réduit d'au moins moitié. Il aurait fallu 9 ou 7 millions au moins.

M. le commissaire du gouvernement : Les sommes requises étaient-elles toutes destinées à la solde de la garde nationale ? C'est ce que nous verrons plus tard.

Jourde : Il y avait à pourvoir à des services bien divers. Le 23 mai et après le 23 on a encore payé la solde.

M. le commissaire du gouvernement : Depuis le 23 la situation de la Commune était désespérée ; on n'a pas pu, à partir de cette époque, faire des paiements réguliers ; j'étais acteur dans ce drame, et je me rappelle ce qui se passait.

M° Deschars : On n'avait plus alors de ressources normales, mais on faisait encore le paiement de la solde ; il le fallait à tout prix.

M. le commissaire du gouvernement : Le 24 il n'y avait plus un seul garde national dans le quartier de la Banque.

Jourde : Une partie des derniers fonds remis par la Banque a servi à payer diverses réquisitions dans le onzième arrondissement.

M. le commissaire du gouvernement : A quelle époque les Versaillais, puisqu'on les appelle ainsi, sont-ils arrivés à la Banque ?

Le témoin : Dans la nuit du 23 au 24 mai.

M° Deschars : Je demande que M. le marquis de Plœuc, encore présent à l'audience, soit entendu aussi à cet égard.

M. le marquis de Plœuc : A six heures et demie du matin.

M. le commissaire du gouvernement : En tout cas il est bien facile de préciser le moment de l'arrivée des troupes. Il est donc constaté que le 23 mai il était encore temps de faire des réquisitions.

Billioray : Je demande à faire remarquer que, à cette époque, je ne faisais plus partie du Comité du salut public.

M. le président : Le Comité de salut public ne signait pas toujours.

Billioray : Pardon ; quand il n'y avait pas de signatures, les ordres n'étaient pas exécutés. J'ai donné, pour moi, ma démission le 21.

M. le commissaire du gouvernement : Pardon, tant que ce fait ne sera pas prouvé, je vous rends responsable de tout jusqu'à la fin. A chaque pas on voit vos traces. Vous n'avez pas marché aux barricades, c'était une lâcheté de plus.

M° Boyer : Mais c'est là de la discussion. Un fait certain, c'est qu'après le 22 on ne trouvera pas de pièces signées de Billioray,

M. le commissaire du gouvernement : Si je discute, c'est que vous entrez vous-même dans la discussion.

Billioray : Si on trouve un ordre signé de moi après le 22, je consens à être condamné.

M. le commissaire du gouvernement : Vous n'avez pas besoin de cela.

M. le président : Savez-vous quelle est la valeur des lingots portés à la Monnaie. ?

Le témoin : On a dû fabriquer pour 1.300,000 francs de monnaie.

M. Ossud, capitaine d'état-major, dépose :

Je fus désigné pour remplir les fonctions de chef à la petite prévôté. On m'amena un nommé Roux qui avait tant de papiers sur lui que je soupçonnai quelque chose. J'envoyai chercher le concierge du n° 140, rue de Bac, prétendue demeure de cet individu. Le concierge ne le reconnut pas. Jourde, car c'était lui qui se cachait sous le nom de Roux, fit demander M. Hortus qui me dit que nous avions Jourde entre les mains. Jourde avoua son identité. Je commandai un piquet : il crut que j'allais le faire fusiller ; je lui assurai le contraire. « J'ai quelque chose à vous confier, dit-il alors, à vous seul. » Je fis sortir tout le monde. Je croyais qu'il allait me faire quelques révélations ; il n'en fut rien. Nous l'interrogeâmes pendant trois heures. Il avoua avoir fait partie du Comité central, non de l'Internationale, puis me donna de nombreux détails sur cette association. Il me dit que tous ses membres souscrivaient personnellement quand on avait besoin d'argent, la maison mère de Londres n'avait pas, au moment de l'insurrection, plus de 40,000 francs en caisse.

Il me dit avoir ainsi passé son temps : le 22 mai il serait resté au ministère des Finances jusqu'à trois heures, cherchant à éteindre le feu mis par les obus. Sur l'observation qu'il était extraordinaire qu'un feu produit par les obus fût si long à éteindre, il persista dans son dire, puis il fut à l'Hôtel de Ville. Le mercredi et le jeudi, il fut à la mairie du douzième arrondissement, puis se réfugia à Belleville. Il se réfugia enfin dans un hôtel, au 114 ou 115 de la rue du Chemin-Vert. Il y resta deux jours ; mais craignant les perquisitions, il alla demander asile à un sieur Dubois, étudiant en médecine, au 146 ou 146 *bis*, faubourg Saint-Antoine. Dubois refusa, de peur de se compromettre. C'est ainsi qu'on l'arrêta à une heure du matin rue du Bac.

Pour la question de Finances, je lui demandai d'abord avec quelle somme il était parti. il me répondit être parti le 22 avec 500 et quelques mille francs du ministère des Finances. Je lui dis que c'était peu. Il me fit observer qu'en dernier lieu il avait à peine 35 ou 40,000 hommes à payer.

Je lui demandai s'il avait reçu de l'argent des Prussiens. Il m'écouta avec une indignation non feinte, me disant « que jamais il n'aurait reçu d'argent des ennemis de la France. »

Il m'avoua les incroyables abus qui se faisaient pour la solde de la garde nationale, les chefs puisant à l'envi dans la masse. Il ajouta que 18 à 19 millions avaient été réquisitionnés à la Banque. Ses recettes provenant des impôts, contributions, étaient de 190 à 200,000 fr. par jour.

Je trouvai les dépenses plus fortes que les recettes. D'après mon compte, il y avait un déficit de 6 millions. Je ne pus tirer d'explications de Jourde. Alors se passa un fait singulier qui sauva sa vie.

Un officier, craignant que je me laissasse aller à l'indulgence, fut prévenir le maréchal Mac-Mahon que je tenais Jourde. Ordre me fut donné de le livrer; mais dans l'intervalle, on fit suspendre toute exécution.

Jourde a eu, à son second interrogatoire devant le chef de la police municipale auquel j'ai assisté, une attitude remarquable de calme, et je lui ai trouvé une franchise dont il a été seul à faire preuve de tous les membres de la Commune. Il m'a remis avec une bonne grâce parfaite, les fonds qu'il avait sur lui à la première question que je lui ai adressée à cet égard. Je dois constater que sa tranquillité et sa bonne allure ne se sont pas démenties un seul instant.

Quant à Dubois, secrétaire de Jourde, celui-ci m'a toujours dit qu'il n'était pour lui qu'un instrument complètement passif, ce que je suis porté à croire; Jourde ne paraissait pas savoir exactement combien d'argent il avait donné à Dubois, et j'ai seulement su que celui-ci avait refusé de se dessaisir de cet argent parce qu'il appartenait à l'État.

Jourde : Je n'ai pas nié hier mon identité à M. Hortus, dont j'étais l'ancien élève ; je m'attendais à être fusillé dans quelques minutes, et je voulais solliciter par son entremise la permission d'écrire à ma mère,

Le témoin : Je n'ai pas assisté à son entrevue avec M. Hortus, mais je pense qu'il espérait que M. Hortus, dont la sensibilité était très grande, chercherait à le sauver, mais M. Hortus est resté fidèle à son devoir.

Je ne puis que répéter que son attitude, une fois qu'il a été arrêté, a été excellente.

On entend ensuite les témoins à décharge : le premier est le sieur Bourbier ; il dépose : La conduite de Jourde était excellente pendant le siège, et, d'après ce que j'ai ouï dire, il s'était fait beaucoup d'amis. Je n'ai pas suivi sa conduite à la Commune, mais sa vie privée a été la même, son ménage aussi modeste qu'auparavant. Sa maîtresse avait vécu pendant le siège des trente sous que Jourde lui rapportait comme garde national, et sa petite fille a continué, lorsqu'il était à la Commune à fréquenter l'asile des pauvres. Sa conduite a toujours été exemplaire. J'étais à même de voir de près la vie privée de Jourde ; j'étais son plus proche voisin.

Dubois, étudiant en médecine.

D. Vous étiez secrétaire de Jourde ? — R. Oui.

D. Jourde vous a remis de l'argent ? — R. Oui, monsieur le président.

D. Il ne vous a pas dit d'où provenait cet argent ? — R. Non, monsieur le président.

Trégali, entendu à titre de renseignements, donne quelques détails sur l'incendie du ministère des Finances.

D. A quelle heure êtes-vous allé au ministère ? — R. Une première fois le matin, à dix heures ; puis dans l'après-midi, vers deux heures, où on me força à faire la chaîne.

D. A quelle heure l'incendie le plus important a-t-il éclaté ? — R. Au moment où la barricade a été abandonnée. Le premier, moins important, avait été mis par un obus.

M. le président : Le fait n'est pas impossible.

Rey, restaurateur : Jourde prenait chez moi ses repas lorsqu'il était à la délégation des Finances. Voici la note de ses dépenses ; elle n'était pas considérable.

M. le président : Du 16 avril au 24 mai, cette note porte 224 francs. Ce n'est pas énorme.

Le témoin : Non, pour déjeuner et dîner. Les autres membres de la Commune qui venaient chez moi ne se traitaient pas mieux.

M. le président : Vous avez vu l'incendie du ministère ?

Le témoin : Je ne sais que peu de choses ; j'ai vu l'incendie ; j'ai vu aussi les pompiers qui ont travaillé toute la journée du lundi. Le feu a duré dix jours. Etait-ce un autre incendie ou la suite du même ? Je ne sais. Je ne pouvais guère sortir à cause des obus.

AUDIENCE
Du 13 Août.

M. le président : M. de Plœuc demande à se faire entendre de nouveau.

M. de Plœuc : J'ai demandé à venir de nouveau devant le Conseil, voici pourquoi :

Je me suis trompé relativement à l'amiral Saisset. J'avais dit que l'amiral Saisset m'avait déconseillé toute résistance. On ne le trouva pas d'abord chez lui ; ce n'est que le soir que j'eus avec l'amiral la conférence que j'ai racontée.

Puisque je suis là, je dirai que la Banque est à l'abri d'un coup de main et que le canon même ne ferait qu'augmenter les difficultés. Elle est aussi à l'abri de l'incendie.

M. le président : Accusé Jourde, pour terminer votre interrogatoire, je vais vous faire quelques questions générales : Vous êtes accusé d'attentat contre le gouvernement et j'y joindrai d'excitation à la guerre civile.

Jourde : Il ne peut y avoir attentat, puisqu'il n'y a pas eu complot. Il y a eu, à mon avis, deux directions dans le comité central ; je n'ai pas à discuter ici l'une ou l'autre de ces directions. Je ne sais si nous étions des partisans, mais j'ai toujours cru que nous étions le grand conseil de famille de la garde nationale. Par ma jeunesse, par ma famille, par mes relations, je puis affirmer que je n'ai jamais été un homme politique, je ne me suis jamais considéré absolument que comme un simple administrateur.

M. le président : Vous êtes accusé d'avoir, en payant la solde aux troupes levées contre l'autorité légitime, facilité la levée et l'entretien des dites troupes.

M. le commissaire du gouvernement : Les développements que l'accusé pourrait avoir à donner viendront dans la discussion.

Jourde : Je répondrai brièvement; j'ai payé la solde de la garde nationale pour éviter dans Paris d'immenses malheurs.

M. le commissaire du gouvernement : Les décrets de levée des troupes insurrectionnelles émanent de la Commune : tous les membres en sont responsables.

Jourde : Je ne saurais être responsable de ce que la majorité d'une assemblée, dont je faisais partie, a décidé contre mon opinion.

M. le commissaire du gouvernement : Il fallait donner votre démission.

Jourde : Je l'ai donnée le 3 mai. Jusque-là, j'ai cru devoir rester à mon poste, tant que j'ai cru rendre des services à la délégation des Finances.

M. le commissaire du gouvernement : En ce qui concerne les pièces comptables des Finances, pourquoi ne les avez-vous pas sauvées ?

Jourde : Mon devoir était de les laisser au gouvernement qui nous succéderait, une fois que tout danger du côté de l'incendie serait passé.

M. le président : Pourriez-vous fournir un état exact de votre gestion ?

Jourde : J'ai dressé un bilan le 3 mai, et j'avais réuni, et envoyé à l'Hôtel de Ville, toutes les pièces justifiant ma gestion qui ont malheureusement péri.

M. le président : Vous êtes accusé de destruction d'édifices publics et d'usurpation de fonctions publiques.

Jourde : J'ai regretté, au moment où elle se produisait, la démolition de la colonne qui rappelait nos anciennes gloires. Quant à la maison de M. Thiers, j'ai complètement désapprouvé le décret qui en ordonnait la destruction ; d'ailleurs, cette mesure a été l'œuvre du Comité de salut public seul.

M. le commissaire du gouvernement : Qui était une délégation de la Commune.

M. le président : Vous êtes accusé d'avoir participé à des arrestations et sequestrations arbitraires, et de vous être rendu coupable d'assassinat.

Jourde : Ma réponse est dans mes actes qui doivent, ce me semble, me justifier de toute participation à des assassinats et à des crimes que je déplore autant que personne.

M. le président : Vous êtes accusé de bris de scellés et de détournement de deniers publics ?

Jourde : J'ai déjà eu l'honneur de dire au Conseil que c'est moi qui ai fait mettre, dans l'intérêt même des employés qui en avait la garde, sur les caisses du Trésor, les scellés qu'on m'accuse aujourd'hui d'avoir brisés. Sur le détournement, je m'en réfère aux explications que j'ai données précédemment. Au premier interrogatoire régulier que j'ai subi, j'ai remis le solde que j'avais entre les mains.

M. le commissaire du gouvernement : Et la distribution d'argent que vous avez faite à vos camarades, était-elle normale aussi ?

Jourde : Elle est régulière comme le reste de mes actes. Ils sont tous irréguliers en ce sens que le gouvernement d'alors lui-même, était irrégulier; mais, à un autre point de vue, j'espère avoir démontré que ces actes sont irréprochables. J'ai tâché de rendre des services, je crois en avoir rendu, et j'espère qu'on le reconnaîtra plus tard.

M. Ossud : Je tiens à rectifier un fait, M. Jourde ne m'a pas remis spontanément l'argent qu'il avait, mais seulement sur ma demande.

J'ajouterai qu'il me dit que son intention était de passer en Amérique.

M. le président : Vous aviez sur vous 500,000 fr. ?

Jourde : Oui, monsieur le président. Je rectifie ce fait : M. Ossud insistait fort sur les chiffres, et je déclare bien sincèrement que je donnerai tous les chiffres, et qu'il est impossible qu'on trouve la moindre opposition dans mes déclarations.

L'accusé reprend ensuite les détails déjà donnés avant-hier à l'audience.

M. le président : Il serait mieux d'établir ces comptes et de nous les présenter.

Jourde : Parfaitement. Je ferai remarquer, quant à l'argent, que j'aurais pu le remettre à l'un de mes codétenus.

Le témoin : Ce n'était pas possible ; car probablement personne n'aurait voulu prendre sur lui cette somme compromettante.

Jourde : Je pouvais toujours m'en débarrasser ; mais je n'ai pas voulu, car elle appartenait à l'État.

M. le président : Connaissiez-vous un capitaine Robert ?

Jourde : Oui, je sais que le capitaine Robert du 106ᵉ bataillon postulait pour le grade de commandant et il fut question de savoir s'il défendrait, quoiqu'il arrivât, la République. Il me parut pivoter ; je lui dis que je n'étais pas comme lui toujours du côté du manche et qu'on devait défendre la République.

M. le président : Il y a eu plusieurs délégués aux Finances ?

Jourde : Oui, Varlin d'abord, puis moi ; je restai ensuite seul jusqu'au 20 mai.

**AUDIENCE
Du 20 Août.**

Edouard Marie, chef aux Finances.

M. le président : Qu'avez-vous à nous dire sur la caisse des Finances? — R. J'étais le 18 mars aux Finances quand eut lieu l'invasion par la garde nationale. On nous demanda : « La caisse doit être en règle. » Nous proposâmes de montrer la situation, mais seulement en présence des agents du contrôle. M. Jourde s'opposa formellement à la pose des scellés, et on se contenta de faire l'inventaire des sommes évaluées à 4.730,000 francs.

Ces messieurs paraissaient ne se soucier que du service du paiement de la garde nationale. Le lendemain nous fîmes le vide, pensant bien que notre place n'était pas là où on forçait les caisses du Trésor. Nous apprîmes qu'à bout de ressources, les délégués avaient fait prendre l'argent en caisse.

D. Alors, pendant la première journée, on n'a pas pris l'argent ? — R. Non, M. Jourde fut le premier à s'y opposer, mais plus tard nous apposâmes nous-mêmes les scellés pour notre propre garantie. Je passe au fait d'incendie.

D. Vous y êtes revenu de bonne heure? — R. Le 23 mai, je rentrais à Paris à quatre heures du soir, je ne pus pénétrer aux Finances que le lendemain, grâce au général Vergé, qui me donna, sur ma demande, vingt hommes pour éteindre le feu du ministère. Je trouvais deux ou trois employés subalternes déjà occupés à sauver le Grand-Livre. Je me plais à leur rendre un public témoignage, ce qui était fait à onze heures. Et qu'il me soit permis de dire ici qu'à supposer même que le Grand-Livre fût brûlé, il nous serait possible de le reconstituer, et que tout ne serait pas perdu ; il en résulterait tout au plus un retard de paiement.

Le Grand-Livre ayant été jeté par la fenêtre, je circulai dans plusieurs pièces du ministère, et je puis affirmer que le feu n'a pas été mis par un obus, mais qu'il y a été apporté. On versait le pétrole partout.

D. Et le concierge du ministère du côté de la rue du Mont-Thabor a pu mettre de côté trois tonneaux ayant contenu de ce liquide.

Le témoin: Nous avons aussi trouvé des foyers d'incendie non allumés, et dans quelques armoires préservées de l'incendie, des valeurs considérables appartenant à divers particuliers. A midi, le 24, on pouvait encore circuler facilement dans le cabinet du ministre.

Ne sentait-on rien ? — Si, le pétrole comme partout. Je puis ajouter que tous les documents ont été sauvés, je dis ceux qui se trouvaient dans le cabinet du ministre ou dans celui du secrétaire-général. Je puis affirmer que le copie de lettres de M. Jourde a été transporté à Versailles, on pourrait le retrouver facilement. Le cabinet avait été quitté si précipitamment que sur le canapé était une tunique qu'on paraissait avoir abandonnée au dernier moment. Le lit était à neuf heures du matin encore tiède.

D. Quand le feu a-t-il pris ? — Je n'estime pas qu'il ait été mis avant midi.

Mais puisque vous y étiez, ce sont donc des gens qui vous entouraient qui ont propagé l'incendie? — R. Pardon, le feu venait par le haut, il couvait depuis longtemps.

D. Savez-vous si on avait mis des matières incendiaires ? — R. On citait les corridors de l'enregistrement qu'on avait enduits de pétrole. Des bombes incendiaires étaient mises sur les toits et éclataient à mesure que la flamme montait. On avait assurément préparé tout cela de longue main, car les tuyaux des pompes étaient crevés.

D. — Les pompiers ont bien cherché à éteindre le feu ? — R. Le colonel des pompiers était là, mais les bombes qui éclataient rendaient tout travail impossible; enfin on arrivait à si peu de résultats que je me demandais s'ils n'excitaient pas eux-mêmes le feu.

D. C'étaient des pompiers de Paris ? — R. Du moins ils en portaient l'uniforme. Je regrette bien de n'avoir pu sauver les pièces de la comptabilité de l'administration de la Commune. On nous accuse d'aimer la paperasserie, mais on aurait pu voir que le gouvernement qui avait la prétention de nous remplacer a fait plus de paperasses et d'écritures dans quelques jours, pour le paiement de la solde de la garde nationale, que nous n'en eussions fait nous-mêmes pendant trois ans pour payer tous les employés.

D. (à Jourde) : Vous avez dit que c'était vous qui aviez fait apposer les scellés ?

Jourde : Oui, et je le maintiens. (Jourde répète les explications déjà données par lui sur le double incendie du ministère). J'ignorais, ajoute-t-il que mon copie de lettres eût été sauvé.

M. le président, au témoin : Comment se fait-il qu'on ne nous l'ait pas remis ? Cela ne peut guère s'expliquer. Qu'étaient ces valeurs trouvées au ministère ?

Jourde : Je suis heureux de pouvoir renseigner le Conseil à ce sujet : Il y avait environ 30 millions appartenant à M. D.... C'étaient des actions de chemins de fer espagnols, des titres et autres papiers. Je les gardai en sûreté dans ma chambre et fus heureux de les sauver ainsi.

De plus, je dois dire qu'il y a une erreur dans le rapport me concernant.

M. le président : Ce n'est que le rapport du rapporteur.

Jourde : Voici, en attendant, ce que j'ai trouvé : 1° 14 millions de bons du Trésor ; 2° dans le portefeuille,

200 à 220 millions de titres qu'on a dû retrouver, car je n'ai rien touché.

D. N'avez-vous pas reçu 6 millions de Londres ?

R.— Cela n'a jamais figuré au ministère. J'ai d'ailleurs demandé à cor et à cri une enquête à cet égard. Je n'ai pas reçu un sou d'Angleterre.

Le témoin : Je ne voudrais pas que ma déposition fût en quoi que ce soit défavorable à M. Jourde.

Joseph-Charles-Adolphe-Mignot, caissier principal de la Banque.

M. le président : Je voulais vous questionner sur la nature des sommes que vous donniez à la Commune.

— R. C'était habituellement en petits billets que nous payions ; mais on rechangeait ensuite au dernier jour, on payait en gros billets.

D. Il était impossible probablement de changer ces billets dans Paris ? — R. Parfaitement impossible.

D. (à Jourde) : Qu'avez-vous à dire à cela ?

Jourde : On a payé jusqu'au dernier moment la solde. J'étais habituellement témoin du paiement. Quant à la difficulté de changer les billets, comme dans beaucoup d'arrondissements les boutiquiers continuaient leur commerce, on pouvait trouver à faire le change.

Le témoin insiste sur ce fait que la Banque n'a cédé qu'à de nombreuses réquisitions.

Jourde : C'est vrai, on a menacé souvent la Banque ; mais en prenant 45 millions, j'ai sauvé plusieurs milliards. (Dénégations dans l'auditoire.)

Gustave Caille, sous-chef aux Finances.

M. le président : A quel moment êtes-vous entré au ministère ? — Le 24 mai. A ce moment le feu n'était que dans les combles, du côté de la rue du Luxembourg. J'ai pu pénétrer au deuxième étage, où étaient les bureaux du Grand-Livre, et il n'y avait pas encore de flammes. Les traces de l'incendie s'arrêtaient au bureau du chef de la Dette inscrite, dont les meubles seulement étaient atteints.

D. Y avait-il quelque odeur ? — R. Non, je ne l'ai pas remarqué; je n'ai vu qu'un certain désordre.

D. Combien de temps y êtes-vous resté ? — Environ 25 minutes.

D. Que savez-vous des suites de l'incendie? — R. Je revins quelque temps après. Le deuxième étage était la proie des flammes. J'ajouterai que dans le cabinet de Jourde il y avait beaucoup d'allumettes répandues contre la porte.

AUDIENCE
Du 21 Août.

M. le président, à Courbet : Pourriez-vous nous dire ce qu'est devenue la grande statue d'argent, qui avait six pieds de haut, donnée à l'Empereur après la paix de Tilsitt ? — R. Elle a dû être enlevée par les hommes de l'empire.

D. Vous n'avez pas eu connaissance qu'elle ait été portée à la Monnaie? — R. Je suis allé voir aux Tuileries, je ne l'ai pas trouvée. C'est l'Empire qui a dû l'enlever. Il y avait aussi une statue du Prince Impérial que je n'ai pas retrouvée.

M. le président : L'Empire n'a rien enlevé.

D. (à Jourde). Je voudrais avoir quelques explications au sujet de trois reçus, de 3,000 francs chaque, acquittés par l'accusé Ferré ?

Jourde : Les dépenses des derniers jours avaient trait au paiement des employés. On vint me demander, dans les derniers jours, 31,000 francs pour les employés de la sûreté. Ne pouvant donner cette somme, vu mes ressources limitées, je remis un tiers.

Ferré : Et j'ai donné des reçus de cette somme. Le caissier, quand la préfecture était dans un état normal, me donnait chaque soir un état de la caisse, et quand il y avait nécessité à demander quelque argent, je le faisais demander à M. Jourde.

Jourde confirme ce fait.

Jacques Jean, sapeur-pompier de la ville de Paris.

M. *le président* : Vous avez été au ministère des Finances, jusqu'à quand ? — R. Le 21 jusqu'à sept heures du soir. Le feu était presque éteint.

D. Quand le feu a-t-il recommencé ? — R. Je ne sais, j'y suis revenu le 23.

D. Qu'avez-vous trouvé ? — R. Des bouteilles vides. On disait qu'il y avait eu des matières inflammables.

D. N'y avait-il pas de jeunes pompiers parmi vous ? — R. Oui, ils vinrent des Batignolles et mirent leur pompes à côté de nous.

D. Les tuyaux étaient crevés n'est-ce pas ? — Oui, mon colonel.

D. Vous ne savez pas qui en avait donné l'ordre ? — R. Non.

D. Vous n'avez pas su qu'il était défendu de sortir sous peine de mort ? — R. Non j'étais de la caserne de la rue Blanche.

D. D'ailleurs, nous avons une foule de témoins qui le prouveront.

Me *Bigot* : Enfin, les pompiers ont été les premiers à être pour la Commune ?

M. *le commissaire du gouvernement* : Qui dit cela ? Il y a toujours de mauvais drôles dans les corps.

Me *Bigot* : Le cadre des officiers a été complètement réorganisé.

M. *le commissaire du gouvernement* : Oui, on a nommé tous ceux qui avaient fait cause commune avec l'insurrection.

Me *Bigot* : Nous pourrions établir ce que nous avançons.

Jourde : J'ai reçu l'acte d'adhésion à la fédération des pompiers. On m'envoya aussi le registre de la solde. Quant aux bouteilles vides trouvées au ministère, ce fait n'a aucune importance, c'était pour boire que les hommes les y avaient portées.

D. Mais les tuyaux des pompes du ministère étaient crevées, les réservoirs vides.

Jourde : Tout cela était ainsi depuis le 18 mars.

M. le président : On me fait passer une note de laquelle il résulte que les officiers durent partir, sous menaces de mort, et qu'alors la Commune en fit nommer d'autres.

Assi : Les pompiers étaient faits pour éteindre les incendies et non pour faire un service militaire.

M. le président : Nous entendrons probablement des officiers qui nous donneront des détails à l'égard des poursuites dont ils ont été l'objet.

(Au témoin) : Avez-vous senti les bouteilles vides ? — R. Oui, ça sentait le pétrole.

D. En effet, de l'avis des personnes compétentes, le feu sortait du bas jusqu'en haut, au lieu de sortir par les fenêtres, ce qui prouve surabondamment la présence de matières inflammables.

Jourde : Pardon, le 22, les flammes sortaient d'une façon très normale.

M. le président : Il s'agit aussi du deuxième incendie (à Mᵉ Bigot) : Nous avions parlé au commencement de l'interrogatoire du sulfure de carbone. On parvient à faire avec lui une combinaison chimique qu'on appelle le « feu fenian. » On s'en sert en Irlande pour propager les incendies. Il faudra vous expliquer sur ce fait.

Mᵉ Bigot : J'ai une consultation de deux chimistes que j'ai fait imprimer et que je remettrai au Conseil. De plus, voyez le texte du décret du Comité de salut public, et remarquez quelle en est la date. Jusqu'à un certain point ils prétendaient répondre à un discours de M. Thiers, du 24 mai.

Le défenseur lit ensuite le passage suivant de ce discours :

« Ce n'est pas le peuple, le vrai peuple qui incendie

les palais, les statues, qui égorge à Paris, qui verse le sang.

» C'est la multitude, c'est cette multitude confuse de vagabonds dont on ne peut saisir ni le domicile ni la famille ; si remuant qu'on ne peut les saisir nulle part, qui n'ont pas su créer pour leur famille un asile appréciable ; c'est cette multitude de vagabonds que la loi a eu pour but d'éloigner. »

M. le président : Mais c'est l'avis de tout le monde, c'étaient des vagabonds.

Me Bigot : On n'est pas vagabond quand on a sa carte d'électeur.

M le commissaire du gouvernement : On a abusé de ces cartes d'électeur.

Georges Gligeon, caporal aux sapeurs-pompiers de Paris, à la caserne du Louvre.

M. le président : Qu'avez-vous vu au ministère des Finances ? — R. J'ai trouvé partout du pétrole.

D. Il y en avait sur les tables ? — R. Oui, et sur des papiers.

D. Vous avez constaté que les réservoirs étaient vides ? — R. Oui, mon président.

D. Vous y étiez le 22, lors du premier incendie ? — R. Non, seulement au déblayage.

D. Vous avez dit que le concierge avait mis du pétrole dans les pompes ? — R. Oui, c'est le concierge du Louvre qui me l'a dit.

D. Avez-vous entendu dire qu'il vous fût défendu de sortir sous peine de mort ? — R. Non, mon président.

RÉQUISITOIRE DU COMMISSAIRE DU GOUVERNEMENT.

Loin d'admettre la moindre part de responsabilité dans les crimes de la Commune, Jourde a la prétention d'avoir bien mérité de la patrie.

Laissant de côté les charges si graves qui pèsent sur lui comme membre du gouvernement insurrectionnel qui a mis la France et la société en péril, il emploie tous ses moyens et son éloquence à vous prouver l'intégrité de sa gestion financière.

Malheureusement, il n'a oublié qu'une chose, c'est de conserver, pour vous les produire, les pièces probantes de son administration. Elles n'auraient pas tenu sous son gilet, plus de place que les billets de banque qu'il y avait cachés.

Les chiffres qu'il vous apporte sont tout à fait imaginaires et je n'abuserai pas de vos moments pour les discuter. Je me bornerai à faire ressortir les contradictions flagrantes de ses diverses narrations.

La plus grossière est celle qui a trait à l'emprunt forcé qu'il a fait à la Banque. Il en a évalué l'importance, dans ses interrogatoires, à 20 millions, tandis que MM. de Plœuc et Mignot déposent que la Banque ne lui a compté que 16 millions 691 mille francs.

Il a extorqué cette somme sous la menace et la violence; les déclarations des témoins sont précises à cet égard.

Du 19 au 22 mai, en trois jours, il a exigé la remise de 2 millions 650,000 francs.

Et il a l'audace de vous en expliquer l'emploi par des distributions régulières de la solde des fédérés, qu'à ce moment l'armée française refoulait en désordre devant elle!

L'accusé avoue qu'il a distribué en partie cette somme à ses complices. Changeons les termes et disons que ces dernières réquisitions ont procuré à la majorité des chefs de l'insurrection les moyens de se soustraire à votre justice.

L'accusé avoue d'ailleurs le désordre de son administration quand il déclare qu'il payait aux bataillons des sommes calculées sur un effectif six fois plus considérable que le nombre de présents. Il vous a di lui-même que des bataillons de deux cents hommes percevaient pour douze cents.

Ces faits ne constituent-ils pas le pillage et la dilapidation des fonds publics dont il a été témoigné devant vous?

Ce n'est pas, d'ailleurs, le 18 mars que Jourde a débuté dans la voie du désordre.

Pendant le siège, il a fait partie des comités dont la fusion a créé le Comité central, et il y a joué un grand rôle, ainsi qu'en témoignent les pièces de son dossier.

En février et au commencement de mars dernier, secrétaire du Comité central, quoiqu'il en dise, il convoquait les délégués et prononçait des discours dans lesquels il déclarait l'armée destructive de toutes les libertés et devant être bannie de Paris.

Il a signé des actes et décrets du Comité central proclamant la révolte contre le gouvernement régulier.

Il prétend qu'il n'y a pas d'attentat, puisqu'il n'y a pas eu complot.

Mais il a été un des instigateurs du complot sourdement ourdi dans les comités d'arrondissement, pendant le siège, poursuivi par le comité central et éclatant au 18 mars.

J'ai établi, pour lui comme pour les autres membres de la Commune la complicité dans les crimes commis pendant l'insurrection. Je n'y reviendrai pas.

Mais il y a un chef d'accusation particulier à sa charge, le bris de scellés et le détournement des fonds publics.

Le bris de scellés est constant, mais je crois que, pour le chef de détournement invoqué contre lui, en qualité de comptable, l'article 169 n'est pas applicable.

L'appliquer, ce serait reconnaître la légalité des onctions qu'il a usurpées.

Mais le bris de scellés étant constant et ayant eu pour objet le vol, c'est de l'article 253 dont je demande l'application. Cette appréciation rentre parfaitement dans les faits incriminés par l'ordre de mise en jugement.

En conséquence, je prie le Conseil de répondre négativement sur le chef d'accusation de soustraction des deniers publics dont il était comptable; et, en même temps, je prie M. le président de poser, comme résultant des débats, la question subsidiaire de vol commis à l'aide d'un bris de scellés, prévu par l'article 253, sans préjudice des autres chefs d'accusation.

« Ce droit rentre dans les attributions du Conseil. » (Page 339, Foucher).

Vous avez entendu hier la déposition de M. Marie, qui se résume ainsi : Jourde s'est opposé à l'apposition des scellés qui a été faite par des agents du Trésor.

L'incendie a été allumé au deuxième étage, dont les cloisons et le plafonds étaient intacts le 24 au matin.

Le seul bâtiment préservé ne renfermait rien de précieux.

Il y avait dans l'appartement occupé par l'accusé quantité de bouteilles et de boîtes à cigares vides.

On a pu sauver le 24 au matin les documents importants renfermés dans le cabinet du ministre et du secrétaire général.

Enfin l'incendie avait été préparé de longue main : les réservoirs étaient vides et les tuyaux crevés. On avait employé pour l'alimenter le pétrole et les bombes incendiaires.

M. Mignot a répété devant vous les menaces de Jourde à chaque réquisition. Il vous a fait observer que la somme de 2,650,000 francs, extorquée en trois jours, du 19 au 22 mai, ayant été payée en billets, n'a pu être employée à la solde de la garde nationale, à cause de l'impossibilité de la transformer en argent.

Enfin, je trouve trois bons de 3,000 francs signés Ferré, perçus, le premier le 22 mai, le deuxième et le troisième le 23, avec le vu « bon à payer. » Signé : Jourde.

(Lecture des pièces.)

M. le président : La parole est à M⁰ Carraby, défenseur de Jourde.

M⁰ Caraby, s'exprime en ces termes :

Messieurs du Conseil,

Le 22 mars il y eut une tentative à la place Vendôme; vous savez comment elle fut accueillie. J'étais de ceux-là. Le soir, les troupes de la garde nationale attendaient leur mot d'ordre de l'insurrection.

Le défenseur parle ensuite des antécédents honorables de Jourde. Il a fait son devoir pendant le siège et il ne peut être rendu responsable des atrocités de la Commune, parce qu'il ne les a en aucune façon provoquées ni soutenues.

Depuis le jour où l'insurrection communale a éclaté jusqu'au jour où notre pays aura reconquis sa force et son prestige, il y a trois étapes à parcourir, trois œuvres à accomplir,

La première œuvre, elle a été accomplie par notre armée, et quelle œuvre ! Je ne saurais trop admirer et remercier ces braves gens qui ont eu dans la guerre tous les sacrifices à supporter. Il y a quelque chose de plus respectable que le courage heureux, c'est le courage malheureux. Et quand, revenus de la captivité, nos soldats pouvaient espérer rentrer paisiblement dans leurs foyers, il leur fallut se battre, et se battre contre des Français ! Jamais armée ne mérita plus la reconnaissance publique. Ce fut l'œuvre de la délivrance : c'est le passé.

L'œuvre de l'avenir, ce sera celle de la résurrection morale. Il y a des ruines plus douloureuses que celles que nous voyons à Paris, ce sont les ruines que le désordre des idées a jeté dans les cœurs et les esprits. Voilà celles qu'il faut relever ! Il faudra du temps, bien du temps. Il faudra que l'instruction coule à pleins bords et nous inonde comme une bienfaisante lumière ! L'esprit révolutionnaire, ce n'est pas avec des lois répressives qu'il faut le combattre ; il faudra qu'à l'exemple de ces grands peuples libres, comme l'Angleterre et l'Amérique, nous apprenions à respecter ce qui est respectable et à ne pas confondre avec la sainte liberté les excès de la licence. Ce sera l'œuvre de l'avenir.

Mais entre ces deux œuvres, il en est une sans laquelle la délivrance serait incomplète, sans laquelle une résurrection morale ne saurait se faire, c'est l'œuvre récente, c'est l'œuvre de justice c'est la vôtre.

Ah ! j'entends les clameurs de la foule, ces impatiences toujours les mêmes. On ne raisonne pas. Il faut du sang. Qu'importe juger, il faut condamner. Dangereuses paroles ! C'est surtout dans les époques de trouble qu'il faut faire la part de chacun. Un grand magistrat, Henrion de Pansey, qui lui aussi avait vécu dans des moments de trouble, appelait les défenseurs ses collaborateurs, car sans eux, disait-il, sa tâche était impossible.

Qu'est-ce que je viens vous demander ?

De la pitié ? non !

Ni colère, ni pitié ; de la justice, c'est-à-dire de faire à chacun sa part !

Comment ai-je été amené à cette audience ?

On se demande parfois, avant de nous avoir entendus, comment nous sommes venus au milieu de ces longues affaires accepter une place ?

Est-ce le vain bruit, le retentissement ?

Un pareil motif serait triste ; ce ne sont pas d'aussi misérables motifs qui doivent vous entraîner.

Un jour, une femme frappe au cabinet d'un avocat : c'est une femme en pleurs. Vous vous faites dur, vous la repoussez. Ah ! on ne saurait croire ce qu'il y a de persuasif dans les larmes d'une mère ! Vous ne voulez pas vous laisser toucher ; vous refusez ! Elle supplie, elle ne vous demande qu'une chose : entendre son fils ! Comment lui refuser ?

C'est ainsi que je vis Jourde, ne voulant pas le défendre.

J'arrivai dans sa cellule; je l'interrogeai. Je vis cette nature droite, intelligente ; je ne vis point un déclamateur vaniteux; il reconnaissait ses fautes, mais il protestait contre les crimes qu'on lui imputait. Enfin, il me demanda de venir devant vous éclairer vos esprits et vos consciences. Il me dit : Soyez mon juge ! »

Dans ces conditions, comment refuser ? En quelque sorte avocat d'office, comment pouvais-je refuser à un homme contre lequel se dressait une peine capitale, à un homme qui ne craint pas la mort, de venir le défendre, et qui me suppliait de dire tout ce que je pense, rien que ce que je pense. Nous avons aussi notre courage ! Il y a souvent dans les ardeurs de l'opinion une sorte de violence morale que nous devons subir. Nous ne devons pas craindre de remonter un courant.

L'intelligence de Jourde m'a frappé. Les larmes de sa mère m'ont touché. J'ai consenti à devenir à la fois son juge au premier degré et son défenseur. J'ai vu ces débats avec un esprit impartial, n'étant aveuglé par aucune passion. Me suis-je trompé dans ce portrait que je vais vous faire de mon client, dans la part que je lui attribue ? Ecoutez et jugez :

Jourde a vingt-huit ans. Avant le 18 mars, qu'était-il? Il est bon d'interroger ses antécédents ; dans tout procès, c'est la marche logique. Le juge fait toujours la part des entraînements de l'irréflexion. Vous ne pouvez sainement apprécier ces faits sans songer au désordre d'idées sous lequel nous vivons. D'abord une théorie terrible, qui a engendré une foule de maux, s'est répandue à la tribune, dans les livres, dans les journaux, c'est la théorie révolutionnaire. Elle est écrite partout. De même que le premier roi fut un soldat heureux, il semble que toute insurrection trouve sa morale dans le succès. Aussi, au milieu du chaos des idées contradictoires, l'appel aux armes a-t-il été considéré comme l'*ultima ratio* des partis... Terrible théorie qu'il faut proscrire à jamais! Mais que d'esprits l'ont professée! Que de livres ont légitimé la Révolution!

De même que, dans les procès ordinaires, on tient compte du milieu dans lequel a vécu l'accusé, il faut tenir compte de ces excitations du siècle.

Comment a-t-il vécu? A-t-il été un de ces sectaires farouches, un de ces bas adulateurs de la démocratie, courtisans mille fois plus tristes que les courtisans des pouvoirs absolus?

Mᵉ *Carraby* discute ensuite la question de solidarité : elle ne peut, dit-il, exister dans les actes de la Commune. Cela n'a-t-il d'ailleurs pas été jugé? N'a-t-on pas vu un membre de la Commune ne pas être compris dans les poursuites? Pour qu'il y ait solidarité, il faudrait qu'il y eût un programme, un but déterminé, et cela n'a jamais existé; il n'y a eu qu'une collectivité : les uns portés malgré eux au gouvernement, comme Beslay, les autres ayant cherché à en faire partie sans connaître ses tendances.

Eh bien! il n'y a pas eu solidarité parce qu'il n'y a pas eu gouvernement. Paris a été livré à l'anarchie, c'est l'anarchie qui a gouverné Paris.

Jourde arrive au ministère des Finances. Comment y arrive-t-il? C'est un homme intelligent, je n'ai pas besoin de le prouver. Croyez-vous qu'un homme comme lui, ait pu se tromper un seul instant? Il a vu assurément qu'on était dans le chaos, dans un gâchis dont on ne pourrait sortir. Il arrive, non comme un ministre, mais comme un pauvre petit employé. Ce délégué aux Finances dépense 224 francs en deux mois. La femme à qui il a associé son existence continue à aller laver son linge; son enfant va à l'asile des pauvres.

Que dit de lui un journal? « Pendant que les autres légiféraient, belligéraient, se pavanaient à pied et à cheval, incendiaient, assassinaient, réquisitionnaient, lui, Jourde, s'occupait de la comptabilité. »

En effet, telle a été sa conduite.

Il prétend ne pas avoir commis un seul acte politique. On nous répond qu'il s'est occupé de Finances, qu'il a procuré de l'argent pour le paiement de la garde nationale! Je vous ferai seulement cette double question:

Sans lui tous les maux causés par la Commune auraient-ils existé? Evidemment oui.

Sans Jourde, le mal n'aurait'il pas été dix fois plus grand? Oui encore, assurément.

Jourde a payé la garde nationale! Mais figurez vous la situation de Paris, les cent mille gardes nationaux déshabitués de l'atelier et vivant avec les trente sous de la garde nationale! Et parmi eux, trente ou quarante mille individus, la lie de la population, sa figurant qu'ils ont le droit de tout faire parce qu'ils ont un fusil!

Que fait Jourde? Il diminue les dépenses, il les réglemente, et parvient à suffire à tout avec quarante-cinq millions.

Pour les recettes, quand l'administration régulière reprend sa place, elle retrouve le fil qui lui permet de remonter le cours des actes financiers de Jourde.

Il a perçu régulièrement, autant que possible, les impôts. Il s'est sans cesse opposé à toutes les réquisitions et a repoussé toutes les propositions qui lui furent faites pour se procurer de l'argent par des moyens illicites ; il refuse de vendre les toiles du Louvre aux Prussiens ; il ne veut pas se créer des ressources en cédant des chevaux ou des chassepots. 120 millions de dépôts sont respectés grâce à lui ; la Bourse, un moment fermée, est ouverte. On propose de remettre gratuitement les objets engagés au Mont-de-Piété, c'est un moyen facile de se rendre populaire ; mais Jourde sait que c'est ruiner cet établissement, et il déclare que cette mesure est une attaque à la propriété. Il faut un certain courage pour dire de semblables choses en temps de révolution.

La Banque de France a été préservée. Par qui ? Par Beslay, de Plœuc, et avec eux, par Jourde. La Banque pouvait être considérée comme absolument perdue sans ressource ; qui l'a sauvée, sinon eux ? Et voyons comment : D'abord M. de Plœuc, qui a eu le courage moral de reconnaître l'appui de Beslay, et qui, je vais le démontrer, a trouvé un secours non moins grand dans Jourde.

M. Carraby reprend ensuite et discute les diverses dépositions des témoins :

Je pourrais, dit-il en terminant, faire appel à votre pitié pour Jourde qui, au milieu d'une crise violente, a eu à remplir une tâche immense pour un jeune homme de 27 ans, mais je ne fais appel qu'à votre justice. J'apporte ici un sentiment sincère ; je vais plaider la cause de la vérité. Oui, Jourde a été membre de la Commune ! il mérite pour ce malheur une expiation. Cette expiation, il l'a eue en subissant ces deux mois de prévention, en subissant surtout l'incrédulité amère et railleuse du public qui s'est montré rebelle à toutes ses paroles. J'ai dit que, pour avoir été membre de la

Commune, il méritait une expiation ; mais non, j'irai plus loin, j'exposerai ma pensée tout entière. Il a été membre de la Commune, il a été ministre des Finances, et il a bien fait de rester à son poste ; sans lui qui pourrait dire les malheurs qui eussent accablé notre pays. Theitz et Beslay sont en sûreté à l'étranger, et cela parce que le gouvernement l'a bien voulu. Pourquoi poursuit-on Jourde, qui, comme Beslay, a sauvé la Banque ? Oui, Messieurs, je fais appel à votre justice, je veux la liberté pour mon pays, mais je la veux dans la justice et je me confie à vous.

On entend ensuite un témoin concernant l'accusé Jourde :

Rez-Gaurez, frotteur au ministère des Finances dépose :

Le 21 mai, j'ai été congédié du ministère par ordre de Jourde et avec menace d'être arrêté si je m'y représentais. Le secrétaire-général Merlieux aurait dit pour justifier cette mesure : Nous avons des préparatifs importants à faire, car nous avons décidé que nous nous défendrions à outrance, et ne connaisant pas vos opinions, nous ne pouvons vous forcer à vous battre avec nous.

Quatorze ménages d'employés logés dans le ministère ont été comme moi renvoyés.

Vers le 5 ou 6 mai, on supprima les rondes de nuit dans le ministère ; nous n'avons pu savoir pourquoi.

M. le président : Avez-vous entendu parler des valeurs appartenant à M. D....... — R. On avait fracturé et ouvert le coffre-fort avec un ciseau à froid. Au commencement du mois de mai, deux hommes assez bien mis vinrent au ministère et entrèrent dans une pièce donnant sur la rue de Castiglione et dans laquelle se trouvait une armoire placée dans le mur

Étant caché dans l'escalier, j'ai entendu ces paroles : « Débarrassez-moi de toutes ces valeurs, je vous les cède à moitié prix, mais à la condition que vous les enleviez le plus tôt possible. » Un des deux répondit : « Nous sommes ici pour savoir ce qui s'y passe ; mais notre fortune ne nous permet pas d'acheter toutes ces valeurs. »

D. Qui était ces messieurs ? — R. Je ne puis le dire ; ils étaient de taille moyenne et parlaient anglais et français. Si je les voyais, je les reconnaitrais.

D. Vous avez aussi entendu parler d'armes précieuses enlevées aux Tuileries et apportées au ministère des finances ? — R. Il y avait en effet des fusils, des sabres, des hallebardes et des pantoufles qui venaient du Bey de Tunis ; elles étaient ornées de pierres fines. On mit tous ces objets dans un salon qui avait deux fenêtres sur la rue Castiglionne.

M. le président, à Jourde : Les armes sont rentrées, de même des pantoufles, mais les pierres précieuses ont été enlevées. Qu'avez-vous à répondre ?

Jourde : Il est singulier qu'un frotteur ait tant de renseignements à vous donner. Il est vrai qu'on a laissé les frotteurs occuper leurs logements jusqu'au dernier moment, mais on ne leur demandait aucun service. Je ne puis m'expliquer que ce frotteur ait entendu deux personnes qui m'offraient 50 pour 100 des valeurs déposées au ministère. J'avais reçu un ordre formel pour vendre les objets précieux ; j'en ai fait faire l'inventaire, et des hommes du métier sont venus pour apprécier les pierres précieuses. On les a fait enlever, comme on fait toujours, pour les peser et les estimer.

Le témoin dit que les personnes venues au ministère parlaient anglais et français. Je ne m'explique pas ce détail. Pourquoi parlaient-ils une langue que je ne pouvais comprendre ?

Quant au témoin, je ne le connais pas le moins du

monde. Je regrette que son témoignage vienne à la dernière heure, car, de mon côté, j'aurais produit des témoignages. J'avais, à l'époque dont on parle, quitté le ministère ; j'étais allé rue Gay-Lussac, au coin de la rue Saint-Jacques.

M. le président : Vous vous plaignez que ce témoignage vienne à la dernière heure. Je vous répondrai qu'il n'était pas possible, dans une affaire comme celle que nous avons à juger, que quelque témoignage nouveau ne vînt à chaque instant se produire. Nous avons entendu tous les témoins à charge et à décharge, la défense ne peut donc se plaindre de notre manière d'agir.

Jourde : Je ne vous accuse pas, M. le président, je reconnais, au contraire, toute votre bienveillance et votre impartialité, et je vous en remercie. Je répéterai seulement ce fait, que j'ai toujours demandé une enquête.

M. le président : Posez vos questions, remettez-les moi par écrit, et je ferai demander des renseignements. Qu'avez-vous à dire relativement aux valeurs du ministère des Finances?

Jourde : Je dis qu'il y avait pour 214 millions de titres, et que parmi ces valeurs, il y en avait pour lesquelles je ne pouvais pas offrir 50 pour 100. Pour les 30 millions de valeurs de M. D........, ils ne représentaient pas en Bourse plus de 5 ou 6 millions, 15 ou 20 pour 100 au plus. Demander 50 pour 100 de ces valeurs, était une offre ridicule à faire à un capitaliste.

D. (au témoin) : Quel jour êtes-vous rentré au ministère? — R. le 24 mai, avec les troupes de Versailles.

D. Vous avez dit que les personnes qui vinrent au ministère parlaient anglais et français?— R. Oui, elles parlaient français en s'adressant à Jourde et anglais entre elles.

J'ai vu les pierreries un jour que je servais à déjeuner à deux secrétaires, l'un qui s'appelait Bourgoing et l'autre Rothschild. Ces pierreries étaient dans du papier sur la table.

Jourde: Bourgoing était un employé nommé par Varlin. Pour l'autre, il avait été recommandé par Régère.

Comme il y avait aux Tuileries des objets précieux, je dis : C'est moi qui en ai la responsabilité, et je n'admets pas que ces objets restent dans une salle où circulent les gardes nationaux de garde. D'abord, je fus mal accueilli, mais j'insistai et je fis porter toutes ces richesses au ministère des finances. Je reçus de la commission exécutive une note signée Hostein et dans laquelle on m'annonçait l'envoi de deux citoyens, l'un Anglais, l'autre Américain, chargés d'estimer les objets que j'avais fait mettre de côté. Ces messieurs n'ont pas fait autre chose que ce que font tous les joailliers ; ils ont enlevé les pierres, les ont estimées à une somme de 350 à 360,000 fr. D'abord ils avaient dit 150, puis 200,000, puis enfin 350,000. Je me rappelle que Clément était avec moi.

J'ai été arrêté dans des circonstances si romanesques que je ne sais pas ce que sont devenus ces objets précieux. Je ne suis d'ailleurs pas revenu au ministère des Finances. Le fait est qu'on a procédé à l'inventaire des objets dont on parle et qu'on les a replacés dans la resserre du ministère.

J'ajoute que vous ne trouverez sur aucune place de l'Europe, sur aucun marché de l'Europe, les objets confiés au ministère, parce que le délégué aux Finances n'a aliéné aucun titre.

Le témoin fait observer *que deux caisses d'armes n'ont pas été retrouvées*, qu'il a vu des diamants, mais pas de pierres précieuses.

Jourde : Il est certain que les 21, 22, 23 et 24 mai,

il s'est passé des faits dont je ne puis être responsable. Il y a eu des tentatives de mettre le feu au ministère, je ne puis nier le fait, mais j'affirme y avoir été complètement étranger.

M. le commissaire du gouvernement : Vous avez connu le deuxième incendie du ministère ?

Jourde : Non, monsieur.

M. le commissaire du gouvernement ; Vous étiez dans Paris, et vous voulez nous faire croire que vous ne saviez pas que le ministère flambait ? — R. J'avais quitté le ministère pour aller chez moi, et, le matin, je devais me rendre à l'Hôtel de Ville pour surveiller les opérations de finances.

Le témoin : Tous les autres employés du ministère pourraient venir déposer comme moi. L'un d'eux est resté, sa femme étant en couche. Le secrétaire général Merlieux aurait même dit : « Nous savions ce qui devait arriver, mais nous ne pouvions le dire. Il serait à désirer qu'il ne restât pas pierre sur pierre du ministère des Finances. »

M. le président (à Jourde) : Connaissiez-vous Merlieux ?

Jourde : Merlieux était un professeur de géométrie et d'astronomie habitant du côté du Collège de France ; il ressemblait à un professeur de l'Université : le langage qu'on lui prête m'étonne.

M. le président : Mais ce projet de brûler Paris existe.

Jourde : J'avais entendu tenir ces propos pendant le siége, mais je n'y attachais aucune importance.

M. le président : On peut se rassurer quand on parle de faire sauter Paris, car c'est une chose plus difficile qu'on ne le croit.

Le témoin : Jourde doit se rappeler qu'il dit en quittant le ministère : Citoyen Merlieux, vous savez qu'il ne faut pas qu'il reste ici un seul employé.

M. le président (à Jourde) : Vous avez fait supprimer les rondes de nuit au ministère ? — R. Je ne connaissais pas ce détail d'intérieur.

D. (au témoin) : Savez-vous qui a fait supprimer les rondes ? — R. Non, M. le président.

D. Jourde ne couchait-il pas au ministère ? — R. Si dans une petite chambre. Il y avait même apporté un revolver magnifique et ses accessoires.

Jourde : Je n'ai jamais dit que je ne couchais pas au ministère des finances, je n'y ai couché que quelquefois.

Bornis, fumiste au ministère des Finances, est ensuite entendu.

M. le président : Vous êtes resté au ministère sous la Commune ? — R. Oui, M. le président.

D. Quand a-t-on coupé les tuyaux de conduite des eaux ? — R. Le 22 mai.

D. Il était ainsi impossible de se servir d'eux pour les prises d'eau ? — R. Oui, l'eau se répandait en abondance dans les cours.

D. Quand le feu a-t-il commencé ? — R. Le lundi d'abord, mais il fut éteint le soir ; il reprit pendant la nuit et attaquait un autre côté du bâtiment.

D. N'avez-vous pas entendu parler des tonneaux de pétrole ? — R. On en avait mis dans la cour de l'Assomption; ils étaient destinés à l'éclairage.

M. le commissaire du gouvernement : Avez-vous essayé d'éteindre l'incendie ? — R. Oui ; mais des factionnaires empêchaient de circuler dans l'intérieur du ministère et d'éteindre le feu.

Jourde : C'est ce que j'ai toujours dit. Le lundi j'ai essayé moi-même d'éteindre l'incendie ; le lendemain les factionnaires empêchaient ceux qui cherchaient à l'éteindre.

Je ne puis être responsable de ce qui s'est passé le mardi, puisque j'étais absent du ministère.

Un nouveau témoin a encore été produit au commencement de l'audience ; c'est le sieur Auguste Charnier, appelé à déposer sur des faits relatifs à Jourde.

M. le président : Quelle est votre profession ?

Le témoin : Je suis l'associé de M. Fichet.

M. le président (à Jourde) : Que voulez-vous que nous demandions au témoin ?

Jourde : Je voudrais qu'il nous dise si le vendredi il n'a pas fait mettre des portes aux caisses du ministère.

Le témoin : Oui, M. le président, nous avons mis des portes, mais elles ont été forcées le dimanche.

D. Y avait-il des valeurs ? — R. Oui, M. le président.

D. (à Jourde) : L'incendie n'a pas atteint ces caisses ?

Jourde : Je n'en sais rien.

D. (au témoin) : Combien de temps a duré ce travail ? — R. Environ deux heures.

D. Mais vous aviez déjà ouvert des caisses à la fin d'avril. — R. Oui M. le président.

Jourde : On m'accuse d'un bris de scellé. Ces caisses dont vous parlez furent ouvertes par ordre de Varlin. Elles constituaient ce qu'on appelle le portefeuille. Les quatre lettres furent données pour pratiquer l'ouverture, et tout ce qui a été fait l'a été en secret.

M. le président : La parole est donnée à M. le commissaire du gouvernement.

M. le commissaire du gouvernement :

MONSIEUR LE PRÉSIDENT,
MESSIEURS LES JUGES,

Le manque de preuves certaines m'interdit de m'étendre sur ce sujet : il est possible que l'opinion publique ait été trompée dans ses présomptions par la réputation qu'avaient faite à l'accusé ses propositions sanguinaires du 17 mai.

En vous initiant au premier succès de son client dans l'éloquence, le défenseur nous a donné une singulière idée de la façon dont on entendait la liberté dans les réunions publiques. Urbain entend, dit-il, un orateur assez audacieux pour défendre les idées monarchiques; il riposte, et le voilà connu.

J'ai à remercier l'éminent défenseur de Jourde de sa bienveillance à mon égard ; mais bien que tout au charme de sa parole éloquente, j'ai cependant entendu dans sa plaidoirie des arguments que je ne puis laisser sans réplique.

Le défenseur a dit que je n'étais pas bien fixé sur le caractère de la Commune, que tantôt je la considérais comme un gouvernement et tantôt non.

Je n'ai jamais varié dans mes déclarations à cet égard.

On invoque en faveur de Jourde la situation faite à M. Beslay ; M. Beslay était délégué à la Banque, où il a rendu de grands services, tandis que Jourde, délégué aux Finances, puisait dans la caisse de la Banque pour alimenter l'insurrection. Il n'a montré quelque ménagement que parce que cette caisse pouvait prolonger l'existence de la Commune. C'est, en effet, ainsi qu'on l'a dit, M. de Plœuc qui a plaidé pour M. Beslay : mais pourquoi n'aurait-il pas plaidé aussi pour Jourde ?

Bien au contraire, messieurs, les dépositions de M. de Plœuc sont de lourdes charges pour l'accusé, et elles sont confirmées par celles de MM. Marie et Mignot.

Jourde a donné sa démission le 2 mai, seulement sa démission de délégué et non celle de membre de la Commune. Il est d'ailleurs resté en fonctions ; nous le voyons assister aux séances des 6, 8, 12 et 17 mai, et je fais remarquer que c'est dans cette dernière séance qu'est sorti le décret d'exécution des otages.

Le vol à l'aide de bris et scellés est constant, et vous devez vous rappeler, messieurs, que les 4 millions 700 mille francs, déposés dans la caisse, appartenaient à la France et non à Paris, et qu'ils ont contribué à prolonger la guerre civile,

Je répète qu'en trois jours, du 18 au 22 mai, Jourde a soustrait à la Banque 2 millions 600,000 francs, somme qui n'a pu servir aux besoins de la garde nationale, alors qu'elle battait en retraite sur toute la ligne et qu'il était impossible de changer les billets de banque reçus en paiement.

Cet argent, je l'ai dit, a servi à donner à la grande majorité des chefs de l'insurrection les moyens de se soustraire à la justice.

En résumé, Jourde a soustrait frauduleusement 16 millions 600,000 francs à la Banque, et 4 millions 730,000 francs dans la caisse du ministère des Finances, ce qui forme un total de 21 millions détournés de leur destination naturelle pour donner des armes à l'Insurrection.

M. le président : La parole est à M° Carraby, défenseur de Jourde.

M° Carraby s'exprime en ces termes :

Messieurs du Conseil.

En remerciant le ministère public de ce que sa réplique a de personnellement gracieux pour moi, je dois protester en quelques mots contre ce qui concerne mon client.

Vous allez, messieurs, bientôt juger, vous recueillir, laisser de côté les impressions, ne peser que les preuves ; Vous vous demanderez ce qu'à fait Jourde avant le 18 mars, le 18 mars, après le 18 mars.

Ses antécédents, vous les connaissez, il est étranger à l'Internationale comme à la politique.

Le 18 mars éclate, je n'ai pas besoin de la théorie d s crimes politiques ou non. Laissons l'accusation comme si elle était de droit commun, et voyons ce qu'a fait Jourde. Le 15 mars, il entre au Comité. Je ne reviendrai pas sur ce Comité qui comprenait des éléments divers. Je cherche la part de Jourde au mouvement : je ne la trouve pas.

Jourde est de la Commune, l'accusation le condamne par sa complicité. Je n'y reviendrai pas. Le ministère public s'est étonné que j'aie, dans ma défense, osé comparer Jourde à l'illustre Carnot. J'ai comparé les temps, non les hommes, et j'ai dit que Jourde pouvait émerger par son honnêteté dans le second comité de salut public comme Carnot au premier. J'ai ajouté que le titre de membre de la Commune ne suffisait pas pour une condamnation, qu'il fallait des faits ; qu'il n'y a pas plus de connexité ni de complicité contre Jourde que contre Ranc, par exemple, qu'on ne poursuit pas, et qu'on ne poursuivra, a dit à la Chambre M. le ministre de la guerre, que si des faits délictueux sont relevés contre lui. Donc il faut des faits ; opposez-moi des faits.

Si vous poursuivez Jourde, vous auriez dû poursuivre MM. Beslay, Theisz, et bien d'autres.

Ce sont ces inégalités de l'accusation qui sont mauvaises au point de vue moral, qui affaiblissent la confiance dans la justice.

M⁰ Carraby continue en s'attachant à démontrer qu'il n'existe aucune charge contre Jourde au sujet des incendies.

Il combat ensuite l'accusation de vol. Jourde qui a eu des millions à sa disposition, les a employés à des services publics et a pu consacrer à la solde de la garde nationale les derniers fonds dont il a disposé bien plus longtemps que l'accusation ne le croit ; il l'a pu jusqu'au dernier moment, et, le pouvant, il fallait qu'il le fît au dernier moment plus qu'à tout autre. Chiffre en main il a pu employer ainsi les 2 millions 500 mille francs qu'il a touchés en dernier lieu.

Ainsi, il n'y a point de fait contre Jourde. Son titre de membre de la Commune il l'a abandonné. Non-seulement, il a donné sa démission, mais il a protesté lorsqu'il y avait du danger à le faire. Qu'est-ce que l'accusation peut lui demander de plus? Que reste-t-il contre lui? Des impressions ? Mais ce n'est pas avec des impressions qu'on demande la tête d'un homme.

Revenant ensuite sur l'adminstration de Jourde. Mᵉ Carraby rappelle les services qu'il a rendus au crédit, à la propriété sous toutes les formes, ce qu'il a fait pour la Compagnie du gaz, pour le Mont-de-Piété, pour la Banque de France surtout. La Banque de France, c'est Jourde et Beslay qui l'ont sauvée ; et on se demande comment de ces deux hommes qui ont préservé le crédit et la richesse nationale d'incalculables désastres, l'un est libre et l'autre accusé?

Mᵉ Carraby discute, à cet égard, les témoignages de M. de Plœuc et de M. Mignot.

Jourde, messieurs, dit-il en terminant; a dans sa prison, désespéré un moment de la justice des hommes. J'espère qu'aujourd'hui la lumière s'est faite sur ses actes, et que vous ne ferez, messieurs, qu'accomplir la justice à son égard en vous inspirant de cette modération à laquelle nous conviait, il y a peu de jours, le chef illustre du pouvoir exécutif, et qui est, en effet, seule capable de satisfaire la justice, d'assurer l'avenir et de régénérer la France.

M. le président (à Jourde) : avez-vous quelque chose à ajouter?

Jourde : Je tiens à mon honneur plus qu'à ma vie, et cet honneur, j'attends de votre justice qu'elle me le rendra.

CHAPITRE QUATORZIÈME

ARGENTERIE. — BIJOUX. — OBJETS PRÉCIEUX. — DÉNONCIATIONS. — OFFRES D'ACHATS.

Les soi-disant patriotes ne se sont pas fait faute pendant la Commune de cueillir (ainsi que certains d'entre eux l'ont écrit), l'argenterie, les bijoux, les objets précieux des bonapartistes, jésuites et autres, qui leur paraissaient bons à détrousser. L'ordre d'agir suivait généralement de très près les dénonciations verbales ou écrites de la nature de celle-ci :

« Je soussigné certifie que l'hôtel de M. Schnei-
» der ex-ministre, à l'état d'ambulance aujour-
» d'hui, possède des caisses d'argenterie dans les
» caves. (Rapport qui m'a été fait par un DOMES-
» TIQUE de passage à Paris.)

   » Le capitaine du..... bataillon de la
   » garde nationale.
                            » Signé : C....
» Paris, 17 avril 1871. »

Et cette autre :

« Rue Duphot, caisse des gens de mer,
» M. Hennequin, excessivement riche, dépen-
» dance de la marine, Trésorerie générale. »

(Note écrite de la main du citoyen Varlin.)

Et cette troisième :

COMITÉ
de
SURETÉ GÉNÉRALE
—
Commune de Paris

« Paris, 14 avril 1871.

« Prendre à la mairie de Passy cent huit mille
» francs qui ont été pris chez M. Monchicourt,
» membre du Conseil de fabrique de St-Merri. »

(Note écrite de la main du citoyen Varlin.)

Et cette quatrième :

« Legrand, 59, rue de Vaugirard, receveur
» des Finances de la Ville n'a pas rendu ses
» comptes et détient les fonds.
» Avis sérieux.
　　　　　» Signé : Docteur X...
» Rue de.......
　　　　　　　　» A Paris. »

Et cette cinquième :

« Route de Versailles, numéro 125, en face
» Sainte-Perine, V...., représentant de B... le
» banquier, bonapartiste enragé.

» Dans une cave murée se trouvent enfermés
» deux ou trois millions.

» La femme de V.... est une patriote et sait
» où est la cachette.

» La somme d'argent appartient à B...

(*Note écrite de la main du citoyen Varlin*)

Et cette sixième :

« *A la Commission des Finances et aux citoyens
déléqués.*

» Conseil de Légion, mairie du cinquième, a re-
» cueilli aux Jésuites quelques milliers de francs ;
» il demande à les verser.

» La Commission peut donner cet ordre.

» L'un des délégués, Maire,

» Signé : R.... »

Et cette septième :

MINISTÈRE
de
L'AGRICULTURE

« Paris, 5 avril 1871.

» *Au citoyen délégué au ministère des Finances.*

» Citoyen,

» J'ai l'honneur de vous informer que par des
» renseignements qui viennent de m'être donnés
» à l'instant, les maisons de la rue François 1er
» qui portent sur le contrôle des contribu-
» tions directes le nom de M. le général de Béville
» doivent appartenir à l'ex-Empereur. On me fait
» dire aussi que vous pouvez trouver des rensei-
» gnements sur ce fait au Crédit foncier malgré
» la mauvaise volonté qu'il peut y mettre.

» Saluts fraternels.

» Le Délégué de la Commune au Ministère
». de l'Agriculture et du Commerce.

» Signé : Parisel. »

Et cette huitième :

« Paris, 13 avril 1871.

» *Au citoyen délégué au ministère des Finances,*

» Prière d'envoyer le plus tôt possible un délé-
» gué pour recevoir l'argenterie qui se trouve dé-
» posée à la quinzième Légion. (Ecole militaire.)

» Ordre du général Cluseret.

» Signé : W... »

Et cette neuvième :

« Confiscation des biens de tous les membres et
» complices du Gouvernement du 2 Décembre ;
» également de tous les membres et complices du
» Gouvernement du 4 Septembre.
» Confiscation des biens de tous les complices du
» Gouvernement de Versailles nominativement
» désignés, et tout d'abord tous les députés sié-
» geant actuellement à Versailles.
» Tous ces biens deviendront communaux.
» Une Commission sera chargée de les adminis-
» trer et de les conserver. »

(*Notes écrites de la main du citoyen Varlin*)

Et cette dixième adressée par télégramme de la Préfecture de police à la délégation de la Guerre :

« Nous avons été pour l'affaire des 200,000,000
» en lingots, boulevard des Capucines, (N°s 9,
» ou 13 ou 12 ou 14.) Il n'y a pas là de maison
» Lebeau et Ce; il y en a une faubourg St-Denis,
» en face St-Lazare, nous nous y sommes rendus.
» Nous n'avons rien trouvé de suspect. Nous
» avons, toutefois, placé deux factionnaires, l'un
» à la porte de ladite maison Lebeau, l'autre à la
» porte de la Compagnie Transatlantique, avec
» ordre de ne laisser sortir aucune voiture char-
» gée jusqu'à nouvel ordre. Faites donc arrêter la
» personne qui a donné des renseignements sur
» cette affaire ; nous saurons peut-être quelque
» chose par ce moyen. Vous relèverez le faction-
» naire quand vous le jugerez opportun, afin de
» ne pas porter préjudice au commerce de ces
» deux maisons.

» Pour le délégué à l'ex-préfecture,
» Le Commissaire spécial.

» Signé : G. B. »

Et cette onzième :

« Faites prendre l'argenterie à la Préfecture. »
(Note écrite de la main du citoyen Jourde)

Il n'est pas nécessaire de continuer cette énumération pour bien établir la voie de spoliation dans laquelle s'était engagé le Gouvernement de la Commune. Toutefois il ne suffisait pas de cueillir de l'argenterie, des bijoux ou des valeurs précieuses, il fallait encore en réaliser la vente le plus promptement possible et ce n'était pas toujours facile.

Les citoyens délégués aux Finances savaient très-bien que malgré les réquisitions à la Banque et les recettes effectuées au nom de la Commune, la solde de la garde nationale était une très lourde dépense. Il devenait, chaque jour, de plus en plus difficile d'y faire face. Tous les abus imaginables se produisaient : il en résultait une dilapidation telle des deniers publics que le citoyen Jourde, écrivait un jour :

« Le Délégué aux Finances,

« Considérant que le paiement de la solde de la
» garde nationale donne lieu à de nombreux
» gaspillages ;
» Qu'il est urgent de mettre fin à des agisse-
» ments préjudiciables aux finances de la Com-
» mune et à la MORALE PUBLIQUE ;

» Que les comptables doivent être déférés à
» une cour martiale ;

» Arrête,

» Il sera immédiatement constitué une Com-
» mission, etc. »

Mais, tout en reconnaissant les abus, tout en voulant les combattre et les réprimer même énergiquement il fallait faire flèche de tout bois et battre monnaie par tous les moyens possibles, aussi cherchait-on à vendre journellement toutes les valeurs ou objets précieux cueillis patriotiquement.

Si on ne peut préciser ce qui se passait à la Monnaie, il est, toutefois, possible de donner quelques indications sur MM. L. R... et Cie, demeurant alors faubourg Montmartre et qui ne demandaient qu'à négocier des affaires quelle qu'en fût la nature, bijoux ou valeurs, cuirs ou bœufs. Ces industriels n'avaient qu'un objectif, et ils le poursuivaient avec ardeur: celui de s'enrichir *per fas et nefas*. Peut-être le mot s'enrichir n'est-il pas celui qu'il faudrait employer ?

Aussi écrivaient-ils au citoyen Jourde.

« En dehors de l'affaire qui nous amène, nous
» pouvons vous faire des offres relativement aux
» OBJETS OUVRÉS D'OR ET D'ARGENT,
» AUX PIERRERIES, ETC., ETC.

» Nous avons, en ce moment, LES CAPITAUX
» NÉCESSAIRES sous la main.

» Salut fraternel.

» Tout à vous..

» Par procuration de L. R. et Cie

» Signé : J... P. »

Et le lendemain :

« Citoyen Jourde,

» Avez-vous fait affaire pour les différents lots
» d'or ouvré dont nous avons parlé hier ; s'il en
» est temps encore, faites-nous donner les laissez-
» passer nécessaires. Tantôt vers 3 heures, après
» visite faite, on vous fera une seconde offre.

» Je vais de ce pas chez le citoyen V... terminer
» affaire cuirs. Nous nous entendrons, je crois.

» R... viendra à deux heures et demie vous
» rendre réponse ainsi qu'il en est convenu pour
» l'affaire ébauchée hier.

» Tout à vous.

» Signé : J. P.. »

Et le lendemain sans doute :

« Paris, 24 avril 1871

» Citoyen Jourde,

» Fidèle au rendez-vous donné, je suis ici à
» deux heures et demie et j'ai le regret de ne pas
» vous trouver.

» Vous êtes si occupé que pour pouvoir être sûr
» de vous voir, je vous serais obligé de me fixer
» un rendez-vous à n'importe quelle heure. J'ai
» ce qu'il faut pour terminer de suite les QUEL-
» QUES MILLIONS FONCIER ET TRÉSOR
» dont nous avons parlé hier. Il ne reste plus
» qu'à nous entendre.

» Salut fraternel.

» Signé : L. R...
» Rue du Faubourg Montmartre,
« Paris. »

Après les quelques millions Foncier et Trésor, MM. L. R. et Cⁱᵉ revenaient aux cuirs. Que leur importait ? N'avaient-ils pas sans doute trois cents pour cent à réaliser et M. G. Durand, le caissier principal, ne leur avait-il pas écrit d'ailleurs ?

VALEURS — OFFRES D'ACHATS 283

« Paris, 19 avril 1871.

» Citoyens L.. R... et Cie,

» Veuillez vous mettre en rapport avec le
» citoyen Lancelin 3, rue de la Coutellerie, pour
» vous entendre sur les conditions du contrat du
» marché à passer avec la Commune pour des
» cuirs verts. Veuillez me tenir au courant des
» résultats de votre entrevue.

» Agréez, citoyens, mes saluts fraternels.

« Signé : G. Durand. »

Le lendemain, 20 avril, les citoyens L. R. et Cie écrivaient au citoyen délégué aux Finances une lettre dans laquelle, étant donnés les fonds dont ils disposaient, on retrouve la quintessence de l'esprit mercantile. Je ne veux pas qualifier cette épitre, n'ayant sous ma plume qu'une expression trop saisissante et que je préfère ne pas écrire.

Voici cette lettre :

« Paris, 26 avril 1871.

» Citoyen Jourde,

» Etant concessionnaire d'un marché impor-
» tant de 50,000 bœufs et 25,000 moutons dont

» nous avons passé contrat avec le Délégué au
» ministère du Commerce et des Subsistances,
» nous venons, citoyen Ministre des Finances,
» vous prier de nous aider, dans les circonstances
» difficiles que nous traversons, à opérer ce
» ravitaillement qui est une chose d'intérêt
» public. Les marchands de bestiaux étant tout
» particulièrement stricts sur ce point, que le
» montant de leurs livraisons leur doit être
» immédiatement versé aussitôt après la pesée
» d'une part, et d'autre les capitaux étant très-
» rares en ce moment, nous vous prions, en con-
» séquence, de nous faire une avance par antici-
» pation, de quelques heures seulement, d'une
» somme représentant approximativement la
» valeur de la livraison que nous devons faire
» chaque jour, soit une somme variant entre 175
» et 200,000 francs. Aussitôt après le pesage des
» bestiaux, le préposé par le Ministre du Com-
» merce et des Subsistances pour en prendre
» livraison, doit, selon les clauses du contrat,
» nous remettre un bon payable dans la même
» journée au Ministère des Finances.

» Pour faciliter cette transaction qui ne nous
» offre de difficultés qu'au point de vue de l'avance
» de quelques heures seulement d'un capital assez
» fort, nous venons vous prier, citoyen, de vou-

» loir bien déléguer avec nous, sur le marché
» même, un caissier du Ministère muni des
» sommes nécessaires, lequel, contre la remise
» du bon de la Commune contresigné par le fondé
» de pouvoir du délégué aux Subsistances, en
» effectuera aussitôt le montant entre nos mains.

» Comptant sur une réponse favorable, citoyen,
» je vous fais mes meilleurs compliments.

» Salut fraternel.

« Par procuration de L. R.... et Cie,

« Signé : J. P... »

Les citoyens L. R... et Cie et leur fondé de pouvoirs, le citoyen J. P., ont joué un rôle bien important pendant la Commune et, s'ils voulaient parler, que de renseignements ne donneraient-ils pas sur toutes les valeurs (or ouvré et pierres précieuses) qu'en prêteurs très peu désintéressés, ils ont successivement estimées dans la resserre des caisses centrales du Trésor.

Du reste, ils n'étaient pas les seuls à s'agiter autour du citoyen délégué aux Finances.

Le citoyen Frédérick L... venait également faire ses petites propositions sur emprunt ou vente de titres ;

Le citoyen G. F. Tif... R... et Cie, rue du Cardinal Fesch, à Paris, lui aussi, donnait des rendez-vous à Jourde, dès neuf heures du matin, pour acheter de l'argenterie. On lisait même au bas de sa carte une curieuse annotation transcrite ici comme elle y est libellée :

« De la part de l'amb. des États-Unis. »

On ne peut se faire une idée de tous les aventuriers qui se sont abattus sur Paris pendant la Commune et qui, véritables oiseaux de proie, ont cherché à assouvir leur faim en déchiquetant non seulement la Capitale, mais encore notre pauvre France déjà si malheureusement éprouvée.

Un nommé M...., rue du Faubourg Montmartre, faisait connaître qu'un nommé T..., (blessé à la tête pendant le siège) savait les endroits où se trouvaient des quantités considérables de fonte provenant des projectiles du siège (de 2 à 3 millions).

Il ajoutait qu'il avait dans sa main des acheteurs au comptant et qu'il voudrait bien être renseigné sur la marche à suivre pour faire cette opération au profit de la Commune.

« Qu'elle soit faite au comptant au prix de
» 5,02 », écrivait le citoyen Varlin : « Rassem-
» bler ces fontes au chemin de fer de l'Est, ajou-
» tait-il, afin qu'elles puissent sortir librement
» de Paris. Dire approximativement quelle

» quantité il y a. Pouvoirs sont donnés au
» citoyen Th... »

Et l'affaire se terminait grâce aux bons offices du citoyen B.... C.... rue Laffitte....

Les baraquements en bois élevés sur les boulevarts extérieurs et dans le jardin des Tuileries étaient également l'objectif de plus d'un industriel en quête de gagner de l'argent.

Un M. G..., rue Fontaine-Saint-Georges, faisait notamment d'actives démarches à cet effet, et bien certainement il n'était pas le seul. On peut le demander à M. P..., rue Riquet à Paris.

Des patriotes plus désintéressés, ou du moins ne voyant pas que leur seul intérêt, écrivaient aux citoyens membres de la Commune :

L'un,

« Les cloches de toutes les églises de Paris
» devraient être démolies et envoyées à l'hôtel
» des Monnaies où elles seraient converties en
» pièces de 10, 20 et 30 centimes pour acquitter
» la solde des veuves et orphelins des gardes
» nationaux morts au champ d'honneur pour la
» défense de la République. »

L'autre,

« Les joyaux et les clinquants des musées sont

» l'apanage des tyrans et des despotes, et ils sont
» une insulte permanente à la misère du peuple.

» Vous devriez, décréter, citoyens de la Com-
» mune, que les pierreries et bijoux conservés
» dans les musées nationaux, Cluny et autres,
» seront vendus aux enchères publiques ou en-
» voyés à la Monnaie pour y être fabriqués en
» espèces. »

Ce dernier factum est signé du citoyen A... B.. se disant ami du Père Duchêne.

Les mauvais conseils n'ont pas manqué aux Gouvernants de la Commune. S'ils ont été très coupables de se mettre à la tête d'un Gouvernement irrégulier et dont ils étaient impuissants à tenir les rênes, on doit savoir gré à quelques uns d'entre eux des efforts inouïs qu'ils ont dû faire pour ne pas décréter les mesures déplorables qui leur étaient journellement demandées.

CHAPITRE QUINZIÈME

MINISTÈRE DES FINANCES. — UN PEU DE COMPTABILITÉ PENDANT LA COMMUNE.

(20 mars. — 24 mai 1871.)

Malgré les nombreuses critiques dont elle a été trop souvent l'objet, il faut reconnaître que l'administration française est admirablement organisée. Elle est si bien comprise et si bien entendue, que, du moment où un engrenage vient à manquer le mouvement de la machine administrative se trouve complètement arrêté. On semble ne pouvoir mieux comparer le mécanisme administratif qu'à celui d'une montre parfaitement finie et à laquelle on enlèverait une roue de rencontre. Quelque bonne que fut la montre, elle ne marcherait plus de même que l'administration serait dans l'impossibilité de fonctionner si on lui enlevait quelques uns de ses rouages.

Qu'est-il advenu au 19 mars 1871 ? Il s'est produit un fait sans précédent dans les annales révolutionnaires ; tous les fonctionnaires presque tous sans exception, sur l'invitation qui leur en a été faite par le Gouvernement défaillant, ont cessé de mettre en mouvement le rouage qu'ils animaient ; la grande machine administrative est, dès lors, restée inerte bien que toute prête à se remettre en mouvement si la main qui l'avait arrêtée lui eut rendu la vie.

Un vide immense, impossible à combler, s'est alors produit autour de ceux qui, sous l'égide du Comité central de la garde nationale, se crurent autorisés à diriger les affaires du Pays. De nombreuses intelligences, plus ou moins secondaires, sont bien venues, il est vrai, se mettre à leur disposition mais aucune n'était en état d'assurer la marche régulière d'un rouage administratif.

Dans cette situation la tâche des délégués aux départements ministériels était absolument impossible à remplir ; en admettant même qu'ils fussent rompus aux affaires administratives, qu'ils eussent les capacités les plus incontestées, que leur activité fût à la hauteur de leur inexpérience, et leur confiance en eux-mêmes au niveau de leur témérité, leur passage au pouvoir ne pouvait être qu'éphémère. Ils devaient fatalement être emportés par une situation financière, chaque jour de plus en plus déplorable, et à laquelle il était impossible de remédier.

Le citoyen Jourde délégué aux Finances, homme jeune et inexpérimenté en matière financière, peu rompu aux affaires si l'on en juge par les minutes de ses travaux sur le Mont-de-Piété, la garde nationale, les échéances, etc., très faiblement secondé, d'ailleurs, par le citoyen Varlin, le citoyen Jourde avait assumé une immense responsabilité. Il en était préoccupé et très soucieux : aussi le trouve-t-on à la séance de la Commune de Paris du 2 mai 1871, empressé de faire approuver le bilan de sa situation financière.

« Je demande la parole pour la lecture de mon
» bilan. »

Le citoyen Régère. « Est-ce le délégué aux
» Finances ou la commission des Finances qui
» parle par votre bouche ? »

Le citoyen Lefrançais. « Le délégué est res-
» ponsable. »

Le citoyen Jourde. « Je n'ai jamais rien fait
» sans consulter mes collègues et les citoyens
» Billioray, Clément, Lefrançais et Beslay ont
» approuvé le bilan que je vous présente.

» Je soumets cet état de situation à la Commune
» qui voudra bien le faire vérifier.

» C'est la situation exacte de nos finances et
» c'est dans nos finances, selon moi, qu'est le
» salut de la Commune et de la République. »

I

RÉSUMÉ DES RECETTES DU 20 MARS AU 30 AVRIL INCLUS.

Il a été porté au débit de la Caisse Centrale par le Crédit de l'ex-Caisse centrale des Finances, une somme de 4,658,112 fr. 21 c. (1) répartie comme il suit :

	fr.	c
Le 4 avril, reconnu dans les armoires n°s 1 et 2, comptoir principal et diverses caisses	721.342	»
Le 7 avril, dans la resserre en billets, or et argent	3.879.585	»
Le 7 avril, une caisse renfermant des thalers.	37.833	75
A reporter.	4.638.760.75	

(1) On remarquera la différence qui existe entre ce chiffre donné par le citoyen délégué, et le chiffre porté à l'état comparatif des sommes laissées, le 19 mars 1871, dans les Caisses Centrales du Trésor. (Voir page 43).

	fr.	c.
Report	4.638.760	75
Le 19, dans la resserre, une cassette or	12.000	»
Plus un rouleau d'or trouvé dans la resserre.	1.000	»
Billon épars dans la cave, non compris dans le chiffre de 285,000 fr. trouvés le 4 avril.	500	»
Diverses sommes trouvées au fur et à mesure des recherches.	1.336	46
Caisse des bombardés.	4.515	»

II.

RECETTES DE DIVERSES ADMINISTRATIONS ET ÉTABLISSEMENTS COMMUNAUX.

Banque de France. — Ses diverses remises de fonds	7.750.000	»
Direction des télégraphes y compris 500 fr., produit de la vente de vieux papiers	50.500	»
A reporter.	12.458.612	21

MINISTÈRE DES FINANCES

	fr. c.
Report.	12.458.612 21
Octroi communal. — Versements	8.466.988 10
Contributions directes. — Versement du caissier principal.	110.192 20
Douanes. — Versement par Révillon. . . . . . . (1)	33.010 »
Halles et marchés. — Versements des délégués aux halles.	519.599 19
Halles et marchés. — Versements du délégué pour le dépotoir.	2.077 »
Manufactures des tabacs.—Versements des entrepositaires.	1.759.710 55
Service des travaux publics. — Versement par Duvivier . .	5.980 »
Enregistrement et timbre. — Versement du directeur. . .	560.000 »
Association des cordonniers. — Versement par Durand, délégué.	775 50
Caisse municipale de l'hôtel de ville.—Versements par divers	1.284.477 85
A reporter.	25.201.422 60

(1) Chiffre inexact, il faut 31,010, voir chapitre XVI. Lettre du 4 avril du citoyen Révillon.

UN PEU DE COMPTABILITÉ

	fr.	c.
Report.	25.201.422	60
Remboursements effectués par la garde nationale. — Suivant détail aux diverses caisses.	480.840	30
Mairie du VIe arrondissement. — Versement du secrétaire	17.305	95
Caisse de retraite des employés de l'Hôtel de ville. — Retenues sur un état d'appointements	28	35
Comptes de cautionnements. — Mme Andrieu	1.000	»
Comptes de cautionnements. — Mme Manteuil.	1.000	»
Comptes de cautionnements. — Mme Finbruke.	50	»
Produit de diverses saisies ou réquisitions. — Archevêché (numéraire).	1.308	20
Communauté de Villers. . . .	250	»
Numéraire trouvé chez les frères Dosmont et Demore (suivant procès-verbal).	7.370	»
A reporter.	25.710.575	40

	fr.	c.
Report.	25.710.575	40
Chemins de fer. — Versement en exécution du décret du 27 avril.	303.000	»
Produit des passes de sacs. . .	341	30
Total général. . .	26.013.916	70

RÉSUMÉ DES DÉPENSES PENDANT LA MÊME PÉRIODE.

Il a été payé aux diverses municipalités, savoir :

	fr.	c.
Ier arrondissement.	15.000	»
2e —	5.000	»
3e —	42.000	»
4e —	122.939	49
5e —	25.000	»
6e —	45.531	»
7e —	25.000	»
8e —	4.000	»
9e —	16.000	»
10e —	27.000	»
11e —	162.500	»
12e —	44.000	»
13e —	20.000	»
A reporter.	553.970	49

	fr.	c.
Report.	553.970	49
14ᵉ arrondissement.	137.500	»
15ᵉ —	160.250	»
16ᵉ —	32.261	»
17ᵉ —	85.095	»
18ᵉ —	48.396	10
19ᵉ —	200.173	05
20ᵉ —	228.000	»
A la délégation de la guerre . .	20.056.573	15
A l'intendance	1.813.318	25
A la délégation de l'intérieur. .	103.730	»
— de la marine . . .	29.259	34
— de la justice . . .	5.500	»
— du commerce. . .	50.000	»
— de l'enseignement .	1.000	»
— des relations extérieures	112.129	96
Comité central.	15.651	20
Commission de travail et d'échange . , ...	6.000	»
Hôtel de ville et mairie de Paris	91.753	48
Commission exécutive	90.675	16
— de sureté	235.039	40
— des monnaies et médailles . . .	8.000	»
A reporter. , ...	24.064.275	58

MINISTÈRE DES FINANCES

	fr.	c.
Report.	24.064.275	58
Domaines de la Seine	20.934	91
Service télégraphique	50.100	»
— des ambulances	10.000	»
Enregistrement et timbre	7.777	46
Ponts et chaussées	27.516	71
Hôpitaux militaires	182.510	91
Gouverneur des Tuileries	6.000	»
Gouverneur de l'Hôtel de ville	5.000	»
Assistance extérieure	105.175	»
Association métallurgique	5.000	»
Légion des sapeurs-pompiers	99.943	45
Bibliothèque nationale	30.000	»
Journal officiel	3.122	»
Manufacture des tabacs	91.922	78
Contrôle des chemins de fer	2.000	»
Commission des barricades	44.500	»
Imprimerie nationale	100.000	»
Direction des postes	5.000	»
Contributions directes	2.300	»
Association des tailleurs	20.000	»
— des cordonniers	4.662	50
Frais généraux	197.436	99
Divers	51.910	83
Total	25.138.089	12

	fr.	c.
Les recettes ont été de	26.013.916	70
Les dépenses de	25.138.089	12
Excédant de recettes	875.827	58

Après cet exposé de la situation financière de la Commune, le citoyen Jourde ajoutait :

Maintenant je remercie la Commune de la confiance qu'elle m'a montrée, et je demande qu'elle veuille bien nommer une commission de trois membres pour vérifier le bilan dont je viens de donner lecture, et de pourvoir à mon remplacement.

Le citoyen Vaillant. J'ai demandé la parole pour prier la Commune de ne pas accepter la démission du citoyen Jourde.

Dans les circonstances difficiles, où nous nous trouvons, je trouve que c'est un véritable tour de force que d'avoir pu faire face aux dépenses considérables que nous avons eu à supporter avec le peu de ressources dont nous disposions.

Il a fallu certainement une très grande habileté pour arriver à ce résultat.

Il y aurait à craindre qu'en acceptant la démission du citoyen Jourde, nous ne puissions trouver une capacité suffisante pour le remplacer.

Je considère donc comme un devoir civique de sa part de revenir sur sa détermination : s'il trouve que le Comité de salut public ne lui laisse pas assez d'initiative, qu'il fasse un sacrifice d'amour-propre : je le répète, il a fait preuve d'une véritable capacité, et je lui demande de vouloir bien retirer sa démission. (Oui ! oui ! Bravos.)

Le citoyen Beslay. J'avais l'intention de rendre au citoyen Jourde toute la justice que vient de lui rendre le citoyen Vaillant. J'ajouterai que comme membre de la commission, j'ai vu le citoyen Jourde à l'œuvre, et je soutiens que ça a été un prodige de venir vous apporter un budget pareil ; je crois aussi que personne d'entre nous ne pourrait le remplacer. Je l'engage donc à retirer sa démission. (La démission du citoyen Jourde n'est pas acceptée.)

Le citoyen Jourde. Je remercie l'assemblée du vote de confiance qu'elle vient de m'accorder. Mais je ne puis retirer ma démission, pour des raisons que je lui exposerai quand elle voudra bien m'entendre. Il m'est impossible, en présence du vote d'hier, d'accepter la responsabilité qui m'incombe. J'ai tout d'abord à vous déclarer que je n'ai pas été seul, et que j'ai été aidé par le citoyen Varlin, qui a rendu autant de services que moi. Je remercie donc l'Assemblée, tant en son nom qu'au mien.

Maintenant, il me faut bien le dire puisque c'est le fond de ma pensée, vraie ou fausse, mais je crois que, non pas au point de vue personnel, mais au point de vue général du crédit et des ressources qu'il pouvait m'offrir, la situation de votre délégué aux Finances n'est plus la même depuis le vote d'hier sur le Comité de salut public. Peut-être mes craintes à ce sujet ne sont-elles pas mieux fondées que ne le seraient dans cette hypothèse les appréhensions du monde économique au sujet du Comité et de ses conséquences. Mais à mon point de vue, il m'est impossible d'accepter la tâche qui m'est confiée.

Le citoyen Vésinier. Permettez-moi de répondre deux mots au citoyen Jourde. Si le citoyen Jourde a eu des motifs sérieux, ceux qui résultent du vote d'hier, de donner sa démission, je crois cependant qu'il doit comprendre que le vote est une chose faite, que c'est un vote acquis, qui est indépendant de nous. Que ce vote puisse exercer une influence fâcheuse sur le crédit, c'est ce dont nous ne pouvons être juges. Je prie donc le citoyen Jourde de rester aux Finances et de faire cette expérience.

Nous l'attendons de son républicanisme, de son dévouement.

Le citoyen Andrieu. Citoyens, moi aussi je viens de voter pour que le citoyen Jourde retire sa démission. Mais en votant ainsi, j'avais compris une chose que ne me semblent pas avoir compris tous ceux qui ont voté comme moi.

Pour que le citoyen Jourde reste aux Finances, il faut lui rendre les finances possibles. Je m'explique. Le crédit vit et naît de certaines conditions. Pour cela, il faudrait que l'article 3, qui accorde des pleins pouvoirs au Comité de salut public, fût supprimé. S'il en était ainsi, je serais le premier à dire à Jourde, mon ami, qu'il a tort de se piquer sans raison. Mais ce mot « *pleins pouvoirs,* » est terrible, et je comprends, pour ma part, que si l'on ne supprime pas cet article, le citoyen Jourde ne veuille pas accepter une telle responsabilité.

Le citoyen Lefrançais. Je n'ai que peu de choses à ajouter. Tout ce qui vient d'être dit explique bien la situation. Le citoyen Jourde vous a expliqué ses vues particulières sur les mesures à prendre pour entretenir le crédit et rétablir la circulation monétaire. Si le Comité de salut public a des vues différentes de celles du citoyen Jourde, vous voyez d'ici le conflit qui va naître. Si vous accordiez l'exception que vous demandait le citoyen Andrieu, vous détruiriez l'économie de tout le système. D'un autre côté, je regrette que Jourde ne reste plus aux Finances.

Le citoyen Miot. Je suis fortement surpris de cette espèce de crainte qui surgit à l'occasion du Comité de salut public. Ce que j'ai eu en vue, c'est de frapper la trahison. (Bruit). Du moment où nous laissons à la Commune tout pouvoir, il me semble que les garanties sont suffisantes, et que le citoyen Jourde peut conserver ses fonctions, d'autant plus qu'il pourra toujours offrir sa démission.

Le citoyen Billioray. Voici une supposition toute gratuite : le Comité de salut public, dit-on, entravera la situation. Mais, citoyens, le 19 mars a été un jour terrible pour le crédit, et la Banque nous a donné un million. Le crédit viendra, et si Jourde a une certaine influence, il est évident qu'il aggraverait la situation par sa retraite. Il n'est pas présumable qu'il sera en désaccord avec le Comité.

Le citoyen Jourde. Je ne puis rien entreprendre, je ne puis rien faire ; car incontestablement, après votre décret d'hier (1) le délégué aux Finances n'est que le commis du Comité de salut public.

C'est pour cela que je ne puis accepter les fonctions que vous m'aviez confiées.

Un autre, sans doute, fera mieux que moi.

Les décisions que vous avez prises hier sont dange-

---

(1) Vu la gravité des circonstances et la nécessité de prendre promptement les mesures les plus énergiques, les plus radicales :

La Commune,

ARRÊTE :

ART. Ier. Un Comité de Salut public sera immédiatement organisé.

ART. II. Il sera composé de cinquante membres nommés par la Commune au scrutin individuel.

ART. III. Les pouvoirs les plus étendus sur toutes les commissions et délégations sont donnés à ce Comité qui ne sera responsable que de la Commune.

reuses. Cependant je vous affirme sincèrement que je m'incline devant elles. Malheureusement mes devoirs aujourd'hui sont au-dessus de mon intelligence et de mes forces, en présence des pouvoirs étendus du Comité de salut public.

Du reste, la situation que je laisse à mon successeur est très favorable ; hier, je n'avais que 140.000 francs, aujourd'hui, les caisses renferment 2 millions.

Je répondrai au citoyen Billioray que la Banque de France n'est pas tenue de faire encore ce qu'elle a fait le 19 mars, et qu'il est du plus grand intérêt pour la Commune de ménager, et d'aider même, cette institution. Vous avez hier voté un article 3 qui porte que les délégués ne sont plus que les commis du Comité de salut public. Nous avons tous, plus ou moins, la science politique ; or, nous savons en quoi consiste ce qu'on appelle des conflits de pouvoirs émanant de mêmes autorités, il n'y a personne de nous qui ne comprenne que les délégués responsables entreront, un jour ou l'autre, en conflit avec le Comité du salut public. Il ne m'est point possible, au nom du Crédit communal, de rester à mon poste.

Comprenez bien que des saisies ne me donneraient rien, que la saisie des titres ne me donnerait pas davantage ; les Prussiens, par exemple, nous diraient : « Vous êtes en train de faire une œuvre nouvelle, socialiste ; c'est fort bien, mais nous, nous n'avons pas à en supporter les conséquences ; ce que vous nous offrez ne nous présente pas assez de garanties, il nous faut du numéraire. » Je demandais donc, pour le salut de notre Commune, qu'on me laissât rassurer le crédit, amener le retour du numéraire à force d'économies ; tout en diminuant de 50 0/0 les droits d'octrois, en doublant le budget de l'enseignement public, j'aurais pu réduire le budget de la ville à moins de 50 millions par an.

Pour cela il aurait fallu que je pusse contracter des emprunts parfaitement garantis ; alors j'aurais pu dire aux ouvriers : « Vous avez besoin d'instruments de travail, en voilà ! »

Ne revenons pas à 93 ; les conditions économiques sont complètement changées ; en 93, le pays vivait de ses produits, aujourd'hui, il vit surtout avec les produits étrangers, et ces produits il faut les faire venir, et avant tout il faut rassurer l'échange de ces produits. Ce n'est qu'en opérant de cette manière que l'on pourra donner aux travailleurs des instruments de travail, de lutte, et je croyais faire en agissant ainsi du socialisme pratique ; mais pour atteindre mon but, il faut pour moi que les délégués soient placés sous le seul contrôle de la Commune, et puissent faire des marchés sur toutes les places de l'Europe.

Désormais, que voudriez-vous que je fisse ? Quelles garanties puis-je donner ? L'on me répondrait certainement : « Vous n'êtes rien, vous n'êtes que le commis du Comité de salut public. » Dans ces conditions, il n'y a rien à faire, il n'y a rien à entreprendre.

Le président met aux voix la réélection du citoyen Jourde comme délégué aux Finances.

Le vote, qui a eu lieu par l'appel nominal, donne le résultat suivant :

NOMBRE DES VOTANTS : 44.

Jourde.	36
Lefrançais.	2
Régère	2
Varlin	1
Voix perdue.	1

La publicité donnée au bilan établi par le

citoyen Jourde eut plus d'inconvénients que d'avantages.

Il ne fut d'abord pas du goût du capitaine-major d'un bataillon de la garde nationale, demeurant boulevard V...... Cet officier tailla sa plume et adressa un très long factum au citoyen délégué aux Finances. Après l'avoir sévèrement admonesté de son inexpérience financière, il profitait de l'occasion pour lui adresser quelques conseils bien sentis et donnés d'un ton protecteur.

« La structure de votre bilan me frappe ; tout
» en tenant compte de votre bonne volonté,
» Citoyen Délégué, je ne vois dans ce document
» qu'un simple relevé de caisse, etc.

» Mais, tout mon concours vous est acquis,
» tous mes efforts vous appartiennent ; très
» prochainement je vous adresserai un projet
» d'organisation se rattachant aux redditions des
» comptes de la garde nationale. »

D'un autre côté, la publication du bilan avait permis à certains comptables de mettre leurs écritures en concordance avec celles du caissier central et ce comptable ne laissait pas que de reconnaître les graves inconvénients de ce mode de procéder ; aussi écrivait-il le 10 mai.

« Depuis que le bilan des Finances a été livré

» à la publicité divers services ont demandé des
» renseignements *sous le prétexte de mettre*
» *leurs écritures d'accord.*

» Ce qui prouve qu'il y a peu d'ordre. Il serait
» utile d'envoyer des délégués des Finances pour
» vérifier les écritures. »

» *Signé :* G. Durand. »

Le caissier central savait bien, d'ailleurs, qu'il était impossible d'obtenir les comptes des municipalités auxquelles des fonds avaient été confiés : à plus forte raison lorsqu'il s'agissait des recettes qu'elles faisaient elles mêmes, et de leur autorité privée, comme la municipalité du vingtième arrondissement qui encaissait, par exemple, le 21 mars, 6,200 francs pour la vente, par elle faite, de baraquements établis sur les boulevards. Aussi le caissier central, disait-il encore le 25 avril 1871 : « que le vingtième arron-
» dissement était mal administré, qu'il en avait
» des preuves matérielles, et qu'il priait la com-
» mission des Finances, si elle avait quelque
» doute à cet égard, de le faire appeler, ne pou-
» vant exprimer par écrit ce qu'il pourrait dire
» de vive voix. »

L'opinion du citoyen Durand n'était pas moins

sévère à l'égard des municipalités des 3, 4, 7, 14, 15 et 18mes arrondissements, bien qu'elles consentissent à fournir quelques pièces justificatives, vraies ou fausses, à l'appui des dépenses effectuées. Quelle opinion ce comptable devait-il avoir de toutes les autres municipalités qui ne fournissaient aucun état de leurs dépenses ?

Le dix-neuvième arrondissement entre tous tenait la corde, et de beaucoup, pour la production d'états justificatifs couverts de croix ; plus des deux tiers des émargements affectaient ce paraphe irresponsable, aussi le caissier central pensait, non sans raison peut-être, que le Trésor devait être souvent lésé par ce moyen de procéder.

Jamais comptabilité ne fut plus mal tenue et plus irrégulière ; tout animé qu'il pouvait être des meilleures dispositions, le citoyen Durand était mal secondé, et il eût fallu avoir exécuté un des sept travaux d'Hercule pour être de taille à se reconnaître au milieu du désordre apporté dans la comptabilité des deniers de la France pendant la Commune. On est surpris de l'insuffisance des collaborateurs adjoints au caissier central et qui signaient pompeusement d'insignifiantes notes avec ce titre : « Le Chef de bureau. »

Le citoyen délégué aux Finances n'a officiellement donné que le bilan des recettes et des dépenses du 20 mars au 30 avril. Devant le troisième conseil de guerre, il a bien reconnu qu'au 23 mai les dépenses faites par la Commune s'étaient élevées à 47 millions, alors que les recettes (y compris 16 millions requis à la Banque de France) ne s'étaient élevées qu'à 43,691,000 fr. Une somme de 3,309,000 fr. avait donc été payée sans pouvoir justifier des recettes sur lesquelles ces dépenses avaient été imputées, et le citoyen Jourde n'a donné aucune explication à cet égard.

Le bilan du 3 mai 1871 peut être utilement complété par les quelques renseignements qui suivent :

Le 30 avril l'encaisse de la Commune s'élevait à . . . . 875.827 fr. 58

Le 1ᵉʳ mai (dépenses de la journée payées) l'encaisse restait à. . . . . . 2.002.472 fr. 61

Le 2 mai (dépenses de la journée payées) l'encaisse restait à. . . . . 1.695.326 fr. 03

Le 3 mai, pas de renseignements.

Le 4 mai (dépenses de la journée payées) l'encaisse restait à . . . . . 2.026.224 fr. 50

Le 5 mai, les recettes furent de 426,614 fr. 05. et les dépenses de 866.858 38, l'encaisse restait à . . . . 1.585.980 fr. 17

Le 6 mai, les recettes furent de 1.433.327 fr. 84 et les dépenses de 1.264.796 fr. 17, l'encaisse restait à . . . . 1.754.511 fr. 85

Le 7 mai. Dimanche, pas de renseignements

Le 8 mai, les recettes furent de 559.323 fr. 02 et les dépenses de 812.644 fr. 35. L'encaisse restait à . . . . 1.501.190 fr. 52

Le 9 mai, les recettes furent de 1.010.621 fr. 25 et les dépenses de 972.678 fr. 51. L'encaisse restait à . . . . 1.539.133 fr. 26

Le 10 mai, les recettes furent de 795.092 fr. 85 et les dépenses de 813.270 36. L'encaisse restait à . . . . 1.520.955 fr. 75

A partir du 11 mai, les données sur les recettes et les dépenses font défaut, mais on peut conclure de ces documents que les dépenses journalières étaient bien supérieures à 600.000 francs, chiffre établi par le citoyen Jourde, devant le conseil de guerre, attendu que, du 5 au 11 mai, la dépense moyenne, par jour, a été de 945.000 francs.

Les recettes se décomposaient ainsi :

5 mai.

	fr.	c.
Bastelicat (Contribut. indirectes).	10.000	»
Volpesnil (Octrois)	150.000	»
Morin (Tabacs).	21.100	»
Delair (Id.)	18.000	»
Barrieu (Id.)	14.905	»
Olivier (Enregistrement)	58.000	»
Durbize (Id.)	26.500	»
Lancelin, percepteur municipal.	64.875	»
Combault (Contribut. directes). .	30.000	»
Guihar (Remboursement de la garde nationale).	32.841	85
Argent trouvé	375	»
Total	426.596	85

6 mai.

Volpesnil (Octrois)	180.000	»
Guihar (Remboursement de la garde nationale)	18.095	10
Compagnie du Nord	114.540	94
Banque de France.	800.000	»
Delair (Tabacs).	15.500	»
Bastelicat (Contribut. indirectes)	45.000	»
A reporter.	1.173.136	04

	fr.	c.
Report.	1.173.136	04
Morin (Tabacs).	16.660	»
Durbize (Id.)	20.500	»
Volpesnil (Octrois)	200.000	»
Barrieu (Tabacs)	23.011	10
Total.	1.433.307	14

8 mai.

	fr.	c.
Guihar (Remboursement de la garde nationale)	35.425	60
Chemin de fer de ceinture. . . .	1.133	32
Morin (Tabacs)	32.395	»
Bastelicat (Contribut. indirectes)	17.000	»
Delair (Tabacs).	21.800	»
Banque de France	400.000	»
Durbize (Tabacs)	23.850	»
Barrieu (Id.)	27.502	70
Total	559.306	62

9 mai.

	fr.	c.
Guihar (Remboursement de la garde nationale.	27.180	15
A reporter	27.180	15

	fr.	c.
Report.	27.180	15
Volpesnil (Octrois)	400.000	»
Olivier (Enregistrement). . . .	65.000	»
Delair (Tabacs).	22.000	»
Barrieu (Id)	16.210	»
Bastelicat (Contribut. indirectes)	12.400	»
Durbize (Tabacs)	18.500	»
Banque de France.	400.000	»
Morin (Tabacs).	19.285	»
Combault (Contributions directes)	30.000	»
Total.	1.010.575	15

10 mai.

	fr.	c.
Guihar (Remboursement de la garde nationale)	26.361	05
Octroi de Paris	300.000	»
Caissier principal.	300	»
Morin (Tabacs).	17.920	»
Delair (Id.)	16.500	»
Durbize (Id.)	17.000	»
Barrieu (Id.)	17.000	»
Banque de France.	400.000	»
Total.	795.081	05

UN PEU DE COMPTABILITÉ

Après les recettes, les dépenses, et au milieu de documents de même nature, on distinguait celui-ci sur lequel on voyait que le 6 mai 1871, il avait été alloué, sur fonds spéciaux, une somme de 21.930 francs ainsi repartie :

		fr.
1er Mai.	Pic, délégué aux Pyrénées.	250 »
2 Mai.	Compagnie des aérostatiers.	1.000 »
2 Mai.	Lindy, délégué	400 »
2 Mai.	Tesnard, délégué	25 »
3 Mai.	Paula Minck.	200 »
3 Mai.	Amouroux, délégué	955 »
3 Mai.	Letailleur, délégué	2.000 »
4 Mai.	O. Pain, Rel. Extér.	6.000 »
5 Mai.	Moreau, M. Comité.	500 »
5 Mai.	Andignoux, délég.-Lyon	150 »
5 Mai.	Dumont	100 »
6 Mai.	Arthus, délég.-Genève.	2.000 »
6 Mai.	Letailleur	5.000 »
6 Mai.	Gall Hyppolite	100 »
6 Mai.	Artus délégué	250 »
6 Mai.	Artus, délégué	3.000 »
	Total.	21.930 »

jusqu'au 6 mai 1871.

LE CAISSIER PRINCIPAL.

On lisait également parmi de nombreux états de comptabilité, un relevé qui semble prouver que le Citoyen Délégué aux Finances n'a certainement pas abusé de sa situation pour toucher de gros appointements :

CAISSE CENTRALE.

Relevé des sommes perçues par le citoyen Jourde, ministre de la Commune, délégué aux Finances pour son compte personnel.

	fr.	c.
20 Mars.	100	»
22 Mars.	500	»
17 Avril.	100	»
20 Avril.	200	»
3 Mai	300	»
6 Mai	200	»
Total. . . .	1.400	»

Paris, 9 mai 1871

LE CAISSIER PRINCIPAL.

Enfin, le décompte de la solde payée à la garde nationale, du 20 mars au 30 avril 1871, était établi ainsi qu'il suit :

Mois de mars.

	fr.	c.
20 Mars............	284.760	35
21 Mars............	410.535	80
22 Mars............	640.871	»
23 Mars............	249.553	35
24 Mars............	200.206	35
25 Mars............	627.690	42
26 Mars............	554.742	92
27 Mars............	478.170	89
28 Mars............	263.352	64
29 Mars............	491.878	34
30 Mars............	545.115	20
31 Mars............	430.977	65
Total....	5.177.354	96

Mois d'avril.

	fr.	c.
1er Avril	484.698	02
2 Avril	215.336	50
3 Avril	572.804	70
4 Avril	316.302	33
A reporter......	1.589.141	55

MINISTÈRE DES FINANCES

		fr.	
Report	1.	589.141	55
5 Avril		451.769	05
6 Avril		515.936	45
7 Avril		585.645	01
8 Avril		744.671	36
10 Avril		563.645	79
11 Avril		591.785	90
12 Avril		405.267	44
13 Avril		466.507	34
14 Avril		558.849	57
15 Avril		972.333	73
17 Avril		583.232	50
18 Avril		521.439	68
19 Avril		589.570	94
20 Avril		399.605	70
21 Avril		494.664	32
22 Avril	1.	018.782	08
24 Avril		488 380	08
25 Avril		539.475	45
26 Avril		499.033	08
27 Avril		559.321	82
28 Avril		351.287	10
29 Avril	1.	075.690	90
Total	14.	566.036	84

RÉCAPITULATION :

	fr.	c.
Mars.	5.177.354	96
Avril.	14.566.036	84
Total . . .	19.743.391	80

La dépense journalière pour la solde de la garde nationale pendant le mois d'avril a été de 500,000 fr, par jour. Si on admet qu'en Mai la dépense ait été la même, pour 24 jours il y aurait encore 12 millions à ajouter au total ci-dessus. La dépense de la solde de la garde nationale pendant la Commune ne s'élèverait pas, dès lors, à moins de 32 millions.

CHAPITRE SEIZIÈME

LES FONCTIONNAIRES DES FINANCES SOUS LA COMMUNE. — DOUANES. — ENREGISTREMENT ET DOMAINES. — CONTRIBUTIONS DIRECTES.

Il n'est pas aussi facile, paraît-il, de diriger les services publics que les ignorants veulent bien le dire; l'habitude et l'expérience des affaires ne s'acquièrent pas en un jour. Pendant la Commune toutes les ambitions s'en donnèrent à cœur joie; chacun se prenant au sérieux croyait être à la hauteur des fonctions qu'il briguait, mais aussi quelles désillusions, et combien il est instructif de voir des fonctionnaires improvisés jugés par eux-mêmes.

Le 4 avril 1871, M. A. Révillon qui s'était fait décerner les importantes fonctions de directeur du service des douanes écrivait au Citoyen Délégué Jourde :

« Vous savez, cher Citoyen Ministre, que les
» services de la douane sont complètement inter-
» rompus, l'ordre ayant été donné de Versailles
» d'avoir à abandonner les lieux de travail jus-
» qu'à une époque indéterminée; les employés
» sont donc par le fait démissionnaires et il va
» être nécessaire de procéder à une réorganisa-
» tion.

» Hier, vous le savez, j'ai fait faire le compte
» de l'état actuel de la caisse et je vous ai remis
» *trente et un mille dix francs*. Il reste quelques
» fonds; mais c'est fort peu de chose. J'ai égale-
» ment un virement de onze mille six cent
» quatre francs au crédit du Trésor public. La
» Banque le prendra-t-elle ?

» A l'administration nous ne pouvons fonc-
» tionner en ce moment; il faut que d'abord le
» service des percepteurs soit repris près des
» chemins de fer sans quoi rien n'arrive aux
» entrepôts.

» Je vous verrai ensuite afin de nous consulter
» au sujet des révocations que j'ai à faire et des
» admissions pour me seconder dans mon travail
» laborieux.

» Avez-vous pensé aux stocks de la Villette?
» Il y a là très probablement de forts droits à
» faire acquitter. Cela rentrerait dans notre
» caisse.

» A vous fraternellement,

» *Signé :* A. Révillon. »

Et le 30 avril 1871.

« Citoyen Délégué,

» Je m'empresse d'après votre désir, de vous
» communiquer un état sur les frais généraux du
» personnel des douanes de Paris sous l'ancien
» régime.
» Les économies à réaliser sur les traitements
» seront considérables. Elles porteront surtout
» sur la suppression des gros traitements et sur
» la diminution notable d'employés sédentaires.
» De cette façon, l'administration, simplifiée
» dans ses rouages, se transformant par la seule
» force des idées modernes et cessant d'être un
» centre de parasitisme et de favoritisme, fonc-
» tionnera avec autant d'ordre et de précision,
» assurera plus de ressources à la Commune de
» Paris et offrira autant de sécurité au commerce.

» Mais dans l'état actuel, il est impossible de
» déterminer, même approximativement, l'éco-
» nomie à faire. A Paris, en ce moment, aucune
» marchandise n'entre ou ne sort; le service
» actif est donc naturellement fort restreint,
» d'autant plus que presque tous les préposés
» des douanes ont soit par crainte soit volontai-
» rement, abandonné leur poste. Quant aux
» employés du service sédentaire tous ont fui
» également.

» Néanmoins, en raison de l'importance de la
» douane, il est de nécessité absolue de maintenir
» une surveillance active et de reconstituer le
» personnel sédentaire indispensable même au
» service très restreint de chaque jour. Peu à
» peu, je les remplace mais comme la douane
» est, dans les détails, une des administrations
» les plus difficiles et les plus minutieuses à
» connaître, la réorganisation ne pourra donc
» s'en opérer que lentement.

» Prenez donc bonne note que, d'ici à quelques
» jours, mon personnel va augmenter; et, avec
» la reprise forcée des affaires, je pourrai alors
» vous donner un tableau réellement comparatif
» et raisonné.

» Pour le moment mon but est de faire acquitter
» le plus de droits possible sur les marchandises

» restées en entrepôt; c'est utile à la Commune
» et à la population.

» J'avais même parlé au délégué et ami Var-
» lin, il y a déjà longtemps, de mon désir,
» d'accord avec la Commune, d'élever temporai-
» rement notre escompte de douane sur l'acquit-
» tement de la marchandise payant plus de
» 600 francs de 1 à 3 0/0; cela aurait poussé les
» négociants à prendre de suite livraison de
» leurs marchandises.

» Je n'ai reçu aucune réponse à ce sujet.

» Enfin, examinez cette question, et croyez
» qu'avec toute l'économie possible, mais bien
» entendue, avec un peu de satisfaction donnée
» au commerce, nous pourrons arriver à d'excel-
» lents résultats.

» Recevez, cher Citoyen Délégué, mes saluts
» fraternels.

» *Signé :* A. RÉVILLON. »

En voyant le citoyen A. Révillon traiter les agents des douanes de l'ancien régime, comme il le dit, de parasites et de favoris, et en l'entendant affirmer que tous les rouages de l'Administration vont être simplifiés par la seule force des idées modernes, on croit entrevoir, dans un avenir très prochain, un vaste ensemble d'améliorations et d'économies. Ces rêves ont été trop souvent caressés, hélas! par des utopistes qui n'ont jamais cherché à approfondir les questions dont ils parlent, et sur lesquelles ils n'ont que des données très superficielles.

Ce n'est pas à dire que le citoyen A. Révillon ne fût un administrateur très éclairé, très intelligent et très apte à diriger un service des plus difficiles et des plus minutieux; toutefois, le général Cluseret qui, sous la Commune, ne manquait pas d'une certaine notoriété écrivait au citoyen Varlin, en parlant de la Direction des Douanes :

« Mon cher Varlin,

» La Direction de la Douane est absurde. Le
» Directeur ne sait même pas quelles sont les
» mesures pour douaner les draps.
» En sorte que l'État perd les droits de douane
» et nous l'usage des draps dont nous avons
» besoin.
» Mettez-y quelqu'un qui s'y connaisse.

» Bien à vous,

» Signé : Général Cluseret. »

Passons à un autre :

Le citoyen Massard, ex-sergent major au 238e bataillon de la garde nationale, s'était fait nommer Directeur des Domaines de la Seine et de l'Atelier général du Timbre. Il conserva la Direction de ce service jusqu'au 7 avril sans y apporter, je crois, de bien importantes réformes ; mais relevé de ses fonctions, à la suite d'un petit incident signalé par le citoyen commissaire de police du quartier de la Porte Saint-Denis, il écrivait au citoyen Jourde :

« 8 avril 1871.

» Citoyen,

» J'ai l'honneur de vous accuser réception de
» votre communication me relevant de mes
» fonctions.
» Je vous remercie d'avoir mis à la retraite un
» vieux soldat du droit et de l'émancipation ;
» ses mains étaient trop débiles et vous avez eu
» raison d'en choisir de plus intelligentes.

» Salut fraternel.

» D. Massard.
» Ex-Directeur. »

Au citoyen Massard succéda le citoyen Olivier.

L'acte le plus marquant de l'Administration du citoyen Olivier est celui-ci :

Il avait notifié à un conservateur des hypothèques de Paris, M. P... d'H..., rue de la Pépinière, d'avoir à lui rendre des comptes et à verser à la Commune les produits du Trésor.

Les ordres du citoyen Olivier ne furent pas goûtés par M. P... d'H... qui répondit très crânement :

« Je soussigné, Conservateur des hypothèques,
» obligé de quitter mes fonctions et ma conserva-
» tion pour ne pas obéir à un monsieur Olivier se
» disant Directeur de l'Enregistrement qui m'a
» envoyé deux personnes avec un ordre écrit de
» lui rendre des comptes et de verser à la Com-
» mune les produits du Trésor, donne par ces
» présentes pouvoir à M. D..., l'un de mes prin-
» cipaux commis, de me représenter dans toutes
» les perquisitions qui pourront être faites chez
» moi. Mais je ne lui donne aucun pouvoir pour
» gérer la Conservation, attendu que je n'en ai
» pas le droit.

» J'ai emporté tous les fonds.

» Paris, 29 avril 1871.

» Signé : P... d'H... »

M. Olivier ne perdit pas un instant pour faire constater la téméraire audace de M. P... d'H... et, le jour même, devant un commissaire de police, on rédigeait ce procès-verbal.

« L'an mil huit cent soixante-onze, le vingt-
» neuf avril, à la requête du Directeur de l'En-
» registrement et du Timbre, les soussignés
» désignés pour prendre possession du restant en
» caisse existant au premier bureau des hypo-
» thèques de Paris, situé au 1er étage, numéro 2,
» de la rue de la Pépinière, tenu par M. Pagart
» d'Hermansart, Conservateur ;
   » Certifions nous être transportés ce jour, à
» cinq heures, audit bureau ou étant ; ayant
» fait connaître aux employés le but de notre
» mission, il nous a été répondu que le titu-
» laire du bureau était absent et il nous a
» été présenté par le citoyen D.... une lettre
» annexée au présent, de laquelle il résulte que
» M. Pagart ne reconnaissant pas l'autorité
» de la Commune, a emporté les fonds par lui
» encaissés.
   » Dans ces circonstances, nous avons requis le
» commissaire de police de vouloir bien nous
» assister dans la prise de possession du premier
» bureau des hypothèques, avec tous les archives,

» registres, papiers et documents dépendant du
» bureau.

» Ce fait, et attendu qu'il serait trop long de
» régulariser la situation de la caisse par le rap-
» prochement des registres et qu'il convient, vu
» l'importance des intérêts engagés dans ce ser-
» vice, de prendre des mesures conservatoires,
» nous nous sommes saisis des clefs des portes
» donnant accès au bureau et les avons laissées
» en la possession du commissaire de police jus-
» qu'à ce qu'il ait été statué par l'Administra-
» tion.

» Ce procès-verbal a été dressé en présence :
» 1° De Antoine Dubert, 23, rue Muller ;
» 2° De Charles Charle, 54, rue de Lévis ;
» 3° De Louis Paul Houblain, 53, rue Polon-
» ceau ;
» 4° De Jean, Baptiste, Edmond Charle,
» 54, rue de Lévis ;

« Tous les quatre employés de la Conservation.

« A cet instant, ayant reconnu qu'une porte
» donnant accès dans le grand escalier était
» privée de sa clé présumée être restée en la
» possession de M. Pagart qui pourrait à sa
» volonté revenir dans les bureaux, nous y avons
» suppléé par la pose d'un cadenas à l'intérieur.

» Nous soussignés rédacteurs, prenant en con-

» sidération qu'il s'agit d'un service de la plus
» haute importance et que de nombreux intérêts
» pourraient être compromis s'il restait sus-
» pendu, nous avons invité les signataires du
» présent à se retrouver lundi prochain, 1ᵉʳ mai,
» à six heures du matin, au numéro 2 de la rue
» de la Pépinière, pour assister, s'il y a lieu, à
« la réouverture des bureaux.

» Le présent, dressé pour servir et valoir ce
» que de droit a été signé après lecture.

» Signé : DUBERT. — HOUBLAIN
» CHARLE. — ED. CHARLE. »

Les rédacteurs du procès-verbal paraissent avoir signé : E. PAULAIN et NARRET, mais leurs signatures sont illisibles.

Le délégué du commissaire a signé : THOMÉ.

Dès que le citoyen Olivier eut le procès-verbal il s'empressa d'écrire au citoyen Jourde une lettre qui doit être un des actes les plus importants de sa courte administration :

« *Le Directeur de l'Enregistrement au Délégué*
» *aux Finances.*

» Je viens appeler d'une manière toute parti-
» culière votre attention sur les faits suivants et

» vous prier de prendre, au plus vite, les résolu-
» tions que vous jugerez utiles.

» Dans l'intérêt de mon administration, j'ai
» voulu prendre possession des soldes en caisse se
» trouvant au premier bureau des hypothèques de
» Paris, sis rue de la Pépinière, numéro 2. Cette
» mesure ne s'appliquait uniquement qu'aux
» sommes reçues pour le compte du Trésor et
» non aux salaires que le public paie pour la
» formalité donnée par le Conservateur et enga-
» geant sa responsabilité personnelle et non celle
» du Trésor.

» Le Titulaire du bureau, M. Pagart d'Her-
» mansart, ayant formellement déclaré qu'il ne
» reconnaissait pas l'autorité de la Commune,
» qu'il voulait être relevé de ses fonctions et
» rendre des comptes réguliers, l'opération fut
» renvoyée à cinq heures du soir. Le bureau
» restant ouvert au public jusqu'à quatre heures.

» A cinq heures, M. Pagart était parti laissant
» une lettre.

» On a dressé un procès-verbal et averti le
» Comité de sûreté générale pour l'arrêter,
» s'il était possible, et aussi pour prendre des
» mesures vis à vis des autres Conservateurs
» de Paris pour éviter leur départ, bien que l'un
» d'eux, M. Fessard, 114, rue Nollet, ait pris

» l'obligation de continuer son service, et de verser
» à mon administration les sommes lui revenant.

» Dans les bureaux de M. Pagart, il est resté
» quatre employés qui paraissent disposés à rester
» au service de la Commune.

» Le service des hypothèques est excessivement
» délicat au point de vue de la responsabilité vis à
» vis du public. La moindre erreur dans l'accom-
» plissement d'une formalité, une mention erronée
» peuvent faire perdre des sommes considérables.
» Le titulaire, en raison de cette responsabilité,
» avait un cautionnement de 300,000 fr., spécia-
» lement affecté à garantir le public de ses erreurs.

» Les recettes au profit de l'État étaient très
» faibles puisque les remises de M. Pagart, sur
» les sommes revenant au Trésor ont été, pour
» l'année 1870, de 525 fr. et les salaires payés par
» le public de 80,270 fr. Mais sur ces sommes tous
» les frais de bureau et d'employés étaient à sa
» charge. En temps ordinaire, il y avait de 30 à
» 35 employés et tous les frais étaient, au dire d'un
» employé, de 65,000 fr. par an.

» Ce bureau ne peut rester fermé ; mais en pré-
» sence de l'immense responsabilité qu'il y a à
» encourir, j'ai besoin de vous en référer et demain
» lundi, dès le matin, je ferai prendre vos ins-
» tructions.

» Les quatre employés qui sont restés au bu-
» reau paraissent avoir les connaissances néces-
» saires pour le servir actuellement et j'ai sous la
» main, parmi les personnes qui se sont pré-
» sentées pour offrir leurs services à la Commune,
» quelques noms présentent des connaissances
» que l'on pourrait utiliser, mais la question
» principale porte sur la responsabilité que la
» Commune pourrait encourir par le fait d'une
» erreur d'un employé.

La question se trouve ainsi posée :

» 1° Ou la Commune accepte la responsabilité
» vis-à-vis des particuliers avec un personnel à
» traitement fixe sans cautionnement vis-à-vis
» du public,

» 2° ou la Commune placera un gérant respon-
» sable avec cautionnement immobilier vis-à-vis
» du public,

» 3° ou la Commune laissera le service de la con-
» servation sous la responsabilité de M. Pagart
» d'Hermansart qui, ayant abandonné ses fonc-
» tions sans avoir été relevé régulièrement de
» son service, demeure toujours engagé et les bu-
» reaux entre les mains de ses employés.

» Saluts fraternels,

« Signé : J. Olivier

» Paris, 30 avril 1871. »

Le citoyen Olivier était aussi préoccupé, à peu près vers la même époque, de ce que les Compagnies de chemins de fer et diverses autres Sociétés constituées par actions n'acquittaient pas, entre les mains de son administration, les sommes considérables alors exigibles.

Citoyens, écrivait-il aux membres de la Commune, de nombreux avis ont été adressés aux Compagnies de chemins de fer, aux Sociétés en actions pour les inviter à se libérer envers le Trésor. Quelques-unes ont répondu à l'appel ce qui nous a permis à la date de ce jour (25 avril) d'encaisser 584,971 francs tandis que les recettes devraient être au moins de trois à quatre millions.

Pour amener les Compagnies à acquitter l'impôt le citoyen Olivier proposait :

Un décret organisant une commission des Finances statuant rapidement sur les réclamations de son administration vis à vis des redevables, ayant pour objet d'éviter les lenteurs de la procédure en matière d'enregistrement et de faire venir devant la commission, à bref délai, et sur simple sommation, le débiteur ou son fondé de pouvoirs, l'Administration étant représentée par un employé soutenant sa demande. La commission devait statuer, séance tenante, et autoriser les poursuites vigoureuses variant, suivant les circonstances de la cause, l'importance des sommes dues, la position du débiteur. On aurait pu occuper militairement les locaux de ceux refusant de payer ou nommer un séquestre pour faire les recettes s'il y en avait à faire, comme dans les gares ou compagnies d'assurances, jusqu'à parfait acquis, ou établir des garnisaires comme en matière de contributions directes, ou vendre les meubles, mettre sous scellés les livres, papiers, etc., etc.

La commission devait être en permanence et avoir pour mission de concilier les intérêts de l'administration avec ceux des contribuables qui auraient fait preuve de bonne foi.

Le citoyen Olivier n'y allait pas de main morte, heureusement pour les contribuables que le pouvoir du citoyen Olivier n'a été qu'un pouvoir de peu de durée.

Bien que d'autres extraits, notamment des passages de lettres émanées du citoyen Fontaine ex-directeur des domaines à Paris, sous la Commune puissent présenter un certain attrait, j'arrive au service des Contributions Directes.

En effet, il n'est pas sans intérêt de reproduire les appréciations portées par un agent chargé d'inspecter le service des Percepteurs de Paris nommés par la Commune.

Le citoyen M....., adressait le 15 avril 1871, aux citoyens Combault et Faillet, délégués à la direction générale des Contributions Directes (que le service des percepteurs ne concerne aucunement) un rapport qui démontre, qu'en moins de vingt jours, cet inspecteur improvisé avait pu se faire une opinion de la valeur et des aptitudes des percepteurs de Paris.

On y lisait :

« Conformément à la mission que vous avez
» bien voulu me confier, je viens vous rendre un
» compte exact et fidèle de la situation dans
» laquelle, lors de mon inspection, j'ai trouvé
» chacun des percepteurs de Paris.
» Pour donner plus de clarté et de précision à
» ce travail j'ai dressé un tableau par arrondis-
» sement et par perception avec les mentions en
» marge. »

Il ressort de ce tableau que tous les Percepteurs s'occupaient bien ou très bien (véritables notes hebdomadaires) du service dont ils étaient chargés. Deux ou trois, les citoyens B..., du 5ᵉ arrondissement, première division ; G..., du 9ᵉ arrondissement, première division ; C..., du 15ᵉ arrondissement, deuxième division étaient un peu faibles, s'occupaient peu du service, mais ils promettaient de bien marcher à l'avenir.

« Pour rendre hommage à la vérité, disait
» l'inspecteur, je dois avouer que j'ai trouvé soit
» de la part des citoyens percepteurs, soit de la
» part de leurs employés, beaucoup de bonne
» volonté et surtout beaucoup de dévouement.
» J'espère que par l'impulsion que je m'efforce de
» donner au fonctionnement des contributions
» directes, nous arriverons sous peu à un résultat
» satisfaisant.

» Salut et fraternité.

» Signé: M.... »

Si le citoyen Combault avait d'excellents rapports avec l'agent chargé de vérifier les Percepteurs de Paris, il n'était pas dans d'aussi bons termes avec le citoyen P...., proscrit du Deux-Décembre, et qui s'était fait nommer aux fonctions de Conservateur à l'Entrepôt général des vins, quai Saint-Bernard. Pourquoi aussi le citoyen Combault avait-il la prétention, en sa qualité de délégué aux Contributions Directes, de faire relever de son service l'Entrepôt général des vins?

Quoiqu'il en soit, le 9 avril, le citoyen Combault se présentait à l'Entrepôt.

Je laisse la parole au citoyen P.... qui écrivait le 12 avril aux membres composant la Commission des services publics à l'Hôtel de ville :

« Je reçus la visite du citoyen Combault se
» disant Inspecteur des Finances et Délégué à la
» Direction des Contributions Directes, qui parut
» étonné de me trouver à ce poste parce que, pré-
» tendait-il, la conservation de l'Entrepôt rentrait
» dans ses attributions et qu'il avait l'intention de
» nommer à cet emploi un de ses amis dont je n'ai
» pas besoin de faire connaître le nom. Ajoutant,
» toutefois, que puisque j'étais en possession, il
» allait aviser au moyen de caser ailleurs l'ami en
» question.

» Je lui fis observer qu'il faisait confusion en ce
» sens que jamais, et à aucun titre, le conserva-
» teur de l'Entrepôt ne pouvait et ne devait relever
» du ministère des Finances par la bonne raison
» que ses attributions étaient exclusives de toute
» perception et de toute responsabilité de deniers
» publics.

» Le sieur J. Combault, bijoutier de son état,
» paraît-il, me semble ne pas comprendre cette
» distinction élémentaire, et en me laissant suffi-
» samment voir que ses capacités financières et
» administratives ressemblaient étrangement au
» Chrysocale sur lequel il exerce ordinairement

» l'étendue de son génie, il me quitta en me
» disant d'adresser mes rapports au ministère
» des Finances.

» Or, tout en continuant de les adresser à la
» Commission des services publics, et pour me
» conformer aux ordres de ce singulier financier,
» j'adressai à partir de ce jour au ministère des
» Finances un duplicata de mes rapports et je
» demandai au délégué aux Finances de me laisser
» la faculté de choisir moi-même, pour commis
» principal, un homme dont je puisse, en raison
» de mon expérience de l'endroit, apprécier les
» aptitudes spéciales.

» Or, le même jour, je recevais du citoyen Com-
» bault la lettre dont voici copie :

» Citoyen P....,

» Je vous adresse le citoyen B....., et vous prie
» de l'accepter comme premier employé. Il a non
» seulement les aptitudes nécessaires, mais encore
» il a les convictions pour mener à bien la réorga-
» nisation du service dont vous êtes chargé.

» Salut et égalité.

» Signé : Combault,
» Délégué à la direction des contributions directes.

» J'acceptai donc le citoyen B..., ci-devant
» tailleur et contrôleur à l'entrée du théâtre du
» Vaudeville comme principal employé, et bien
» que je n'aie guère eu le temps de l'apprécier,
» je ne fais aucune difficulté de reconnaître
» que j'aurais plus de confiance dans la sin-
» cérité de son bon vouloir, et dans la droi-
» ture de son bon sens que dans les capacités
» administratives financières de son protecteur
» Combault.

» Toutefois je ne pus m'empêcher de voir dans
» la recommandation impérative du citoyen
» Combault autre chose que ce qu'il y avait, à
» savoir : l'inauguration malsaine de l'esprit
» de camaraderie se substituant sans gêne au
» lieu et place du ci-devant népotisme monar-
» chique. »

Le 13 Avril, le citoyen P..., qui n'avait sans doute pas le bras aussi long que le citoyen Combault recevait cette lettre :

« Citoyen P...,

» Attendu que des rapports qui nous parvien-
» nent, il résulte que vos aptitudes à remplir l'em-
» ploi qui vous avait été confié sont insuffisantes,

» nous avons le regret de vous adresser votre
» révocation.

» Le Délégué aux Contributions directes.
» Signé : COMBAULT.

» Approuvé :
» Signé : VARLIN. »

A la lecture de ce document, écrit le citoyen
P..., « j'avoue que sans songer à me demander
» si l'appréciation de mes aptitudes relevait bien
» de la compétence des capacités Combault et
» consorts, je me sentis parfaitement à l'aise et
» me contentai de répondre : ·

» *Au citoyen délégué aux Finances.*

» Je reçois du citoyen Combault, inspecteur
» des Finances, une révocation prévue et bien
» inutile en ce sens que vous avez bien dû penser
» que je n'étais pas d'humeur à accepter dans
» mes attributions que je connais parfaitement,
» l'immixtion d'ingérences qui y sont tout à fait
» étrangères.

» Je n'ajoute aucun commentaire.

» Salut fraternel,

« Signé : P...,
» 15, Boulevard Saint-Germain. »

Comme le citoyen P..., je m'abstiendrai de commentaires ; je le ferai avec d'autant plus de raison que les citations produites permettent d'apprécier et de juger les pilotes qui ont, un moment, saisi le gouvernail des administrations financières.

CHAPITRE DIX-SEPTIEME

UN PEU DE CORRESPONDANCE SOUS LA COMMUNE.

Lorsque j'appartenais à l'administration, j'ai souvent vu passer sous mes yeux des lettres bien curieuses et avec lesquelles on eût pu faire un très amusant album. Les plus persuasives, les plus pathétiques étaient adressées à l'Empereur et à l'Impératrice qui, j'en suis convaincu, n'en recevaient pas moins de cent mille par an. Des fanatiques allaient jusqu'à écrire leur épitre avec leur sang ; d'autres joignaient une mêche de leurs cheveux, d'autres leur photographie ; j'ai même vu un brave militaire transmettre la balle extraite de la blessure qu'il avait reçue sur le champ de bataille.

Sous la commune comme sous l'Empire, le Français a toujours été très disposé à écrire, et c'est à ce faible que je dois d'avoir vu passer sous mes yeux quelques lettres, écrites à différents points de vue, aux membres délégués de la Commune, et qui valent la peine d'être lues.

Celle-ci est des plus dignes.

« *Au citoyen Varlin, membre de la Commune*
» *délégué aux Finances.*

» Je suis libre penseur et conséquemment répu-
» blicain. Je vous en ai donné des preuves, en
» souscrivant en faveur de la société des mégis-
» siers et en vous donnant mon obole pour l'Inter-
» nationale ; je crois donc avoir qualité pour vous
» adresser une requête et j'ose espérer que vous
» voudrez bien la prendre en considération.

» Le curé de Montmartre (M. Bertaux) a été
» arrêté hier 10 avril. J'ignore les motifs de cette
» arrestation.

» Je connais ce prêtre depuis 23 ans comme
» enfant du Pays et, comme un honnête homme,
» j'ai pour lui de l'affection et de l'estime quoique
» mon *credo* diffère absolument du sien. Je le sais
» incapable de tout acte déloyal ; c'est vous dire
» que pour moi il est victime d'une erreur. Or
» une erreur de ce genre ne peut être que funeste
» à la République, laquelle ne doit et ne peut
» avoir pour base que la justice et le respect absolu
» de la liberté individuelle. En vertu de ces prin-

» cipes que je sais être les vôtres, je viens vous
» prier d'user de votre influence pour faire
» élargir celui que comme homme j'appelle mon
» ami.

» J'ai une entière confiance en vous et c'est dans
» ces sentiments que je vous adresse de cœur mon
» salut fraternel.

» Signé : E. F.
» Rue Coq-Héron.

» Paris, 11 avril 1871. »

Cette lettre, (étant donné que le rédacteur est libre-penseur), est assurément empreinte de sentiments élevés et fait honneur à celui qui l'a écrite. Il me semble avoir entendu dire qu'il n'était plus de ce monde et les journaux auraient, à l'époque de son décès, fait allusion à la lettre que je publie aujourd'hui.

En voici une d'un tout autre genre, mais qui ne laisse pas que d'avoir un certain cachet d'originalité :

« Paris, 11 avril 1871.

» Mon cher Varlin,

» C'est à peine que je me suis aperçu tant je suis
» borné, pourtant c'était bien envoyé, que ma
» présence ou mes deux, trois ou quatre visites

» étaient importunes et t'ennuyaient, mais, sois
» tranquille, comme disent les enfants, je n'y
» reviendrai plus : c'est une leçon, voilà tout. J'ai
» cru un instant que nous étions un peu liés d'a-
» mitié ; voilà pourquoi j'ai osé monter les escaliers
» et arriver jusqu'à toi, voulant offrir et donner
» même mes services à la cause que nous avons
» soutenue, combattue et vaincue. J'aime à
» croire que tu ne le nieras pas et, j'oserai bien
» mieux dire, j'exige un office quelconque en rap-
» port avec mes aptitudes que tu ne contesteras
» pas davantage. Mais bref, je sais bien qu'il y a
» des moments dans la vie qui sont durs à traver-
» ser et dame ! où l'on oublie tout ; mais, quant à
» moi, mon cher Varlin, je n'oublierai jamais que
» ta voiture t'attend en bas et surtout d'y prendre
» place.

  » Tout à toi.

         » Signé : P.

 » *P.-S.* Sans rancune pour le succès de la
» cause ; ces vanités mesquines et personnelles
» s'oublient et disparaissent. »

Celle-ci émane de la plume du citoyen E. F. qui occupait une situation très importante auprès de M. Durand, Caissier central du Trésor.

« *Au citoyen Jourde.*

» Citoyen,

» Hier au soir, 26 avril, j'ai vu avec surprise
» que dans la salle du théâtre du Gymnase le
» faisceau de drapeaux remplaçant les armoiries
» de l'ex-Empereur était formé de drapeaux aux
» couleurs Versaillaises. Un théâtre étant un lieu
» public, il me semble que le Directeur devrait
» mettre plus d'empressement à orner la salle des
» couleurs de la Commune ; un mot de vous, Ci-
» toyen, pourrait faire changer cet état de choses.

» Veuillez agréer, Citoyen, mes saluts fra-
» ternels.

» Signé : E. F. »

Le citoyen D..., maire du dix-huitième arrondissement, aimait à rire et ne dédaignait pas la forme plaisante :

» Paris, 6 mai, 1871.

» *A son Excellence Monsieur le ministre des Finances en son domicile de la rue de Rivoli.*

» Mon cher Jourde,

» Je ne sais si tu te souviens que je t'avais
» donné lundi dernier la carte d'un citoyen que

» je te recommandais avec instance. Tu l'as ou-
» blié sans doute, car il n'a pas reçu de lettre
» de toi.

» Je t'ai souvent entendu dire qu'il te faudrait
» une vingtaine de collaborateurs sérieux. Je t'en
» signale un et tu *l'oublie*. Je t'assure que tu peux
» compter sur lui, j'en réponds ; et il n'est pas
» novice dans la banque puisqu'il sort d'une
» maison où il était depuis six ans *passé*. Je te
» l'envoie, il te portera lui-même ce mot, tu
» parleras un instant avec lui et tu verras ce *qui*
» peut faire.

» Recevez, Excellence, les salutations les plus
» respectueuses de votre dévoué serviteur.

» Je te serre la main.

» Signé : D... »

Une note du bureau du personnel de la Commune de Paris mérite bien une mention.

» Paris, 10 avril 1871.

» *Note à la commission des Finances.*

» Citoyens,

» Les papiers qu'on laisse traîner ou qu'on
» jette dans la corbeille ont toujours joué un

» grand rôle dans la police de nos ennemis, qu'on
» aurait tort de croire inactive en ce moment.

» En conséquence, au nom de l'œuvre commune, le soussigné prend la liberté de vous inviter au plus grand ordre (emploi de chemises, de casiers et de tiroirs fermant à clef) et surtout de vous prier de brûler, chaque soir, tous les papiers de rebut.

» Salut et fraternité.

» Le Chef du personnel de l'Administration communale
» de Paris,

» Signé : F. L. »

Le 15 avril 1871, le citoyen Chalois, membre de la Commune, délégué au Comité de sûreté générale, écrivait au citoyen Varlin :

« CHER VARLIN,

» Je t'envoie une déclaration très intéressante qui est, je crois, de ton *ressor* à propos des eaux de Paris.

» Le citoyen porteur de ce message te communiquera cela à propos des Finances à en retirer. P. J., le porteur demande la direction du 111, rue Saint-Honoré, il en connaît la *direction*. »

Le citoyen Varlin a écrit en marge de cette lettre :

« Le citoyen P..., 84, rue L... (qui n'était
» autre que le recommandé), ne paraît pas être
» très sérieux et aimer à boire. »

Celle-ci a un cachet qui lui est propre :

« MON CHER VARLIN,

» Je t'adresse le citoyen Nicolas que je connais
» beaucoup et qui travaille avec nous aux Tui-
» leries pour le comité du troisième arrondisse-
» ment depuis le 4 Septembre.

» C'est un garçon soigneux, fort intelligent et
» dans nos idées.

» Discipliné comme pas un, si tu peux l'em-
» ployer et l'attacher à ta personne, ce sera un
» splendide chien de garde.

» Je te serre la main.

» A. G. »

En voici une plus cavalière :

« CHER JOURDE,

» Nous sommes au *forts* de Vanves ou votre
» présence nous *ferais* plaisir ne *scraice* que

» quelques minutes. Je suis *venus* pour vous
» *serrez* la main et vous *priez* si vous allez dans
» le *quartiez* de *montez* chez moi où vous pour-
» riez y rendre un petit service momentané.

» Je vous serre la main.

» R.
» 9, rue d'A.

» *P. S.* — Nous avons *eus* le plaisir de *serrez*
» la main au général Cluseret hier. Dupont est
» mort hier. Enterrement civil *aujourdhuit*
» 4 heures, rue Cardinal, 25. »

Nous passons à l'épitre d'un sujet russe, réfugié politique : il faut reconnaître que les étrangers prennent trop souvent dans nos révolutions un rôle qu'ils devraient bien aller jouer dans leur Patrie.

« Paris, 13 germinal 79.

» Citoyen,

» La Commune de Paris étant le germe de la
» vraie République en France, en Europe et dans
» le monde entier, il est du devoir de chaque
» honnête homme d'assurer, dans la mesure de
» ses forces, la victoire de la Commune. Je vous
» prie donc, Citoyen, d'être mon intermédiaire

» entre elle et moi et lui offrir mes services, soit
» comme employé civil, soit comme soldat. Je
» laisse le choix entièrement au gré de la Com-
» mune. Mon offre étant *celui* du devoir et du
» dévouement sans aucune arrière pensée. Dans
» le cas où la Commune aurait besoin d'un soldat
» plutôt que d'un employé, je demande à entrer
» dans la cavalerie, mes varices me rendant inca-
» pable de supporter les longues marches dont
» l'infanterie est tenue.

» Salut et fraternité.

» Eugène Guigitrky,
» Littérateur, refugié politique russe.
» 19, rue Bréa. »

Un étudiant en droit, à peine sorti du collège, le citoyen A. B... écrivait :

« Monsieur,

» N'ayant pas dix-neuf ans et me trouvant par
» là exempt du service militaire,

(La valeur attendait le nombre des années.)

» je suis vraiment honteux, dans la crise pénible
» que nous traversons, d'être sans emploi, sans
» la moindre utilité pour la Commune. Aussi est-

» ce avec un vif sentiment de joie qu'apprenant
» que vos bureaux manquent d'employés, je m'em-
» presse de vous offrir mon concours de quelque
» petite utilité qu'il puisse être. Je vous apporte-
» rai, si vous voulez bien faire droit à ma demande,
» une carte d'étudiant en droit, car mon diplôme
» de bachelier-ès-lettres est chez mon père.

» Veuillez agréer, etc. »

» Signé : B...
» Etudiant en droit.
» Rue Cujas. »

Celle-ci est assez amusante; c'est le moyen de ne pas prendre possession d'un fonds de pharmacie que l'on a acheté.

« *A M. J... Membre de la Commune*

» Paris, 12 avril 1871.

» Mon cher....,

» Je viens de lire dans le *Cri du Peuple* un décret
» du docteur Parisel concernant l'organisation
» d'un Corps médical en bataillon de marche.
» Vous manquez donc de chirurgiens et d'élèves.
» Je m'ennuie énormément; je pensais avoir fait
» une bonne affaire, car je croyais me marier en

» achetant la pharmacie, mais aujourd'hui mon
» mariage est complètement raté. Il me serait
» donc impossible de remplir mes engagements
» vis à vis du vendeur. Je viens donc te prier de
» vouloir bien employer toute ton influence pour
» me faire nommer dans un bataillon de guerre
» de garde nationale comme aide-major. Tu n'i-
» gnores pas que je suis capable d'en remplir les
» fonctions puisque j'ai passé deux ou trois ans
» comme interne dans les hôpitaux et que pendant
» le siège j'ai rempli les fonctions d'interne en
» médecine et en pharmacie à l'ambulance du
» Ministère des affaires étrangères. J'ai, du
» reste, une carte que tu connais et qui constate
» le fait.

» Voici le moyen que je voudrais que tu em-
» ployasses : Comme il y a décret, tu me ferais
» envoyer un ordre formel de me rendre à l'Hô-
» tel de ville (section médicale) pour affaire qui
» me concerne et je serais *sensé* subir la loi
» commune.

» De cette façon mon marché serait résilié
» de droit et je serais débarrassé de bien des
» ennuis.

» Pardon mille fois du dérangement que je te
» cause, mais enfin si vous avez réellement besoin
» de chirurgiens et d'élèves, je crois qu'en me

» rendant service, tu rendras aussi un vrai service
» à la Commune dont tu es membre.

» En attendant une réponse, et je l'attends
» avec impatience, je te serre cordialement la
» main.

» Ton ami,

» A. C.

» Rue Cassette. »

Une dernière épitre pour finir ce défilé déjà long.

Elle émane d'un négociant en vins et spiritueux.

« Paris, 13 avril 1871.

» Citoyen J...

» Il est bien d'élever des monuments à la
» mémoire des citoyens qui ont rendu des services
» à l'humanité afin d'en perpétuer à jamais le
» souvenir, mais les statues des hommes qui ont
» fait assassiner les peuples les uns par les autres
» et que les Rois ont fait élever sur nos places
» publiques sont une insulte à la raison et au
» sens commun ; il faut les faire disparaître et

» en faire (le jour où on les jettera par terre)
» un jour de réjouissances publiques.

» La Commune de Paris inaugurera ainsi son
» règne par un grand acte national.

» Signé : B...

» Auteur de la réponse d'un français au plébiscite impérial. »

CHAPITRE DIX-HUITIÈME

LA MISE EN RETRAIT D'EMPLOI D'UN FONCTIONNAIRE.

(27 décembre 1880.)

Appartenant à l'administration des Finances depuis 34 ans et, passant par tous les grades, j'étais arrivé à l'emploi de chef de bureau de 1re classe au traitement de 9,000 francs, situation que j'occupais depuis dix ans, lorsque le directeur de la Dette inscrite, M. Thiboust, sous les ordres duquel j'étais placé, me fit appeler le 24 décembre 1880 vers quatre heures du soir.

D'un air gêné, embarrassé, ne sachant quelle contenance prendre, M. Thiboust, comme moi un des anciens fonctionnaires du ministère, me dit :

« Monsieur, j'ai une pénible nouvelle à vous
» annoncer. Le ministre a appris, ces jours-ci
» seulement, la part que vous avez prise aux

» élections du 16 mai 1877 ; Il vous donne 48 heures
» pour choisir entre votre révocation et votre
» demande de mise à la retraite motivée sur les
» dispositions exceptionnelles de l'Art. 5 de la loi
» sur les pensions du 9 juin 1853. »

Le ministre, repris-je, me donne 48 heures pour réfléchir et prendre un parti. — C'est court. — Lorsque l'on renvoie son domestique la loi oblige à lui donner huit jours — j'utiliserai, de mon mieux, le délai qui m'est accordé et je verrai ce que je dois faire.

» Vous auriez tort, ajouta M. Thiboust, de
» compromettre vos droits à la retraite »

— Je verrai, le parti auquel je m'arrêterai. Je saluai très froidement mon Directeur, car je ne pouvais admettre que, me connaissant depuis trente ans, il eût accepté l'ingrate mission qui lui avait été confiée. — Bien que je le susse très faible, je le croyais encore assez énergique pour dire au ministre : « Les exécutions de cette na-
» ture ne rentrent pas dans les attributions de
» mon service. — Je vous serai très reconnais-
» sant, monsieur le ministre, d'annoncer vous-
» même à M. de Colmont la mesure que vous
» avez l'intention de prendre à son égard. »

Je regagnai mon cabinet et *ab irato*, j'écrivis au ministre une lettre que je ne lui fis cependant remettre qu'à l'expiration du délai de 48 heures, qui m'avait été si largement concédé.

Voici cette lettre :

« *A M. Magnin, Ministre des Finances.*

» Paris, le 23 Décembre 1880.

» Monsieur le Ministre,

» Votre Excellence m'a fait notifier ses inten-
» tions à mon égard par M. le Directeur de la
» Dette. Vous consentez à ne pas me révoquer de
» mes fonctions et vous voulez bien m'admettre,
» après 34 ans de bons et honorables services, à
» faire valoir exceptionnellement mes droits à la
» retraite, bien que je n'aie que 50 ans et que,
» grâce à Dieu, je ne sois affligé d'aucune infir-
» mité.

» On croit rêver, Monsieur le Ministre, lorsque
» le mot de révocation est prononcé devant un
» fonctionnaire dont les services ont été irrépro-
» chables et qui a servi son pays avec le plus
» entier dévouement.

» Qu'ai-je fait, Monsieur le Ministre, pour que
» Votre Excellence brise la carrière que vos hono-

» rables prédécesseurs ont cru juste et équitable
» de faire ?

» En entrant, il y a 34 ans, au service de l'État
» j'ai fait avec lui un pacte tacite mais sacré.
» L'État s'engageait, d'une part, à faire mon
» chemin si je m'en rendais digne; à ne pas me
» congédier du jour au lendemain comme un
» agent infidèle, surtout à un âge où d'autres
» carrières peuvent difficilement s'ouvrir devant
» moi; à me laisser arriver, conformément aux
» termes de la loi, à la pension de retraite pour
» laquelle, depuis 34 ans, j'ai accumulé avec les
» intérêts composés, près de 20,000 francs pré-
» levés d'office sur mon traitement mensuel, ma
» légitime propriété.

» De mon côté je m'engageais à servir l'État
» loyalement; à lui consacrer toute ma jeunesse,
» toute mon intelligence, toute mon activité, tout
» mon dévouement.

» J'ai tenu mes engagements. L'État ne tien-
» drait-il pas les siens, et serais-je, comme mon
» vénéré père, ancien Secrétaire général des
» Finances, également frappé dans des conditions
» anormales, obligé d'en appeler à la Justice de
» mon pays?

» N'ai-je donc point fait mon devoir pendant
» l'incendie du Ministère des Finances en 1871 ?

» N'y étais-je point au premier rang, alors que
» mes fonctions de chef du matériel ne m'obli-
» geaient à y paraître qu'au second ?

» N'ai-je pas contribué à préserver de l'in-
» cendie, dans une assez large part, le Grand-
» Livre de la Dette publique ?

» N'ai-je pas sauvé moi-même les inscriptions
» de rente déposées au Trésor et que j'ai été cher-
» cher jusque dans le foyer de l'incendie ?

» N'ai-je pas fait arracher aux flammes par
» des sous-agents que j'ai su conduire à un danger
» imminent et tous l'attesteraient encore, si vous
» le jugiez utile, plus de 1.800.000 francs de
» bronzes et d'objets d'art ?

» N'ai-je pas le 29 mai 1871, ravi moi-même
» à l'incendie des valeurs considérables dont j'ai
» un inventaire entre les mains et qui étaient
» déposées dans les caisses centrales du Trésor ?

» Si, Monsieur le Ministre, j'ai fait mon de-
» voir ; j'ai les mains pleines de preuves authen-
» tiques, irréfutables et si je ne les ai jamais
» produites au grand jour, c'est que j'ai éprouvé
» un certain sentiment de dégoût à voir des
» solliciteurs se prévaloir de services qu'ils
» n'avaient qu'incomplètement rendus. La vérité
» se produira un jour, et je l'aiderai à se pro-
» duire.

» Pourquoi alors ce mot de révocation que
» j'entends encore résonner à mes oreilles ? révo-
» quer un fonctionnaire honorable et honoré
» parce qu'il s'est dévoué, sans penser aux siens,
» jusqu'à exposer sa vie au milieu de réels
» dangers !

» J'ai été, dit-on, candidat au 16 mai 1877,
» à la députation dans le département de l'Aube,

» Le fait est inexact. Je n'ai pas été candidat,
» je n'ai pu l'être. Le Ministre des Finances
» de cette époque non-seulement ne le voulait
» pas, mais encore il m'a défendu, par une lettre
» que je montrerai à Votre Excellence si elle le
» juge utile, de me rendre, même momentané-
» ment, dans le département de l'Aube pendant
» la période électorale. Le Ministre changeant
» ensuite d'avis m'a donné l'ordre de me rendre
» dans mon département, de m'y désister d'une
» candidature que je n'avais pas posée, et rédi-
» geait, lui-même, mon désistement. Toutes ces
» pièces sont entre mes mains.

» Devais-je obéir à M. Caillaux, alors Ministre
» des Finances ? Assurément oui, comme j'ai
» obéi à vos ordres, Monsieur le Ministre, en ne
» m'occupant aucunement de politique depuis
» que vous dirigez le portefeuille des Finances.

» Je n'ai pas mis les pieds depuis plus d'un an

» dans les cantons du département de l'Aube où
» j'avais une influence électorale assez grande. Je
» n'ai même pas pris part aux dernières élections
» des Conseils généraux : Les listes électorales
» peuvent l'attester.

» Je vous devais, Monsieur le Ministre, ces
» explications. Je n'ai pas voulu que vous puis-
» siez prononcer sans m'entendre et je fais appel
» aux sentiments de justice et d'équité auxquels
» vos honorables prédécesseurs m'ont habitué et
» dont Votre Excellence ne saurait se départir.

» Daignez agréer, etc.

» Signé : A. DE COLMONT. »

Le ministre des Finances, M. Magnin, ne voulut pas se compromettre. Le silence est d'or.

M. Thiboust, au contraire, tailla sa plume et m'adressa un petit billet, modèle du genre. Bien qu'il m'eût complètement lâché, ce haut fonctionnaire trouvait tout naturel d'être surpris de ce que je n'avais pas eu la prévenance de lui montrer la lettre que j'avais cru devoir écrire au ministre.

La susceptibilité de M. Thiboust, en cette occurrence, n'avait d'égale que son extrême faiblesse. Du reste, il faut bien le reconnaître, la plus grande partie des épurations administratives n'ont été si facilement faites que, grâce à la docilité de certains chefs de service sous les ordres desquels les victimes se trouvaient placées.

Voici le billet de M. Thiboust :

« Le ministre a lu, avec LA PLUS GRANDE ATTEN-
» TION, le lettre que Monsieur de Colmont a cru
» devoir lui adresser SANS PRENDRE MÊME LE SOIN
» DE M'EN PRÉVENIR.

» C'est après cette lecture que le ministre
» me charge de faire connaître à Monsieur de
» Colmont que, s'il n'est point ce soir en pos-
» session de sa demande de retraite, il procédera
» PUREMENT ET SIMPLEMENT à son remplacement.

» Ce 24 décembre 1880.

» Le Directeur de la Dette inscrite.

» Signé : THIBOUST »

Je reçus ce précieux autographe le 24 décembre à cinq heures et demie du soir et, pour éviter à M. Magnin de procéder avec PURETÉ et SIMPLICITÉ à mon remplacement, je m'empressai (il fallait se hâter, le ministre voulait disposer immédiatement de mon sort) de faire ma demande d'admission à la retraite motivée (seule exception qu'il m'était permis d'invoquer puisque je n'avais que

50 ans) sur le mauvais état de ma santé et l'impossibilité où il me mettait de remplir utilement et intelligemment mes fonctions.

Valétudinaire et gâteux du même coup ! C'était raide.

Dura lex, sed lex!

Je fus obligé de passer par cette pénible extrémité : Les dispositions de la loi du 9 juin 1853 sont formelles. On ne peut être admis exceptionnellement à la retraite qu'en invoquant des infirmités physiques et morales.

M. Magnin voulut bien m'écrire alors :

« Paris, 29 décembre 1881.

» Monsieur,

» J'ai l'honneur de vous informer que par
» arrêté en date du 27 de ce mois, je vous ai admis,
» sur votre demande, à faire valoir vos droits à
» la retraite à partir du 1ᵉʳ janvier 1881.

» Recevez, Monsieur, l'assurance de ma consi-
» dération distinguée.

» Le Ministre des Finances.

» Signé : J. Magnin. »

Le : SUR VOTRE DEMANDE n'est-il pas magnifique et ne faut-il pas le voir pour y croire ?

Et, ce qui est non moins incroyable, c'est qu'un fonctionnaire public, après avoir consacré à l'État 34 années de bons et loyaux services, après avoir été mêlé à des évènements plutôt militaires que civils, dont il n'a été aucunement récompensé, puisse encore être mis en retrait d'emploi en 48 heures sans que le Ministre, qui commet un pareil excès de pouvoir, daigne même le remercier des services qu'il a rendus.

C'est ainsi que des centaines d'honorables fonctionnaires civils ont été traités dans ces derniers temps. Que de carrières brisées! Que de droits méconnus! Que de comptables et agents financiers ont subi en pure perte, pendant 20 ou 25 années au profit de la caisse des retraités et sur leur traitement d'activité, les retenues qui devaient leur assurer, après 30 ans de services, une légitime et honorable retraite.

Le premier député venu, nommé ministre, même sous-secrétaire d'État, s'est arrogé le droit exorbitant, et sans qu'aucun pouvoir puisse s'interposer, de briser tous les fonctionnaires civils relevant de son Département ministériel ou de sa sous-secrétairerie d'État.

Le public ne sait absolument rien de ces faits regrettables, et lorsqu'on les lui raconte, il ne peut y croire, il blâme, il s'en émeut, mais là s'arrête sa force d'action.

Quand donc les fonctionnaires civils auront-ils un tribunal devant lequel ils pourront appeler avec confiance des iniquités dont ils sont trop souvent les victimes ?

Et ce sera justice !

CHAPITRE DIX-NEUVIÈME

LE CORPS DU DÉLIT.

Le ministre des Finances, M. Magnin, s'est cru en droit de briser ma carrière, du jour au lendemain, sous le prétexte que, compromis dans les élections du 16 mai 1877, j'avais ainsi commis le plus grave des délits.

Je me suis complètement abstenu, en écrivant l'*Historique de l'Incendie des Finances*, de toucher à la Politique. Me voici arrivé au dernier chapitre, et je ne changerai assurément pas la ligne de conduite que je m'étais imposée.

Il me suffit de constater que sous un Gouvernement libéral, ou qui a du moins la prétention de l'être, ce qui constitue deux situations essentiellement différentes, un fonctionnaire public, électeur et éligible comme tout autre citoyen, n'a pas le droit de se porter à la députation sans compromettre sa situation administrative :

En le faisant, en effet, il encourt la disgrâce du Gouvernement qui le frappe sans merci, et ne s'arrête devant aucune considération.

Je jouissais dans le département de l'Aube d'une certaine influence, sans contredit très modeste, et je n'avais jamais cherché à la faire valoir, lorsque la veille des élections de février 1876, le Préfet du département qui n'avait pas de candidat conservateur à opposer, pour l'arrondissement de Troyes, au candidat républicain, me télégraphia de vouloir bien venir m'entretenir avec lui. Bien que je fusse à Paris, je me rendis à son désir. — L'élection devait avoir lieu le 20 février, et le 19 à sept heures du matin, j'entrais dans le cabinet du Préfet.

Ce magistrat m'exposa combien il était préoccupé de voir que le drapeau conservateur n'était pas représenté dans l'arrondissement de Troyes, et me demanda si je ne consentirais pas à en saisir la hampe.

Je m'efforçai de faire comprendre au Préfet qu'une candidature posée au dernier moment ne pouvait avoir de sérieuses chances de succès et qu'il n'y avait, en réalité, que des ennuis à recueillir et de l'argent à dépenser; le Préfet, homme fort aimable d'ailleurs et poursuivant avant tout le but qu'il cherchait à atteindre, sut si bien s'y prendre qu'il m'amena, contre mon désir, à poser ma candidature vingt-quatre heures avant l'ouverture du scrutin. L'arrondissement de Troyes est très peuplé ; il ne compte pas moins de 30,000 électeurs et il était matériellement impossible de faire connaître, même dans la moitié seulement des communes appelées à voter, une candidature se produisant à la dernière heure.

Quoiqu'il en soit le vote eut lieu. Mon concurrent obtint 12,000 voix ; j'en eus 3,000. Le succès était relatif mais le drapeau conservateur avait été arboré et le but que s'était proposé le Préfet se trouvait atteint.

C'est dans ces conditions que j'intervins aux élections générales qui eurent lieu au mois d'octobre 1877.

Bien que le Gouvernement du 16 mai eût assumé une immense responsabilité en convoquant les collèges électoraux, les fonctionnaires qui s'étaient compromis pour le seconder n'auraient pas eu de reproches à lui adresser, s'il avait montré l'énergie que l'on était en droit d'en attendre.

Les électeurs de l'arrondissement de Troyes pensaient me voir briguer leurs suffrages, et le nouveau Préfet mis à la tête du département par le Gouvernement du 16 mai avait si bien eu le flair du vent électoral Troyen que, pendant les deux premiers mois qui suivirent sa prise de possession du fauteuil préfectoral, il eut pour moi tous les égards possibles. Mais... les choses changèrent.

Un nouveau candidat, mis en avant par le cabinet du Ministre de l'Intérieur, apparut un beau jour à l'horizon et, peu à peu, devant ce soleil levant, je perdis tout mon prestige bien que mon adversaire n'eut aucune chance de succès. Dès lors je devins une difficulté, un obstacle même qu'il fallut surmonter ; quoique je fusse régulièrement en congé chez moi et que je m'abstinsse de toute propagande politique défavorable au candidat conservateur choisi par le Gouvernement, le Ministre des Finances, M. Caillaux, m'écrivit :

« Paris, 4 septembre 1877.

» Monsieur,

» En présence des renseignements qui me sont
» fournis par M. le Ministre de l'Intérieur, je
» retire le congé de quinze jours que je vous avais
» accordé à la date du 26 août dernier.

» Je vous invite à reprendre immédiatement
» vos fonctions au ministère des Finances et à
» vous abstenir de vous rendre, même temporai-

» rement(1), dans le département de l'Aube avant
» les élections législatives.

» Veuillez agréer, etc.

» Le Ministre des Finances.

» Signé : Caillaux.

(De la main du Ministre.)

» *P. S.* — Vous voudrez bien, dès votre ar-
» rivée, vous présenter à mon cabinet. »

(1) Il était assez arbitraire de me défendre d'aller chez moi, et, cependant, des ordres avaient été donnés dans ce sens.
En effet un samedi soir, vers le douze septembre, j'avais quitté mon cabinet à quatre heures mais, pour bien constater ma présence à cette heure encore au ministère, j'avais été entretenir mon Directeur d'une affaire, sans importance, du reste. Le soir je quittais Paris à minuit et je me rendais à Troyes où j'arrivai à 6 heures le dimanche matin. J'avais une fausse barbe, un chapeau mou, un vieux caban ; j'étais méconnaissable. Je passai chez moi la journée sans sortir. Le soir je repartais de Troyes à minuit et j'arrivais à Paris lundi à cinq heures du matin ; j'étais à mon cabinet à neuf heures. A onze heures mon directeur me faisait demander; le chef du Cabinet du Ministre était avec lui.

— N'avez-vous pas été hier à Troyes ? me demanda mon Directeur, M. Thiboust.

— J'étais ici samedi à quatre heures et demie du soir, puisque j'ai eu l'honneur de vous voir à cette heure. Aujourd'hui je suis à mon cabinet. Hier dimanche je n'ai pas à justifier de l'emploi de mon temps.

— Je vous le disais bien, reprit le Directeur en s'adressant au chef du cabinet, « M. de Colmont n'a pas quitté Paris. »

On voit que le Gouvernement m'avait soumis à une surveillance qui n'était pas positivement des plus agréables.

Au reçu de cette lettre je partis de suite pour Paris et le 5 septembre, à cinq heures du soir, j'entrais dans le cabinet de M. Caillaux. Le ministre voulut bien me dire qu'il était inutile que je revinsse aussi précipitamment, mais je lui répondis qu'esclave de mon devoir, je me conformais ponctuellement aux ordres qui m'étaient donnés.

Malgré mon départ précipité, les électeurs, peu satisfaits du candidat conservateur qui leur était imposé et pensant encore à moi, n'en faisaient pas moins des démarches actives auprès du Préfet pour lui faire comprendre combien les mesures prises à mon égard étaient regrettables. Le ministre des Finances, par son collègue de l'Intérieur, était tenu au courant de la situation, aussi me faisait-il demander, dès le 14 septembre, pour savoir si mes intentions étaient restées les mêmes, et si je ne consentirais pas à retourner dans l'Aube achever mon congé, et soutenir le candidat choisi par le Gouvernement.

Il est toujours difficile, surtout lorsque l'on n'occupe encore qu'un emploi secondaire dans l'administration, de se défendre de l'empire qu'un ministre a incontestablement sur vous. — Je me laissai gagner : je m'engageai à soutenir le candidat officiel, et à faire connaître aux électeurs que je ne me portais pas à la députation ; mais, à peine sorti du cabinet du ministre, j'avais regret de ma détermination et j'écrivais à M. Caillaux.

« Paris, 19 septembre 1877.

» Monsieur le Ministre,

» La conversation que j'ai eu l'honneur d'avoir
» hier avec Votre Excellence m'a laissé dans une
» grande perplexité.
» D'une part en me servant d'un journal dont
» Votre Excellence n'approuve pas le choix et
» dont cependant je serais obligé de me servir,
» attendu qu'il est très lu de mes électeurs, je
» craindrais, Monsieur le Ministre, de ne secon-
» der qu'imparfaitement vos vues. D'un autre
» côté je redoute une entrevue avec mon Préfet
» dont les effets n'auraient peut-être pas le ré-
» sultat qu'il faudrait savoir faire se produire.
» Dans cette situation, à moins que Votre Excel-
» lence n'en décide autrement et qu'elle n'insiste
» pour mon désistement, je préfère, après y avoir
» mûrement réfléchi, conserver la plus entière
» neutralité. — La vie politique me paraît, en ce
» moment, hérissée de trop nombreux ennuis, et
» comme je n'entrevois pas les avantages que ma

» position administrative pourrait y trouver,
» il me semble beaucoup plus sage de reprendre,
» à l'expiration régulière de mon congé inter-
» rompu, la direction de mon service, et d'aban-
» donner, dans les circonstances présentes, la
» vie politique à laquelle j'avais un moment
» pensé.

» Je suis, etc.

» Signé : DE COLMONT. »

Le Ministre m'adressa cet autographe :

« 20 septembre 1877.

» MONSIEUR,

» Je ne puis comprendre les motifs qui vous
» ont déterminé à écrire la lettre que je reçois
» aujourd'hui. J'ai peine à m'expliquer comment
» elle a pu se concilier dans votre esprit avec les
» assurances que vous m'aviez données.

» Veuillez donc considérer comme non avenue
» ce qui s'est dit entre nous et reprendre votre
» service à Paris, conformément aux instructions
» que vous avez reçues.

» Agréez, etc.

» Signé : CAILLAUX. »

Les termes de la lettre du Ministre laissent voir qu'il était vivement froissé de ce que j'étais revenu sur le parti auquel, sur ses pressantes instances, je m'étais un moment arrêté.

Les choses en étaient là lorsque dans les premiers jours d'octobre, le Préfet de l'Aube pria un éminent magistrat de venir me voir et de me représenter la nécessité de mon intervention dans la lutte électorale. Ce fonctionnaire, pour lequel j'avais une grande déférence, car j'avais été autrefois sous ses ordres, fit tout ce qui dépendait de lui pour me déterminer à sortir de la neutralité. Ne pouvant vaincre ma résistance, il fut voir le Ministre, qui me fit immédiatement demander. Je ne sus pas me défendre ; le Ministre triompha et il rédigea mon désistement dans lequel il fit entrer cette phrase : « Je voterai pour le candidat
» qui recevra le patronage du Gouvernement,
» et je prie tous ceux d'entre vous qui étaient
» disposés à m'honorer de leurs suffrages de
» suivre l'exemple que je leur donne. L'intérêt
» du parti conservateur doit l'emporter sur
» toute autre considération. »

Quelque mal commandée que fût l'armée dans laquelle je prenais du service, quelque certain que je fusse de l'échec qui nous était réservé, je fis mon devoir avec courage et je soutins de tous mes efforts le Candidat du Gouvernement. J'y dépensai ma peine, mon argent, et j'y usai mon influence.

Après la défaite, je cherchai à voir M. Caillaux, encore ministre, ce fut inutilement; mais M. Magnin, l'un des successeurs de M. Caillaux, trois ans après les faits accomplis, et bien que j'eusse résisté dans la mesure du possible aux ordres de l'un de ses prédécesseurs, me mettait en retrait d'emploi sans même m'entendre.

Voilà tel qu'il s'est produit le délit relevé à ma charge et pour lequel une longue et honorable carrière a été violemment brisée.

FIN

TABLE DES MATIÈRES

	Pages.
A MM. les souscripteurs de l'*Historique de l'Incendie du ministère des Finances*..	VII
Avant-Propos.	IX

CHAPITRE PREMIER

Le ministère des Finances, le 24 février 1848   1

CHAPITRE DEUXIÈME

Un frère et ami au ministère des Finances (1848-1875) . .   9

CHAPITRE TROISIÈME

Le ministère des Finances pendant le siège de Paris. — Le 171e bataillon de la garde nationale.   23

CHAPITRE QUATRIÈME

Le ministère des Finances, le 19 mars 1871 *(la Commune)*.   41

CHAPITRE CINQUIÈME

Une mission donnée par le ministre des Finances (22 mai 1871). — Rapport au ministre sur l'incendie du ministère (2 juin 1871).   57

TABLE DES MATIÈRES

CHAPITRE SIXIÈME

Pages.

Sauvetage du Grand-Livre de la Dette publique (24 mai 1871)........................... 79

CHAPITRE SEPTIÈME

Sauvetage au ministère des Finances des papiers et valeurs de M. D.., banquier, avenue de Marigny (24 mai 1871)........................... 103

CHAPITRE HUITIÈME

Sauvetage du mobilier du ministère des Finances, bronzes, pendules, objets d'art, tableaux, etc. (24, 25, 26, 27 mai 1871)........................... 119

CHAPITRE NEUVIÈME

Sauvetage des valeurs et objets précieux trouvés dans la resserre de la Caisse centrale (29 mai 1871)........................... 135

CHAPITRE DIXIÈME

Les ornements et vêtements sacerdotaux du séminaire de Saint-Sulpice (mars-décembre 1871)........................... 171

CHAPITRE ONZIÈME

Ministère des Finances. — Les pompiers des départements à l'incendie du ministère........................... 181

CHAPITRE DOUZIÈME

Les témoins du ministère des Finances devant le 3e Conseil de guerre, à Versailles........................... 197

CHAPITRE TREIZIÈME

Le procès du citoyen Jourde devant le 3e Conseil de guerre, à Versailles........................... 209

TABLE DES MATIÈRES

Pages.

CHAPITRE QUATORZIÈME

Dénonciations. — Argenterie, bijoux, valeurs apportés au ministère des Finances. — Offres d'achats.. . . . . . , . 273

CHAPITRE QUINZIÈME

Un peu de comptabilité sous la Commune au ministère des Finances. . . . . , ... 289

CHAPITRE SEIZIÈME

Les fonctionnaires des Finances sous la Commune. — Douanes. — Enregistrement et Domaines. — Contributions directes. 319

CHAPITRE DIX-SEPTIÈME

Un peu de correspondance au ministère des Finances sous la Commune. , ... 343

CHAPITRE DIX-HUITIÈME

La récompense des services rendus au ministère des Finances. 357

CHAPITRE DIX-NEUVIÈME

Le Corps du délit 369

---

734. Paris, — Imprimerie LAPIROT et BOULLAY, 9, cour des Miracles.

www.ingramcontent.com/pod-product-compliance
Lightning Source LLC
Chambersburg PA
CBHW060049190426
43201CB00034B/559